추천사

"사람들이 성경에 귀 기울이지 않고 최신 유행에서 교회를 새롭게 하는 모델을 끌어오는 세상에서, 이 책은 눈부시게 돋보인다. 성경에 대한 깊은 사랑과 주변부 교회들에서의 오랜 경험을 바탕으로 마크 글랜빌은 우리 이웃이 예수님과 그분의 길이 선물하는 기쁨을 만날 수 있게 돕는 회중이 되라는 겸손하고 가슴 벅찬 초대를 전한다. 이 책의 주요한 은유인 재즈처럼, 나는 이 책을 읽으면서 눈물이 흘렀고 가슴으로 노래하게 되었다. 후기 기독교 서구 세계에서 하나님 백성이 그 부름받은 존재로 살아가도록 돕고자 하는 모든 이에게 큰 선물이 될 것이다."

마이클 로즈(Michael J. Rhodes)

캐리침례대학교 구약학 교수, 『그리스도인의 정의란 무엇인가?』 저자

"신뢰할 만한 자격증을 지닌 성경 해석가가 있다고 상상해 보자. 그 다음에는 창의적으로 연주하는 음악가를 상상해 보자. 이제 이웃을 축

복하는 공동체로 사람들을 이끄는 목회자를 상상해 보자. 마크 글랜빌은 이 셋을 모두 갖춘 사람이다. 이 책을 읽고 귀를 기울이며, 우리에게 일어날 가능성이 있는 더 많은 일을 상상해 보자."

제이슨 비아시(Jason Byassee)

캐나다 티머시 이튼 메모리얼 교회 담임목사

"현대 변증에 **아름다움**이라는 요소가 빠져 있다는 주장은 일리가 있다. 이 책에서 마크 글랜빌은 자신의 목회 경험과 연주 경험을 바탕으로, 좋은 소식을 간절히 원하는 세상에 (아름다운 재즈처럼) 하나님의 아름다움을 드러내는 방식으로 교회가 움직여야 한다고 초대하고 가르친다."

팀 모리(Tim Morey)

라이프 커버넌트 교회

"이 책은 심오한 성경적 통찰과 목회적 지혜가 조화를 이루고 있다. 글랜빌은 재즈의 은유를 끌어다가, 후기 기독교 시대의 서구 교회가 자기 자리와 사람들을 사랑하는 성육신적 공동체 안에서 성경 이야기와 예술가의 통찰이 빚어내는 즉흥 연주의 여정을 받아들이도록 요청한다. 시대의 흐름과 맥을 같이하는 음악가처럼, 저자는 우리가 창조 세계와의 상호 연결성을 받아들이고, 식민주의의 유산에 용기 있는 연대로 직면해야 한다고 말한다. 이 책은 깊은 울림을 전하며, 정확한 내용을 짚어 주면서, 21세기 증인으로서 우리가 즉흥적으로 연주할 새로운 변화의 노래에 대한 영감을 줄 것이다."

드류 하트(Drew G. I. Hart)

메시아 대학교 부교수, *Who Will Be a Witness? Igniting Activism for God's Justice, Love, and Deliverance* 저자

"마크 그랜빌은 우리가 은혜로 접붙여진 전통들-모세든 마일스 데이비스든, 엘리야든 엘라 피츠제럴드든, 나다나엘이든 니나 시몬이든, 존 콜트레인이든 예수든-로부터 배울 때 그저 바람직할 뿐 아니라 꼭 필요한 겸손과 호기심, 창의성과 긍휼의 마음으로 이 책을 썼다. '숭고한 사랑'(love supreme)을 체험한 저자는 우리가 공동체의 즉흥 연주라는 큰 걸음을 내딛고, 기독교 시대와 그 식민주의의 유산을 넘어서는 새로운 상상을 하도록 초대한다. 이는 예수님을 닮은 무언가이며, 다가올 세상의 형상을 닮은 무언가다."

재러드 맥케나(Jarrod McKenna)

CommonGrace.org.au 설립자

Originally published in English under the title: *Improvising Church: Scripture as the Source of Harmony, Rhythm, and Soul by Mark R. Glanville.*

Published by InterVarsity Press, P.O. Box 1400, Downers Grove, IL 60515, USA.
www.ivpress.com.

교회, 재즈처럼? 애드립 처치:
성경에서 하모니, 리듬, 소울을 읽다

Improvising Church:
Scripture as the Source of Harmony, Rhythm, and Soul

마크 글랜빌 지음
이지혜 옮김

초판 1쇄 인쇄 2025년 12월 24일
초판 1쇄 발행 2025년 12월 29일

발행처 도서출판 이레서원
발행인 문영이
출판신고 2005년 9월 13일 제2015-000099호

편집 송혜숙
총무 곽현자

경기도 고양시 일산동구 백석로71번길 46, 1층 1호
Tel. 02)402-3238, 406-3273 / Fax. 02)401-3387
E-mail: Jireh@changjisa.com Facebook: facebook.com/jirehpub

책값은 표지에 있습니다.

ISBN 978-89-7435-686-6 03230

교회, 재즈처럼? 애드립 처치:
성경에서 하모니, 리듬, 소울을 읽다

Improvising Church:
Scripture as the Source of Harmony, Rhythm, and Soul

헌사

내가 친구라고 부를 수 있는 특권을 누렸던

가장 친절한 사람 중 하나이자

공동체의 중심이자 따스한 안식처가 되어 준

가장 넉넉한 마음을 지닌 리더 중 한 사람

시미언 팡(Simeon Pang)에게

교회, 재즈처럼?
애드립 처치:
성경에서 하모니, 리듬, 소울을 읽다

IMPROVISING CHURCH: SCRIPTURE AS THE SOURCE
OF HARMONY, RHYTHM, AND SOUL

마크 글랜빌 지음
이지혜 옮김

이레서원

| 차례 |

제2부 리듬

제3부 소울

감사의 글

여러 재능 있는 리더들이 창의적 교회 공동체를 만듭니다. 이 책 2장에서 살펴보겠지만, 그런 교회는 '리더풀'(leader-full) 공동체인 경향이 있습니다. 이 책에서 독자들은 내가 오랫동안 동역한 특권을 누린 많은 리더를 만나게 될 것입니다. 이름을 언급하든 언급하지 않든 복음 사역에 동역한 이들에게, 그들이 내게 가르쳐 준 모든 것에 깊이 감사하는 마음으로 이 책을 씁니다.

이름을 언급하고 싶은 친구가 한 명 있습니다. 교회를 위한 나의 배움과 꿈의 여정은 아내 에린의 여정과 떼려야 뗄 수 없게 엮여 있습니다. 둘이 얼마나 밀접하게 얽혀 있는지 내가 새로운 생각을 나누면 아내가 이렇게 반응할 때가 많습니다. "내가 그 얘기 했잖아요!" 그런가 하면 아내가 새로운 생각을 이야기하면 나도 "내가 한 말이잖아요!" 하고 외칠 때가 종종 있습니다. 이런 말이 자주 오가는 것은 우리 두 사람의 여정이 어떻게 서로 얽혀 있는지를 잘 보여 줍니다. 우리는 (성경을 손에 들고) 직관적으로 함께 교회를 새로이 상상하는 길을 찾습니다. 그 길은 서로 비슷하면서도 다르지만, 겉보기에는 똑같이 부드러운 마음으로 언제나 같은 질문들을 다룹니다. 우리의 창의적이고 영적인 동반자 관계에 대해 무한히 감사합니다.

신뢰하는 친구들의 피드백 덕분에 이 책이 더 좋은 모습으로 나올 수 있었습니다. 아 로샤 브룩스데일 농장에서 일일 워크숍을 열어 이 책의 초고를 논의했습니다. 미완의 원고를 세밀히 살펴보고 6시간 내내 쉬지도 않고 중요한 피드백을 던져 준 참가자들, 에린 그랜빌, 킴 볼트, 배니아 레번스, 레귤라 윈젤러, 던 험프리즈, 새러 정, 제프 슐리거, 제이미 헬리웰에게 감사합니다. 이들은 이 책을 위해 리더십과 정의 추구, 창의적 사역에서 자신들의 경험을 아낌없이 내주었습니다.

출판사에 원고를 넘기기 전에 꼼꼼하고도 전문적인 편집으로 책의 일관성과 명료성을 높여 준 제프 슐리거에게 특히 감사드립니다. 마이클 로즈, 노아 콜린스, 데이비드 그로엔도 책 전반에 걸쳐 유용한 피드백을 주었습니다. 스티븐 고메즈, 토니 킴, 얼 필립스 같은 친구들은 내가 집필하는 동안 장별로 귀중한 피드백을 전달해 주기도 했습니다. 코너 윌커슨, 론다 매큐언, 조슈아 리엠, 모니카 호프, 크리스 라이트, 키스 워커, 조슈아 코는 친절하게도 몇몇 장에 대해 자신들의 생각을 나누어 주었습니다. 이 친구들의 너그러움과 통찰에 고마움을 표합니다.

레이첼 헤이스팅스의 뛰어난 편집 능력, 특히 예리한 문화적 직감과 교회를 향한 애정에 감사합니다. 또한 알렉산드라 혼과 열정적이고 탁월한 IVP 팀에 감사합니다. IVP 아카데믹과의 창의적인 파트너십에 진심으로 감사드립니다.

마흘라와 르윈을 비롯한 그 세대의 다른 순례자들을 위해 이 책을 썼습니다. 부디 이 책이 너희 믿음과 상상력을 길러 줄 수 있기를…. 마지막으로, 오스트레일리아에 있는 가족들, 사, 대디오, 루키, 포키, 조이와 모든 식구에게 고마움을 전합니다.

교회를 새롭게 연주하는 열두 음

나는 오스트레일리아 시드니 근처에 있는 블루마운틴 국립공원에서 자랐다. 부모님은 나와 내 형제자매에게 복음주의라는 유산, 특히 존 웬햄(John Wenham)과 존 스토트(John Stott) 같은 영국 복음주의자들의 영향을 받은 복음주의를 물려주셨다. 어머니에게서는 음악에 대한 애정도 물려받아서, 나는 어릴 적부터 클래식 피아노를 배웠다. 둘 다 내게 깊이 남아 있다. 이십 대의 대부분을 재즈 음악가로 살았다. 가장 열심히 할 때는 재즈 드러머이자 학자인 동생 루크와 하루에 8시간씩 연습하곤 했다. [동생과 나는 나중에 *Refuge Reimagined: Biblical Kinship in Global Politics*(피난처를 다시 상상하다)를 공저했다.] 예술과 영혼이 충만한 시절이었다.

그다음에는 신학을 공부했다. 신학교에 다닐 동안 목회는 전혀 생각하지도 않았고 학계에 남겠다는 계획만 세워 두었다. 하지만 하나님께는 다른 계획이 있으셨다. 목회학 석사를 하면서, 로버트 벤(Robert

Benn)이라는 나이 지긋한 장로교 목사님 교회에서 인턴십을 하게 되었다. 그분은 은퇴를 2년 앞두고 있었다. 처음 만났을 때 그분의 기도가 나를 사로잡았다. 그분은 목회에도 진심이셨다. 목사님이 교인들을 그리스도께 이끌 때 모두가 그들을 향한 사랑을 느꼈다. 그 교회에서 한두 달 사역하고 나서 이런 생각이 들었다. "이 일에 내 삶을 드릴 수 있을 것 같아. 지역 교회에서 신앙을 키우는 일이라면 삶을 드릴 만한 가치가 있지." 그래서 박사 과정을 잠시 보류했다.

신학교를 졸업한 후 웨스턴 시드니 대규모 정부 주택 단지에 있는 한 교회로 부름을 받았다. 이 지역은 실업률과 범죄율이 높지만(우리 옆집 이웃은 살인 혐의로 법정에 서기도 했다), 공동체성이 높고 온정이 많았다. 되돌아보니, 이곳에 살면서 목회하던 때가 내 인생에서 가장 큰 축복과 변화의 시기가 아니었나 싶다.

나는 오랫동안 복음 전도에 열정을 품고 있었다. 하지만 이 지역에 살면서, 인간 삶의 모든 측면, 곧 재정, 정서, 고용, 주택 등에 대한 예수님의 관심이 내 안에 자리 잡았다. 이 책에서 나는 어떻게 우리 교회가 서서히 이웃에게 눈을 돌리게 되었는지, 우리 교회의 너그러운 지도자들이 이웃을 사랑하고 그리스도를 나타내는 새로운 방법을 어떻게 꿈꾸었는지를 나눌 것이다. 많은 사람이 예수님을 알게 되어 하나님께 감사드린다.

그 시절 초보 목회자였던 나는 선교학 저술을 읽으면서 레슬리 뉴비긴(Lesslie Newbigin), 크리스토퍼 라이트(Christopher Wright) 같은 저자들의 책을 흡수하기 시작했다. 교회는 삶과 말과 행동으로 교회가 속한 지역을 향해 증언하라는 부름을 받았다(롬 15:18)는 것과 같은 선교학의 다양한 통찰을 깨달아 갔다. 구스타보 구티에레스(Gustavo Gutiérrez) 같은 남미 신학자들을 읽어 나가면서 소위 해방신학자들이 성경 저자들과 비슷한 사회적 지위를 차지하는 것을 알게 되었다.[1] 강력한 제도의 그늘에서 사역하면서 이들은 취약함과 책임감, 하나님의 마음에 독특한 민감함을 지니게 되었다.

웨스턴 시드니에서의 사역이 중반을 넘어갈 즈음, 오스트레일리아에서 휴가를 보내고 있던 캐나다 여성 에린을 만났다. 그리고 일주일 만에 우리는 결혼을 결심했다! 몇 년 후에 우리의 새 가정은 캐나다로 이주했고, 거기서 박사 학위를 시작했다.

캐나다 이주 3년 차가 되었을 때 우리 부부는 이미 지역사회를 사랑하는 일에 헌신하고 있는 이스트 밴쿠버(우리는 '이스트 밴'이라고 부른다) 한 교회의 부르심에 응했다. 우리 교회는 몇몇 '사회적 기업'을 탄생시켰는데, 그중에는 난민들에게 주택과 후원, 변호를 제공하는 킨브레이스(Kinbrace)도 있다.[2] 우리는 이스트 밴으로 이사했고, 거기서 처음으로 부부가 공동 목회를 했다.

통틀어 14년간, 창의적이고 기도에 힘쓰며 성경적이고 정의를 추구하는 공동체에서 목회하면서 실수도 많이 했다. 이 시기에, 소외된 사람들과 연대하여 살면서 그들을 인도한 경험은 우리 가족에게 큰 변화를 가져다주어서 우리가 성경을 읽고 살아가는 방식을 형성하게 했다.

2020년 7월, 목회를 그만두고 리젠트 대학에서 목회 지도자들을 훈련하는 일을 시작했다. 만족스럽게도, 리젠트에서 내 역할은 내 목회 경험과 성경학자로서 글쓰기와 가르침을 접목하는 것이었다. 이런 전

---

1 Gustavo Gutierrez, *A Theology of Liberation: History, Politics, and Salvation*, trans. Caridad Inda and John Eagleson (Maryknoll, NY: Orbis, 1973).

2 다음 책에서는 킨브레이스에 대해 이야기한다. Mark R. Glanville and Luke Glanville, Refuge Reimagined: Biblical Kinship in Global Politics (Downers Grove, IL: IVP Academic, 2021), 14-15.

환은 지금까지의 여정을 돌아보고 반추할 기회를 주었다. 성령님이 나를 성육신적 공동체라는 풍성한 길로 이끄신 데 대해 나는 지금도 때때로 멈춰서 하나님께 감사드린다.

나는 (이 책에서 하고 있는) 내 이야기를 세 음으로 구성된 단순한 코드 곧 삼화음이라고 생각한다. 삼화음은 이 책의 접근법을 잘 보여 주기도 한다. 삼화음을 연주할 때 이 세 음은 서로 섞여서 우리 귀에서 공명하면서 새롭고 아름다운 소리를 만들어 낸다. 삼화음의 첫 번째 음은 특히 레슬리 뉴비긴과 마이클 고힌(Michael W. Goheen)이 주장한 선교적 교회 대화다.[3] 삼화음의 두 번째 음은 구약학자로서의 연구다. 나는 삼화음의 세 번째 음인 성육신적 공동체의 따뜻함과 모험과 아픔 가운데서 이 학문적 작업을 해 왔다.[4] 이 책은 선교학, 성경학, 목회 리더십이라는 이 세 음을 내내 함께 연주한다. 또한 이 책은 실용적이기도 하다. 교회를 새롭게 연주하는 열두 '음'을 살펴보는 동안, 우리는 성경 주해와 함께 상상력, 전략, 기술, 실제 삶의 이야기 등을 다룰 텐데 그 목표는 당신의 공동체가 이 음들을 길러 낼 수 있도록 돕는 데 있다.

3 예를 들어 다음 책을 보라. Michael W. Goheen, *A Light to the Nations: The Missional Church and the Biblical Story* (Grand Rapids, MI: Baker, 2011) and Lesslie Newbigin, *The Gospel in a Pluralist Society* (Grand Rapids, MI: Eerdmans, 1989).

4 선교와 '선교적'(misssional)에 대한 학문적 논의에는 증언 공동체에 대한 새로운 신학적·실천적 상상력이 심각하게 결여되어 있다. 그러나 Stefan Paas, *Pilgrims and Priests: Christian Mission in a Post-Christian Society* (London: SCM Press, 2019)를 보라.

교회를 새롭게 하는 즉흥 연주

교회와 재즈 클럽은 풍성한 전통에 뿌리내리고 있으며, 둘 다 창의성을 발휘할 수 있다. 재즈 음악가들은 재즈 전통에 푹 빠져서 수천 시간 동안 음악을 듣고 손으로 리듬을 타고 멜로디를 흥얼거린다. 훌륭한 재즈 연주라면 빠지지 않는 재즈 전통은 모든 기독교 공동체를 관통하고 거기에 정체성을 부여하는 성경 전통과 비슷하게 작용한다.

두 전통은 모두 창의성을 불러일으킨다. 매번 새로운 재즈 연주의 창의성은 재즈 전통 위에 즉흥적으로 쌓인다. 아름다운 재즈를 연주하려면 다른 연주자들과 서로 의지하면서 미지의 세계로 한 걸음 들어가야 한다. 마찬가지로, 성경 전통도 신선한 즉흥성과 대담한 창의성, 상호 의존성, 세심한 경청, 미에 대한 추구를 불러일으켜야 한다. 성경에 나타난 창의성은 우리가 (악보를 그대로 읽듯이) 단순히 기독교 공동체를 재현할 뿐 아니라, 우리 지역사회에서 성경 이야기를 바탕으로 즉흥적으로 교회를 만들어 가기를 요구한다.

물론 이 책은 재즈가 아니라 교회에 대한 책이다! 재즈를 좋아해야만 이 책을 읽을 수 있는 것도 아니다. 하지만 전통적이고 즉흥적이며 미묘하고 대화적인 예술 형태인 재즈는 그 특성상 후기 기독교 사회의 교회에 대한 유용한 유비다. 그렇다면 피아노에서 열두 음이 한 옥타브를 이루듯이, 이 책에서 성육신적 공동체를 위한 열두 음은 창의적인 상상력을 형성한다. 각 장이 표현하는 이 열두 음은 다음과 같다. 1. 본문이 '허락한다'(The Text Grants), 2. 리더가 가득하다(Leader-Full), 3. 지역성, 4. 아름다움, 5. 폴리리듬의 예배, 6. 공동의 삶, 7. 치유, 친족 관계, 모성적 돌봄, 8. 창조 세계, 9. 목소리, 10. 대화, 11. 우리 친족의 죄, 12. 기도. 성육신적 공동체의 이 열두 가지 특징은 당신만의 즉흥 연주를 위한 실제적이고 성경적인 테마로 제시된다. 이 음을 실제로 연주해 보자! 다양한 즉흥 연주로 길거리에서 아름다운 리듬을 만들어 보자! 기도와도 같은 이 창의적인 과제가 바로 당신에게 주어졌다. 성령님의 창의적 에너지로 영감을 받아, 모든 교회는 성경의 전통 위에 새로운 멜로디를 즉흥적으로 연주해야 한다.

이 책은 지역사회에서 그리스도의 치유를 받고 확장하고자 하는 교회들을 위해 성경적이고 창의적이며 실용적인 비전을 제시한다. 또한 그렇게 할 수 있는 방법도 제공한다. 나는 이 책을 교회를 위한 신선한 비전을 갈망하며, 성경이 자신들에게 상상력을 제공해 줄 수 있는지를 궁금해하는 사람들을 위해 썼다. 나와 같이 이 길을 걷고 있는 목회자들과 신학생들을 염두에 두고 쓰기도 했다. 하지만 동시에, 성육신적 공동체가 번성하기 위해서는 **리더가 가득한**(리더풀) 공동체가 되어야 한다는 것도 보여 준다. 그래서 열정적인 평신도 리더들을 위해서도 이 책을 썼다. 앞으로 교회 내에서의 역할이 점점 더 중요해질 평신도 리더들은 신선한 상상력을 자주 발휘한다. 평신도든 목회자든 이 책의 독자들은 아마도 교회에 더 깊은 무언가를 갈망하고, 창의적으로 이끌 준비가 되어 있으며, 긍휼의 마음을 지닌 사람들일 것이다.

이 책에는 내가 지역사회 현장에서 경험한 실수와 기쁨, 실험과 발견의 개인적인 이야기가 들어 있으며, 이 모두는 성경적 신학과 학문적 고찰에 깊이 뿌리내리고 있다. 실용적인 제안이 가득한 이 책은 목회자와 평신도 리더 모두를 위한 일종의 안내서라고 할 수 있다.

이 열두 음을 선택한 것은 공동체가 어떠해야 한다는 학문적이거나 추상적인 모델을 제시하고자 함이 아니다. 오히려 현실에 존재하는 성육신적 공동체들 안에서 하나님이 이미 하고 계신 일들을 분별하고 설명하려는 노력에서 비롯되었다. 이 내용은 실제 공동체의 경험에서 나왔지만, 나는 열려 있고 권위적이지 않은 방식으로 풀어내려고 노력했다. 성경은 내가 속했던 공동체들의 상상력을 불러일으켜 주었는데, 성경이 당신의 상상력에도 영감을 주기를 바란다. 본질적으로, 이 열두 음은 오늘날 서구 지역사회의 맥락과 관련하여 그리스도인의 삶과 존재 방식으로의 부르심을 나타낸다.

시작하기 전에 한 가지 중요한 점을 인정해야 할 것 같다. 백인 오스트레일리아계 캐나다인인 나는 재즈 음악을 탄생시킨 흑인 미국인 이야기에 속하지 않는 외부인이다. 재즈 음악은 흑인 미국인들의 이야기를 들려준다. 이는 창의적인 공동체의 이야기이자 고통과 노예 생활, 차별과 회복, 분노와 환희의 이야기다. 세월이 흐르면서, 다양한 문화에 속한 음악가들이 재즈 이야기에 엮여 들어가게 되었다. 이런 기여는 세련된 라틴 리듬에서부터 일본의 활발한 재즈계에 이르기까지 다양하다. 나도 재즈를 들으면서 그 음악에 끌리고 재즈의 상상력과 영혼을 사랑하게 된, 흑인이 아닌 수많은 음악가 중 하나다. 헤아릴 수 없이 긴 시간 동안 재즈의 화음에 빠져들어 그 리듬을 온몸으로 느끼다 보니 재즈가 내 일부가 되었다. 그러나 백인 음악가로서 책임 있게 재즈를 연주하(거나 그에 대해 쓰)기 위해서는 흑인 미국인의 이야기들, 곧 재즈를 만든 이야기와 역사에 귀를 기울이고 나도 그 이야기들에 영향을 받아야 한다고 느낀다. 또한 팔을 걷고 나서서 내 안의 인종차별을 분별하고 내가 속한 지역사회에서 바르게 살아가는 작업에 힘써야 할 것이다.[5] 이 책이 재즈 음악과 그 사람들의 역사에 경의를 표하기를, 그리고 이 과제를 더 잘해 나갈 수 있도록 독자들의 의견을 환영한다.

---

5 다음 책에서 이 점을 더 자세히 탐색했다. Mark R. Glanville, "The Birth of the Blues and the Birth of Biblical Law in Parallel: A Dialogue with James Cone's Theology of the Cross," *Review and Expositor* (2020): 114-27.

"교회는 어떤 곳이 되어야 하는가?"

수많은 열정적인 평신도 그리스도인들이 교회에 더 많은 것을 기대한다. 이들은 예수님의 삶에서 나타나는 긍휼과 연대가 교회에서도 나타나야 함을 직감적으로 알지만, 교회에서는 그런 모습을 찾아보기 힘들다. 많은 사람이 교회를 떠나려는 마음을 품는데, 거기에는 개인적인 이유와 윤리적인 이유가 섞여 있다. 어느 유명 소셜미디어 논객이 남긴 말이 이를 잘 설명해 준다.

> 사람들이 공동체를 떠나는 이유는 무엇일까? 여러 이유가 있지만, 내가 최근에 얻은 통찰은 이것이다. 사람들은 더는 자신의 미래 모습에 대한 비전이나 여지가 보이지 않을 때 떠난다. 자신이 되고자 하는 모습과 이미 변하고 있는 모습을 보지 못하기 때문이다. 내가 보기에는 도시, 직장, 최근에는 교회에도 다 적용되는 듯하다.[6]

이 통찰력 있는 트윗은 개인 경험과 윤리를 연결하는 것 같다. 사람들은 자기 삶에 대한 비전, 아름다움과 정의와 공동체에 대한 비전이 있다. 하지만 자신의 비전과 교회 사이에, 심지어 신앙 사이에서 괴리감을 느낀다.

많은 젊은 그리스도인이 교회 밖에 한 발을 내놓고 있다면, 많은 세속주의자는 교회 안에 한 발을 들여놓고 있다. 오늘날 젊은이들은 영적 신념이 없다는 의미에서 세속적이지 않다. 한 연구에 따르면, 13-25세 미국인의 71퍼센트는 스스로를 적어도 "약간은 종교적"이라고 여긴다고 한다.[7] 같은 연구에서는, Z세대(1990년대 중반부터 2010년대

---

6 매튜 테릴(Matthew Terrill)의 트위터 게시물; 허락을 받고 사용함.

7 Kevin Singer and Josh Packard, "Uncertain and Unbundled: Are You Ready for Gen Z?" *In Trust* (Autumn 2021), 6. 온라인 버전은 https://intrust.org/Magazine/Issues/Autumn-2021/Uncertain-and-Unbundled를 보라.

초에 태어난 세대)를 가리켜 '언번들드'(unbundled) 세대라고 부르는데, 단일한 종교 전통에 속하지 않고 "다양한 종교적·비종교적 출처로부터 자신만의 신념과 정체성, 실천과 공동체에 대한 의식"을 조합하는 방식을 가리킨다.[8]

그러나 많은 청년 그리스도인이 '자신이 되고 싶은 모습'을 반영하는 교회를 찾고 있다면, 많은 기독교 리더 역시 무언가 새로운 것에 대한 필요를 느낀다. 리젠트 대학에서 내 전임자였던 대럴 존슨(Darrell Johnson)은 70명이 넘는 전임 목회자들의 멘토다. 그가 내게 말해 주기를, 그중 대다수까지는 아니더라도 다수가 다음 두 질문을 품고 있다고 한다. "교회는 어떤 곳이 되어야 하는가?", "교회는 무엇을 해야 하는가?" 좋은 질문들이다. 사실, 이 책에서 다루고자 하는 것이 바로 이 질문들이다.

목회 사역에 대한 확신도 위기를 겪고 있다. 젊은 리더들은 전임 목회 사역이라고 하면 번아웃, 추문, 재정 불안정, 제한된 성공 기회 등을 떠올리곤 한다.[9] 그래서 요즘 이십 대와 삼십 대 초반 그리스도인 리더 중에 전임 목회 사역을 고려하는 이들은 우리 세대인 X세대(1960년대 중반부터 1970년대 후반에 태어난 세대)보다 점점 줄어들고 있다.

"교회는 어떤 곳이며, 무엇을 해야 하는가?"와 "나는 왜 목회자가 되려 하는가?"라는 질문은 후기 기독교 문화 정체성으로의 문화적 움직임이 만들어 낸 공백 가운데 점점 더 확장된다. 내가 살아 있는 동안(당신이 내 또래라면 마찬가지로) 많은 서양 도시가 어느 정도 '기독교적'이었던 상황에서 철저한 후기 기독교 시대로 전환한 것이 믿기지 않을 정

8 Singer and Packard, "Uncertain and Unbundled."

9 내가 가르치는 학생들은 비백인 문화권 부모들이 자녀가 목회 사역을 시작하는 것을 꺼리는 경우가 많다고 이야기한다.

도다.[10] 내가 살았던 시드니와 밴쿠버 같은 도시도 마찬가지다. 물론 미국에서는 대다수가 스스로 그리스도인이라고 생각하는 주(states)도 있기는 하다. 하지만 서양 문화의 흐름은 확실하다. 이제 기독교는 본 공연이 아니라 점점 더 곁다리 구경거리가 되었거나 그렇게 되어 가고 있다.[11]

이 중대한 문화 변화는 우리가 성경을 읽고 교회의 증언을 새롭게 상상하도록 요구한다. 이 쉽지 않은 창의적 작업에는 지름길이 없는데, 우리가 과거로 돌아갈 수는 없기 때문이다.

후기 기독교 사회로의 전환은 이제 현실의 일부가 되었다. 그리고 사람들이 교회와 정의, 아름다움, 공동체에 대한 비전 사이에서 느끼는 괴리감도 사라지지 않을 것이다. 이런 이유로 이 책은 당신 교회를 '정상 궤도에 올려놓기' 위해 해야 할 일을 제시하지는 않는다. 다시 돌아갈 궤도(track) 같은 건 없기 때문이다. 기독교 시대를 쓸어간 폭우가 교회를 운영하는 방식이라는 낡은 궤도도 진흙 웅덩이로 만들어 버렸다. 우리에게는 새로운 궤도가 필요하다. 성경이 필요하다. 새로운 문화적 순간을 위해 우리 손에 든 성경에 대한 신선한 상상력이 필요하다.

이 신선한 상상력을 찾는 과정에서, 우리가 교회로서 하는 모든 일을 성경이 요구한다고 전제할 수만은 없는데, 실제로 우리가 하는 대

---

10 기독교 사회는 교회와 국가의 특별한 관계를 전제한다. 그럼에도 시크교나 유대교 같은 다른 종교 집단의 대표들은 '후기 기독교'라는 용어에 반감을 가질 수 있다. 벨링햄 스프링 교회 매튜 매코이(Matthew McCoy) 목사가 내게 말한 것처럼, "미국에서는 아직 터번을 쓴 대통령이 나온 적이 없다."

11 종교 데이터 아카이브 협회(The Association of Religious Data Archives)에 따르면, 2021년 미국 인구의 28.5퍼센트가 종교를 갖고 있지 않았다. 그러나 18세에서 29세 사이 청년층에서는 46.3퍼센트가 '무종교'라고 생각했다. 다음을 보라. M Davern, R. Bautista, J. Freese, S. L. Morgan, and T. W. Smith (March 2022), General Social Survey, 2021: www.thearda.com/us-religion/statistics/beliefs?sid=14&qsid=200.

부분의 일이 문화의 영향을 받기 때문이다. 성경을 새롭게 읽는 일은 성경 이야기의 구속적 관점을 이해하고 그 이야기에서 우리의 역할을 배우는 것을 포함한다. 그리고 우리가 성경을 새롭게 읽을 때, 성경이 정의와 온유의 공동체, 곧 지역사회에서 그리스도의 치유를 받고 확장하는 교회를 형성하고 있다는 것도 알 수 있게 된다.

후기 기독교 사회로의 전환이 교회와 목회 사역 안에 자신감의 위기를 불러오는 조건을 만들고 있다면, 그와 동시에 이 새로운 문화적 현실은 지금이 그리스도인 리더가 되기에 굉장히 흥미진진한 시기를 제공한다! 바로 이 세대의 리더들이 말 그대로 교회를 새 시대로 이끌 책임을 맡고 있기 때문이다. 우리는 교회에 대한 새로운 양식을 만들어 내야 하는데, 이는 창조성과 공감, 용기, 그리고 뮤지컬 "해밀턴"(Hamilton)의 표현을 빌리자면 "고통을 견디는 인내"가 필요한 일이다.[12]

그런데 이 새로운 양식이란 무엇인가? 내가 경험한 바로는, 오늘날 서양에서 하나님 나라를 드러내는 가장 희망찬 표지는 예배와 친족 관계라는 공동의 삶을 통해 하나님 나라를 미리 보여 주려고 애쓰는 예배 공동체들을 탄생시키고 새롭게 하시는 그리스도의 사역이다. 이들은 이웃을 사랑하고, 특정 장소에서 그리스도의 회복 사역을 드러내는 표지로 살아가기 위해 분주하다. 이 공동체들은 정치권력이나 부, 숫자(규모)를 추구하지 않기에 겉으로 봐서는 규모도 작고 확연히 눈에 띄지 않을 때가 많다. 하지만 이들은 그리스도의 겸손의 길을 본받아 세상을 위해 신실하게 살아가려고 애쓰고 있다. 경쟁적인 문화 이야기들 가운데서 성경 이야기대로 살아가도록 서로 도전하고 지지한다. 이런 공동체를 '성육신적 공동체'라고 부를 수 있을 것이다. 신실함과 환

12 Lin-Manuel Miranda, *Hamilton: An American Musical* (2015).

대, 기도라는 더딘 사역을 통해 이들은 그리스도의 아름다움을 가까이에서 보여 준다. 이 교회들에는 화려한 마케팅 전략 같은 것은 없는 경우가 많아서, 그 공동체들 근처에 살지 않으면 그들의 존재조차 알기 어렵다.

안타깝게도, 많은 교회가 정반대 방향으로 가고 있다. 나는 친구와 대화 중에, 재즈라는 은유를 사용하여 기독교 공동체를 설명해 주었다. 그 친구는 교회가 엉뚱한 박자에 맞춰 연주할 때가 많다고 말했다. 성공과 세련된 마케팅 전략에 매료되기란 얼마나 쉬운가. 화려했던 과거 '기독교' 시대를 회복하고자 하는 유혹을 받을지도 모른다. 하지만 그것은 26/59박자의 악보를 보고 아름다운 솔로를 연주하려 애쓰는 것과 비슷하다. 처음부터 실패하도록 설정된 연주인 것이다! 이런 목표를 추구하려다가는 우리 리듬은 엉망진창이 되고, 성경에서 하나님이 부르시는 긍휼과 친족 관계로의 초대에 반응하기는커녕 그 초대를 들을 수도 없을 것이다.

친족 관계, 곧 성경의 친족 윤리는 신실한 기독교 공동체의 핵심이다. 친족 관계는 우리가 교회를 즉흥 연주하는 데 사용되는 음계라고 말할 수도 있을 것이다. 이 관계는 우리가 누구에게 속하고, 누구에게 책임을 지는지와 관련이 있다. 성경에는 우리 가운데 가장 연약한 사람들을 공동체의 중심에 세우는 움직임이 있다. 이 주제는 1장에서 더 자세히 살펴보기로 하자.

하모니, 리듬, 소울

이 책은 지역사회에서 그리스도의 온유하심을 구체적으로 드러내고자 하는 후기 기독교 시대의 교회를 위한 성경적·실용적 비전을 제시한다. 각 장마다 하나씩 제공하는, 교회를 새롭게 연주하기 위한 열두 음은 성육신적 공동체의 열두 가지 특징을 나타낸다. 이 열두 음은 제1부 하모니, 제2부 리듬, 제3부 소울 이렇게 세 부분으로 나눌 수 있다.

제1부 하모니는 성육신적 공동체의 특징을 탐색한다. 음악에서(멜로디와 함께) 하모니는 음악에 색채와 성격을 부여한다. 하모니는 다양한 소리를 내면서 다양한 질감과 분위기를 만들 수 있다. 하모니를 이루는 네 음은 다음과 같다.

1. 본문이 '허락한다'
2. 리더가 가득하다
3. 지역성
4. 아름다움

제2부 리듬에서는 사려 깊게 연주했을 때 공동체에 큰 에너지를 가져다주어 우리의 현실 감각에 변화를 줄 수 있는 네 음을 탐색한다. 음악에서 리듬이라는 요소는 연주가 시간의 흐름과 어떻게 관계되는지에 대한 것이다. 연주자는 박자를 당기거나 늦추어서 우리의 공간 감각에 변화를 줄 수 있다. 각각의 연주에서 우리는 그루브나 '타임필'(time feel)이라고 부르는 것을 결정한다. 이러한 미묘한 리듬의 선택들은 우리가 그 음악을 어떻게 해석하는지를 드러낸다. 탁월한 연주자는 시간에 대한 해석, 곧 리듬으로 구별된다. 제2부의 네 음은 각각 창의적으로 해석되어 우리의 현실 감각에 변화를 줄 수 있다.

5. 폴리리듬의 예배
6. 공동의 삶
7. 치유, 친족 관계, 모성적 돌봄

8. 창조 세계

제3부 소울은 성육신적 공동체의 마음을 탐색한다. 정서 혹은 표현은 음악에서 세 번째로 중요한 측면이다. 표현은 영화 "타이타닉"(Titanic)의 주제가 가사("가깝든 멀든 그대가 어디에 있든…")처럼 감정의 과잉 표현과는 다르다. 여기서 **표현**이라는 용어는 듣는 이들이 **빛**이나 **마음**으로 경험할 만한 심오하고 통찰 있는 감정을 가리킨다. 이는 예술에 대한 독특한 인식을 통해 사람들과 땅의 이야기와 연결되는 깊은 정서다. 재즈에서는 그것을 '소울'이라고 부른다. 이 부분은 공동체의 빛과 마음을 보여 준다.

9. 목소리

10. 대화

11. 우리 친족의 죄

12. 기도

물론, 하모니, 리듬, 소울 이 세 범주의 구분은 엄격하지 않고 유동적이며, 무언가를 서술하기보다는 환기시킨다. 예를 들어, 예배를 다룬 장은 제3부 소울에 들어갈 수도 있었을 것이다. 그러나 예배를 제2부 리듬에 둔 것은, 예배가 우리의 현실과 가능성에 대한 감각을 어떻게 바꾸어 놓는지 탐구하기 위해서다.

용어에 대하여

본격적으로 시작하기 전에, 두 가지 핵심 개념을 정의해 둘 필요가 있다. 이 둘은 하나의 단어나 한 구절로는 범주화할 수 없기 때문에 잠시 멈춰서 생각해 보아야 한다. 첫 번째는 전통적으로 '선교'라고 언급하던 개념이고, 두 번째는 내가 이 책에서 묘사하려는 기독교 공동체를 가리키는 개념이다.

먼저, **선교**부터 살펴보자. 우리는 인류와 세상을 향한 하나님의 구속 사역과 그분의 사랑을 구체적으로 나타내고 나누라는 하나님의 초대를 무엇이라고 부를 수 있을까? 오랫동안 '선교'라는 단어가 이 무거운 짐을 감당해 왔다. **선교**는 '보내다'라는 뜻의 라틴어 '미테레'(*mittere*)에서 파생했는데, 성부께서 성자를 보내시고, 성자께서 교회에 보내시는 행동을 담아낸다. "아버지께서 나를 보내신 것같이 나도 너희를 보내노라"(요 20:21).

그럼에도 교회의 선교적 정체성에 깊이 헌신한 일부 지도자와 학자는 우리가 식민주의 유산을 고려한다면 '선교'를 대체할 새로운 문구와 개념을 찾아야 한다고 주장했다.[13] 예를 들어, 신약학자 리사 마리 보웬스(Lisa Marie Bowens)는 우리가 우월감에서 예수님의 복음을 전하는 경우가 많아서 선교의 목적을 비인간적으로 만들 정도라는 하워드 서먼(Howard Thurman)의 통찰을 인용했다. "수십 년간 우리는 세계의 다양한 민족 집단과 우리 이웃으로 사는 이들을 선교 사업의 대상으로만 연구했을 뿐, 그들을 형제나 인간으로 대하려는 의지를 보이지 않았다."[14] 오늘날 '선교'라는 단어에는 이 역사적 비인간화의 얼룩이 남아 있다. 보웬스는 이렇게 말한다. "1949년 서먼의 통찰은 오늘날에도 여전히 중요한데, 그가 많은 사람에게 선교라는 개념이 인간다움이라는 의미에 상반된다는 사실을 밝혀 주기 때문이다. 역사적으로 선교는 많은 경우, 그 대상이 된 사람들에게 '당신은 인간이 아니다'라고 말해

---

13 더 상세한 논의는 다음을 보라. Michael Stroope, *Transcending Mission: The Eclipse of a Modern Tradition* (Downers Grove: IL: IVP Academic, 2017).

14 Howard Thurman, *Jesus and the Disinherited* (Boston: Beacon, 1976), 13.

왔다(대표적인 예가 미국의 노예 무역이다).”[15]

나는 ‘선교’라고 불리는 개념을 다른 방식으로 말할 방법을 찾아야 한다는 필요성을 느낀다. 또한 식민주의가 어떻게 선교라는 개념을 왜곡했는지를 궁금해해야 한다고 생각한다. 그러나 깊은 신학적 성찰의 바다와도 같은, 선교를 둘러싼 20세기 중후반의 신학적 담론을 잃고 싶지는 않다. 사실, 선교학이라는 학문 분야가 없었다면 이 책은 존재하지 않았을 것이다. 선교학은 최선의 형태일 때, 문화 간 성찰과 상황적 성찰의 최전선에 있었기 때문이다.[16] 따라서 새로운 단어를 찾는 과정에서, 우리가 식민주의 이야기를 외면할 수 없듯이 선교학에 대한 성찰도 건너뛸 수 없다.

선교와 똑같은 역할을 하는 하나의 단어나 하나의 구절을 찾기는 쉽지 않다. 내가 들은 제안 중에서는 ‘해방’, ‘화해’, ‘희년’, ‘치유’, ‘좋은 방식으로 길을 걷기’(캐나다 퍼스트 네이션의 표현)가 좋아 보인다. 각각의 표현마다 장점이 있지만, 시간의 시험을 견뎌 내고 모든 사람과 모든 장소에 공명하는 새로운 단어를 찾아내는 것은 불가능해 보인다. 그래서 이 책에서는 하나님의 사랑을 나누고 구체적으로 드러내는 자세를 묘사하기 위해 **증언**(witness) 이라는 단어를 사용하기로 했다. 증언자는 무언가를 먼저 직접 경험한 사람, 그리고 자신이 본 것을 다른 이들에게 전하는 사람이다.

---

15 Lisa Marie Bowens, “The Paradox of the Missional Theology/Hermeneutic Conversation: Unsalvageable vs. Salvageable—Two Levels,” paper delivered at Society of Biblical Literature, Annual Meeting, 2020, The Forum on Missional Hermeneutics. 보웬스는 옆에서 구경이나 하면서 방해하는 사람이 아니라, 교회의 증언과 관련한 논의에 핵심적으로 기여하는 사람이다.

16 예를 들면, Lamin Sanneh, *Whose Religion is Christianity? The Gospel Beyond the West* (Grand Rapids, MI: Eerdmans, 2003).

둘째로, 성경이 우리에게 요구하는 기독교 공동체, 곧 지역사회에서 그리스도의 치유를 받고 확장하는 공동체를 어떻게 불러야 하나 하는 쉽지 않은 질문이 남아 있다. 여러 저자가 이러한 교회들을 '의도적 공동체', '새로운 교구', '지역사회 교회', '치유 공동체' 등이라고 불러 왔다. 이 책에서는 **성육신적 공동체**라는 표현을 자주 사용할 텐데, 이 표현이 그리스도에 대한 증언의 구체적인 차원을 강조해 주기 때문이다.

한 가지 더, 이 책은 주로 서양 교회를 다룬다는 점을 언급해 두어야겠다. 하지만 세계 교회의 중심이 서양에서 대다수 세계로 옮겨져서, 오늘날 세계 교회에서 서양 국가가 차지하는 비율은 15퍼센트에 불과하다. 글로벌 사우스(Global South)와 동양에서 타 문화 선교사의 대부분을 배출하고 있다.[17] 실제로, 서양 국가들에서 영적으로 가장 활발한 교회는 이주민 교회와 다문화 교회인 경우가 많다. 나는 이 책의 주제들이 비서구권에서 어떻게 표현되고 있는지를 독자들과 지속적으로 대화할 수 있기를 기대한다.

마지막으로, 내 여정을 들려주는 과정에서 내 이야기와 내가 섬긴 교회 이야기가 섞이지 않기를 원했다. 이 책에서는 앞으로 하나님이 그들을 부르신 소명을 자유로이 실천할 자유를 존중하기 위해 내가 목회한 교회들을 특정하지 않을 것이다. 직업상의 변화로, 우리 가족은 더는 이 책에서 소개한 교회들에서 정기적으로 예배하지 않는다. 다른 목회자들과 평신도 리더들과의 협력을 통해 이 책에 나오는 실천과 생각이 발전했다. 그래서 이 책은 많은 사람의 것이라고 할 수 있다. 건강한 성육신적 교회는 **리더가 가득한(리더풀)** 공동체이기 때문이다(2장에서

---

17 Soong-Chan Rah, *The Next Evangelicalism: Freeing the Church from Western Cultural Captivity* (Downers Grove, IL: InterVarsity Press, 2009), 164-70을 보라.

자세히 살펴볼 것이다). 나는 전문가가 아니라 동료 순례자, 곧 순례길에서 함께할 동료 여행자들을 모으고 있는 여행자의 자세로 이 책을 쓴다.

이 책을 읽는 동안, 다른 교인이나 소그룹으로 함께 읽는 것을 고려해 보아도 좋겠다. 그럴 때 당신은 자신이 속한 공동체가 하나님이 부르시는 즉흥 연주에 참여하도록 기도하면서 함께 분별하는 동반자를 얻을 수 있을 것이다. 또한 이 책에 나오는 성경 연구가 당신을 '가르칠' 뿐 아니라, 당신이 직접 '가르칠 수 있는' 내용이 되기를 기대한다. 설교자나 교사라면, 이 책이 강해하는 내용을 당신의 설교와 가르침에서 일부 사용할 수도 있겠다.

성육신적 공동체의 길은 서양 교회에서 여전히 잘 닦이지 않은 길이지만, 이 상태로 머물러 있지는 않을 것이다. 당신이 이제 발을 막 내디뎠든지, 어느 정도 길을 걸어왔든지, 이 여정에 함께할 수 있음에 당신께 감사하다. 어디쯤 왔든, 당신이 이 길을 가는 동안 이 책이 축복이 되기를 기도한다.

음악이 흐르는 순간은 청중이나 연주자 모두의 기억에 오래 남기도 한다. 나는 색소폰 솔로 연주자를 뒤에서 받쳐주는 반주 역할을 했던 호주 공연을 잊을 수가 없지 못할 것이다. 그는 특정 화성 구조에 딱 들어맞지 않는 추상적인 멜로디를 즉흥적으로 연주하고 있었다. 어느 순간, 내가 양손으로 여섯 음 코드를 세게 눌렀다. 이 코드는 완전 4도 간격으로 음정을 다섯 번 겹쳐 쌓은 구조였다. 이 코드는 추상적(이거나 모호한) 화성적 특징이 있는데, 그것이 그의 멜로디와 완벽하게 맞아떨어졌다. 그때 나는 온몸으로 일종의 통일감을 느꼈다 **나의** 화음이 **그의** 멜로디를 이해하게 만들었고, 또한 그에게 그다음을 이어가 보라고 권하는 것 같았다. 내가 그 코드를 치고 난 직후, 그 무대에서 가장 존경받는 음악가였던 더블베이스 연주자의 입에서 감탄사가 터져 나왔다.

하모니는 음악에 색채와 특징을 부여한다. 사려 깊게 연주하면 엄청난 흥분을 불러일으킬 수 있다. 교회를 새롭게 연주하는 처음 네 음은 공동체의 특징적인 분위기, 곧 성경, 리더십, 장소, 아름다움과 관련이 있다.

제1부

하모니

1장

본문이 '허락한다'

창의성과 시, 현실로 가득한 하나님 말씀은 정체되거나 예측 가능한 교회를 만들어 낼 수 없다. 오히려 성경은 즉흥성을 불어넣고 이를 요구하기까지 한다. 물론, 교회에는 어느 정도 예측 가능성도 존재한다. 예를 들어, 예배 때는 말씀과 성례전이 중심이고, 풍성한 역사적 전통을 종종 참고한다. 그럼에도 성경 이야기에 참여하여 우리의 역할을 연주한다는 것은 재즈 공연과 같다. 성경 전통에 깊이 잠긴 채 우리는 하나님이 우리를 두신 특정한 맥락에서 의미가 있는 전통 위에 새로운 즉흥 연주를 펼친다.

첫 번째이자 계속해서 유지해야 할 단계는 성경 전통 속으로 깊이 잠기는 것이다. 그 전통이 우리의 뼛속까지 스며들도록 말이다. 이런 점에서, 그리스도를 따르는 이들은 재즈 전통에 몰입하는 재즈 음악가들과 비슷하다. 재즈 음악가들은 전통을 보유하고 있는 장인들에게서 배운다. 그리고 그들의 연주를 연구한다. 나는 재즈 음악을 들을 때 놀라운 즉흥 연주가 내 귀를 사로잡을 때가 많다. 그럴 때는 잠시 멈춰서 그 대목을 익히기도 한다. 그 부분을 반복해서 들으면서 어떻게 하모니가 이루어지는지를 연구한다. 그러고 나서는 그 부분을 피아노로 연주하면서 손가락에 익힌다. 다음으로는 열두 조성 모두에서 그 부분을 연습한다. 마지막으로, 그 라인의 리듬과 멜로디 '어휘'를 활용하여 새로운 방식으로 즉흥 연주를 시도한다.

성경 전통에 몰입하는 것도 그와 같은 헌신적이고 지적인 영혼의 작업이 필요하다. 우리는 성경을 손끝으로 느끼고, 그 인물들과 구조, 복잡함과 역설에 익숙해져야 한다. 즐거워하고, 암송하고, 판단을 유보하며, 분노하고, 필요하다면 성경 원어를 배우기도 해야 한다. 성경에서 교훈을 얻기 위해 동반자를 찾기도 하는데, 그것은 전통의 역사 기록에서 주목받지 못한 새로운 목소리나 전문가들일 수도 있다. 재즈를 연주할 때 숙련된 연주자는 그 음악이 전통에서 비롯되었는지 아닌지 바로 알 수 있다. 예를 들어, 훌륭한 음악가가 재즈 전통을 깊이 접해 본 적 없는 누군가와 함께 연주하면 금세 알아차리게 된다. 성경도 마찬가지다.[1]

전통은 창의성을 불러일으킨다. 성경을 연구하면서 우리는 성경 저자들이 얼마나 독창적인지를 알 수 있다. (이 책에서 살펴보겠듯이) 각자의 다양한 맥락에서 생명의 말씀을 내놓기 때문이다. 우리가 자신의 구체적인 환경에서 그 전통을 다시 표현할 때 성경은 우리 안에 신선한 상상력을 불어넣어 준다. 서로 신뢰하는 가운데 음악가들을 미지의 세계로 이끄는 재즈의 풍부한 독창성은 이런 궁금증을 줄 수 있다. 성경 전

1 우리가 할 일 중에는 성경적 전통과 문화적 전통을 구분하여 둘을 혼동하지 않도록 주의하는 것도 있다.

통은 우리 안에 어떤 신선하고 아름다운 멜로디와 리듬을 낳을 수 있을까? 어떻게 우리는 성경의 하모니와 리듬과 영혼을 우리 삶에 재연출하여 이웃에게 예수님의 아름다우심과 온유하심을 충실히 드러낼 수 있을까? 이런 종류의 시적 상상력을 통해서만, 우리는 '보냄받은' 증인으로서(요 20:21) 이 이야기에서 우리 역할을 즉흥적으로 연주할 수 있다.

재즈 연주자들처럼 그리스도를 따르는 이들은 서로 대화하면서 서로 의지하면서 성경 전통을 함께 즉흥으로 연주를 한다. 어쩌면 당신 교회의 한 사람이 성령님이 영감을 주신 것 같은 주제를 개발하기 시작할 수도 있다. 이 주제는 공동체 전체의 연주를 형성하기 시작한다. 공동체는 서로의 연주를 들으며, 항상 전통 안에서 연주하고 있는지를 점검하고, 서로가 더 깊이 전통 속으로 들어가도록 격려한다.

다음과 같은 특징들의 공통점이 무엇인지 생각해 보자. 뉘앙스, 신뢰, 일관성, 대화, 경청, 침착함, 이야기, 미묘함, 창의성, 관대함, 감정, 감상주의를 경계하지만 진정성을 포용하는 태도. 이것들은 모두 탁월한 재즈 연주의 특징인데, 성경 이야기에서 창의적으로 역할을 담당하는 공동체의 특징이기도 하다. 나는 교회에 신선한 상상력을 열어 주는 열쇠는 새로운 전략이 아니라, 전통에 기반한 즉흥 연주로의 초대를 받아들이면서 성경 이야기를 풍성하게 이해하는 것이라고 확신한다. 독자들이 이 책을 읽고, 성경에는 평생을 살아도 다 쓰지 못할 만큼의 상상력, 창의성, 온유함이 이미 충분히 담겨 있음을 발견하기 바란다. 교회를 새롭게 연주하기 위한 첫 번째 음은 성경, 즉 허락하는 본문이다.

본문이 허락한다

(모두는 아니지만) 우리 중 다수가 성경과 다소 복잡한 관계라는 사실을 인정하는 것이 도움이 된다. 사람들은 이렇게 생각할지도 모른다. **'이렇게 폭력적인 문서로 뭘 할 수 있다는 거죠? 성경 내용 중에, 많은 사람에게 골칫거리인 여성 혐오 부분은 어떠하고요?'** 물론, 성경과의 불편한 관계는 오늘날 교회를 특징짓는 만연한 의심의 한 측면이다. 다른 원인도 많지만, 종교 다원주의, 기독교 역사 내의 폭력, 기독교 국가주의, 유해한 남성성 등이 그에 일조한다. 그럼에도 불구하고, 성경과의 관계는 거의 항상 골칫거리다. 그렇다면 우리를 불편하게 하는 성경의 본문들을 어떻게 다루어야 할까?

이야기를 하나 들려주겠다. 이십 대 때 나는 18세기 부흥 운동가 조너선 에드워즈(Jonathan Edwards)가 신학적 난제들을 다루는 방식에 감명을 받았다. 에드워즈는 당황스러운 성경적·신학적 문제를 발견했을 때 문제가 '해결될' 때까지 절대 멈추지 않았고, 다른 사람들에게도 그렇게 하라고 권했다. 이 접근법은 젊고 활력이 넘치는 내 성격에 들어맞았기에 한동안 잘 사용했다. 그런데 나이가 들고 성경을 더 오래 살필수록, 까다로운 본문은 시간을 두고, 어쩌면 평생 두고 볼 필요가 있음을 깨닫게 되었다. 성경 주해를 업으로 삼은 나는 나를 불편하게 하는 본문들과 인내하며 지내는 길을 택했다. 그 본문들을 몇 달이나 몇 년에 걸쳐 호기심을 품고 끈기 있게 대했다. 때로는 뜻밖의 경로로, 나를 당황하게 한 본문에 대한 신선한 통찰력을 얻기도 한다. 전혀 다른 본문을 함께 연구하다가 혹은 시리아-팔레스타인 집단과 더 가까운 다른 문화권의 친구의 이야기를 듣다가 말이다. 어떤 경우에는, 특정 난해 본문에 상당한 시간을 들이기로 작정하기도 한다.

본문이 **허락한다**. 이 문장은 라이너 마리아 릴케(Rainer Maria Rilke)의 아름다운 시구를 내가 각색한 것으로, 시간을 두고 본문을 신뢰한 나의 여정을 잘 설명해 준다. 내가 경험한 바로는, 결국 본문이 허락한다는 것이다. 여기서 '허락한다'란 성경 내러티브와 전혀 어울리지 않는 듯한 본문이 때가 되면 아름답고 독특하게 내러티브에 기여함을 깨닫게 된다는 의미다. 릴케의 원래 시구는 생명과 복을 주는 땅의 비옥함을 성찰한다. 릴케는 이렇게 말한다. "농부는 씨앗이 여름으로 변하는 곳까지는 닿을 수 없다. 그 일을 하는 것은 땅이다. 땅이 허락한다."[2]

땅이 허락하듯이, 내가 성경과 끈기 있게 씨름할 때 **본문이 허락한다**. 성령님이 우리가 성경을 해석하는 "곳까지 닿으실" 때 성경은 우리를 해석하며, 그 본문은 베풀고, 축복하고, 초대하고, 놀라게 하고, 도전하고, 존엄을 부여하고, 연결하고, 충격을 주고, 소름 끼치게 하고, 해결하고, 노래하고, 치유하고, 생명을 준다.

성경 이야기의 통일성

이 책의 각 장에서 우리는 성경 이야기를 더 풍성히 이해할 수 있을 테지만, 우선 여기서 제시하는 핵심 주제 네 가지는 성경 이야기 전체를 더 깊이 들여다보는 데 도움이 된다. 이렇게 함으로써 이후에 나올 개별 성경 본문을 연구하는 배경이 되는 큰 그림을 얻을 수 있다. 내가 이 네 주제를 특별히 선택한 이유는 이 넷이 성경을 예수님에게서 완

2 Rainer Maria Rilke, *Duino Elegies and the Sonnets to Orpheus*, trans. A. Poulin, Jr. (Boston, NY: Houghton Mifflin, 2005), 107. 『두이노의 비가』, 『오르페우스에게 바치는 소네트』.

성된 통일된 이야기로 읽도록 도와주기 때문이다. 이 네 주제는 우리가 성경의 큰 서사를 이해하게 하고, 각 부분이 전체 안에서 어떠한 의미를 갖는지 보여 준다. 물론 성경의 통일성을 이해한다고 해서 난해한 본문을 모두 풀 수 있는 것은 아니다. 하지만 적어도 그런 본문의 궁극적인 목적을 깨달을 수는 있을 것이다. 성경에 대한 다음 네 가지 핵심 질문에 대답하기 시작하면 이 네 주제가 자연스럽게 드러난다.

1. 성경 이야기는 무엇인가?
   창조 세계는 성경 이야기를 통합하는 요소다. 세상은 하나님께 중요하다.
2. 성경적 윤리란 무엇인가?
   친족 관계에 대한 윤리가 성경 전체를 관통한다.
3. 복음이란 무엇인가?
   복음은 예수님이 모든 창조 세계를 구속하시는 예수님의 주 되심을 선포하는 것이다. 그분은 "만물을 고치시는 자"이시다.
4. 증언이란 무엇인가?
   삶과 말과 행동으로 하는 증언은 교회의 여러 과제 중 하나가 아니라, 교회의 정체성 자체다.

그리스도인 리더들은 이 네 질문의 답을 깊이 탐구하는 데만 평생이 걸릴 수도 있다. 하지만 개신교는 이 질문들에 대한 환원주의적 답을 오랫동안 비판 없이 받아들이고 있다.

첫째, 성경 이야기는 하나님이 개인을 지옥에서 구원하시는 내용으로 축소되었고 세상은 뒤로 밀려났다.

둘째, 윤리는 성경적 친족 관계를 고려하지 않았다.

셋째, 복음은 형벌 대속 속죄로 제한되었다.

넷째, 증언은 전도로만 좁혀졌고, 교회의 정체성보다는 과제로 여겨졌다.

그러니 리더들이 이렇게 의구심을 품는 것도 당연하다. "교회의 존재 **이유**는 무엇인가?" "교회는 무엇을 **해야** 하는가?" 성경 이야기는 삶과 공동체와 사회의 당면한 질문들로부터 추상화되고 단절되고 말았다. 내가 이 네 질문에 집중하게 된 까닭은 이 질문들이 성경 이야기의 통일성을 보여 주면서 교회의 정체성과 존재 목적에 설득력 있는 답을 제공해 주기 때문이다.

성경을 하나의 통일된 이야기로 이해하면 그리스도인의 삶과 증언에 대한 새롭고도 아름다운 초대를 받는다. 이제부터 이 네 가지 핵심 주제를 살펴보기로 하자.

세상은 하나님께 중요하다

성경의 위대한 이야기를 하나로 묶는 핵심 주제는 창조 세계다. 이는 사람들이 자주 오해하는 주제이기에 여기서는 성경 이야기에 대한 이해를 풍성하게 하는 한 가지 방식으로 창조 세계를 조명해 보려 한다.

창세기 1-2장에서 하나님은 세심하고도 즐거이 세상을 창조하신다. 창세기 1장을 보면 하나님은 지으신 것을 보시고 일곱 번이나 "좋았다"라고 말씀하셨다. 특히, 일곱 번째에는 **심히** 좋았다고 말씀하셨다!(창 1:31) 창세기 1-2장은 마치 피조물 위에 "참 좋은 세상!"이라는 현수막을 눈에 띄게 걸어놓은 듯하다. 현수막 뒤편에는 이렇게 쓰여 있다. "이 세상은 하나님께 중요하다!" 하나님은 인류를 그분의 형상을 닮게 창조하셔서, 그분의 선하신 창조 세계의 청지기로 그곳에 두신다. 고대 신전 안에 신의 형상이 놓여 그 신을 대표하듯이 말이다(창 2:15).[3]

성경의 마지막 두 장인 요한계시록 21-22장은 이 첫 두 장을 거울처럼 반사한다. 여기에서 창조 세계는 회복되고 새롭게 된다. 하나님의 새로운 통치를 상징하는 새 예루살렘이 이 땅에 임해서 창조 세계를 치유한다(계 21:2, 10; 22:2). 따라서 성경의 첫 두 장은 세상의 창조를, 마지막 두 장은 세상의 치유를 다룬다. 창조 세계가 성경의 처음과 끝을 장식한다! 이는 성경 이야기가 창조 세계 전체를 조망하고 있음을 보여 준다. 그리고 예수 그리스도의 복음이 이 이야기의 **한가운데에** 등장한다. 즉 복음이 창조 세계의 치유 이야기임을 암시한다.

창세기 3장에 이르면, 인간이 죄를 지은 결과로 모든 창조 세계가 악의 저주로 오염되고 만다. 그럼에도 창조 세계의 모든 부분은 여전히 원래 창조 세계의 선함을 어느 정도 간직하고 있다. 알버트 월터스(Albert Wolters)의 말처럼, 타락의 결과로 악이 선한 창조 세계에 기생하듯 달라붙어 그것을 해치고 있다.[4]

성경 이야기 정중앙에 등장하는 그리스도의 성육신과 부활은 창조 세계를 향한 하나님의 헌신을 드러낸다. 나는 어릴 때부터 부활의 의미가, 내 죄가 **확실히** 용서받았다는 증거라고 배워 왔다. 틀린 말은 아니지만 그것이 전부는 아니다. 부활의 핵심은 당신과 내가 다시 산다

3 추가로 Carmen Joy Imes, *Being God's Image: Why Creation Still Matters* (Downers Grove, IL: IVP Academic, 2023), 35를 보라.

4 Albert M. Wolters, *Creation Regained: Biblical Basics for a Reformational Worldview*, 2nd ed. (Grand Rapids, MI: Eerdmans, 2005), 57. 『창조, 타락, 구속』(IVP).

는 사실도 있지만, 이보다 더 근본적으로는 하나님이 창조 세계 전체를 새롭게 하신다는 선언이다. 하나님께서는 예수님을 죽은 자 가운데서 일으키심으로써, 새 창조의 첫 열매가 되게 하셨다!(고전 15:20, 23)[5] 예수님의 부활과 함께 창조 세계의 회복이 시작되었다. **그것**이 부활주일에 우리가 외쳐야 할 찬양이다.

인도자: "그리스도가 다시 사셨습니다!"

회중: **"창조 세계의 회복이 시작되었습니다!"**

그래서 부활주일이 기독교력의 절정이라고 할 수 있다. 부활의 관점에서 우리는 **이** 세상의 회복을 기대한다. **이** 산과 **이** 강, **이** 도시의 회복을 고대한다. 우리는 **이** 회복된 세상에서 회복된 몸으로 살아갈 것이다. 바울이 그리스도의 재림을 반복해서 말하는 것도 그 때문이다. "그날에 그가 강림하사", "그가 오실 때"(살후 1:10을 보라; 참고. 고전 11:26).[6]

이 세상이 하나님께 중요하다는 메시지는 제자도, 예배, 일, 증언, 복음을 이해하는 데 영향을 준다. 나는 이 풍성한 창조 신학을 재즈 피아노와 연결 지었던 날을 잊지 못한다. '내가 피아노를 연주할 때 하나님이 귀 기울이시고 기뻐하신다!'라고 생각했다. 나는 하나님이 내 음악을 귀히 여기시는 이유가 설교 중에 음악을 사용해서도 아니고, 음악이 기도나 의식적인 찬양 행위가 될 수 있기 때문도 아님을 깨달았다(물론 그것도 훌륭하다). 하나님은 미학과 예술 활동을 귀히 여

5 추가로 N. T. Wright, *The Resurrection of the Son of God* (Minneapolis: Fortress, 2003), 219도 보라. 『하나님의 아들의 부활』(CH북스).

6 이 세상의 회복에 대해서는 마 5:5; 롬 8:22; 계 21장을 보라.

기시기 때문에 내 음악을 귀히 여기신다! 하나님이 세심하고도 즐거이 세상을 창조하셨기에 우리가 창조하는 아름다움 역시 하나님께 기쁨이 된다.

성경을 관통하는 성경적 친족 관계 윤리

성경을 관통하는 윤리적 흐름, 곧 그것이 지향하는 윤리적 목적을 이해하지 않고서는 성경의 통일성을 이해할 수 없다. 하지만 이는 쉬운 일이 아닌데, 현대 서양 사회에서 옳고 그름의 개념이 고대 지중해 세계의 공동체 문화와는 매우 다르기 때문이다. 예를 들어, 인권이라는 현대적 개념은 중요하지만, 서양의 개인주의에 너무 깊이 얽혀 있어서 신구약 성경 윤리의 중심부에 도달하지 못한다. 우리는 고대인들이 선과 악, 인간 사이의 의무에 대해 어떻게 생각했는지 궁금했던 적이 있는가? 또한 성경의 윤리를 하나로 묶는 중심 원리는 무엇인가?

성경을 기록한 고대인들은 삶과 정체성을 공동체적으로 경험했다. 성경 시대 사람들에게 가장 긴급한 질문은 “나는 누구에게 속해 있는가?”와 “나는 누구를 책임져야 하는가?” 같은 것들이었다. 실제로, 빈곤의 위기는 친족 관계의 위기로 경험되었다. 당신이 고대 이스라엘에서 심각한 빈곤에 처했다고 상상해 보자. 이는 음식이 부족하고 내년에 농사를 지을 씨앗이 없다는 뜻이다. 당신을 지켜 줄 강력한 친족 관계의 부재이기도 하다. 당시, 빈곤한 사람은 최저 생계를 지원해 줄 친족이 없는 사람이었다.

예를 들어, 신명기에 나오는 이삭줍기 율법을 생각해 보자. 가난한 이들을 위해 밭이나 포도원, 감람나무에 열매를 남겨 두라는 명령(신 24:19-22)은 요즘으로 치면 단순한 기부 활동으로 해석할 수 있다. 하지만 성경의 공동체적 맥락에서 보면, 이삭을 남겨 두라는 하나님의 명령은 하나님의 백성이 나그네와 고아를 친족으로 대해야 한다는 의미였다. 다시 말해, 이스라엘 공동체는 친족에게 베풀 만한 보호와 물질을 그들에게까지 확대해야 했다.

친족을 향한 책임은 성경 이야기의 처음, 곧 아담과 하와의 아들들에서부터 등장한다. 아벨을 죽인 후에 가인은 하나님께 자신이 아우를 지키는 자냐고 묻는다. 그러자 하나님은 이렇게 그를 나무라신다. "네 아우의 핏소리가 땅에서부터 내게 호소하느니라"(창 4:10). 가인이 자기 친족에 대한 책임을 다하지 못하자 땅이 울부짖으며 호소한다. 창세기에 따르면, 친족을 향한 책임은 가인과 아벨처럼 직계 가족의 형제 사이에만 국한되지는 않는다. 창세기는 인류를 공통의 선조에서 유래한 거대한 한 가족으로 묘사한다(창 10장). 인류의 공통 기원을 통해 모든 사람을 가족으로 묶어 주는 개념을 흑인 신학에서는 "한 혈통 교리"라고 부른다. 한 혈통 교리는 반노예제 운동의 핵심 신학이었다.[7]

신약성경으로 와서, 바울이 로마에 갇혀 있는 동안 기록한 빌레몬서를 생각해 보자.[8] 빌레몬의 노예 오네시모는 골로새에서 로마로 도망쳤다. 로마에서 바울은 오네시모에게 그리스도를 소개했다. 그리고 오네시모 편에 우리가 빌레몬서로 알고 있는 서신을 들려서 빌레몬에게 돌려보낸다. 바울은 빌레몬에게 오네시모를 벌주기는커녕 이제는

7 Lisa M. Bowens, *African American Readings of Paul: Reception, Resistance, and Transformation* (Grand Rapids, MI: Eerdmans, 2020), 28.

8 Mark R. Glanville, "A Biblical Ethic of Kinship for People On the Move," *International Journal for Religious Freedom* 15 (2022): 9-23, 특히 21을 보라.

그를 종이 아니라 형제로 대하라고 호소한다. "사랑받는 형제로…육신과 주 안에서" 여기라고 한다(몬 16절).

로마 제국의 강압적이고 계급적인 문화에서 바울이 빌레몬에게 요구하는 내용은 인간관계에서 완전히 새로운 범주, 곧 가족 관계를 제시한 것이었다. 사람은 노예조차도, 그가 마땅히 받아야 할 대우나 주어진 처지로 판단해서는 안 되고, 그리스도 안에 있는 사랑받는 형제와 자매로 바라보아야 한다. 우리는 성경이 하나님의 백성을 가족, 온유함이 특징인 한 가족으로 재형성하고 있음을 볼 수 있다.[9] 우리를 입양하신 하나님의 본보기를 따라서, 우리도 서로를 가족으로 품어 소속감과 연대감, 보호를 제공해야 한다(신 10:15, 18-19). 우리 가운데 있는 가장 연약한 이들을 중심에 두어야 한다. 성경적 친족 관계는 교회를 넘어서서 지역의 가장 취약한 이웃들에까지 미친다(눅 15:1-2).

복음은 예수님을 만물을 고치시는 주로 선언한다

"복음이란 무엇인가?"라는 질문을 생각하다 보면, **복음**이라는 단어 자체가 혼란스러울 수 있다. 이 단어를 들으면, 누군가를 그리스도께 인도하기 위해 준비된 설명 곧 '복음 제시'를 떠올릴지도 모른다. 하지만 이런 전제들을 잠시 제쳐두고, 신약성경에서 **복음**이라는 단어를 어떻게 사용하고 있는지 살펴보는 것이 더 분명한 이해를 돕는다.

지금까지의 논의는 복음의 본질을 암시해 준다. 성경 이야기는 창

9 이 책 5-6장에서 살펴보겠지만, 고대 세계에서 친족(kinship)은 현대의 핵가족과는 전혀 다른 모습이었다.

조 세계로 시작해서 창조 세계로 끝나기 때문에 그 이야기 한가운데 위치한 복음은 반드시 창조 세계와 관련이 있을 수밖에 없다. 이것은 좋은 출발점이다. 이제 **복음**이라는 단어가 복음서에서 어떻게 사용되는지 살펴보자. **복음**이라는 단어는 마가복음 1장 1-2절과 14-15절에서 세 차례 사용된다(저자 강조).

> 하나님의 아들 예수 그리스도의 **복음**의 시작이라. 선지자 이사야의 글에…[그다음에 마가는 구약성경 본문을 인용한다] 요한이 잡힌 후 예수께서 갈릴리에 오셔서 하나님의 **복음**을 전파하여 이르시되 때가 찼고 하나님의 나라가 가까이 왔으니 회개하고 **복음**을 믿으라 하시더라.

이 본문에서는 복음에 관하여 다음과 같은 다섯 가지 사실을 알 수 있다.

1. 복음은 예수님의 삶과 죽음, 부활과 관련된다(1절).
2. 복음은 선지자들이 오랫동안 고대한 세계 역사의 성취다. 다시 말해서, 복음은 종말론적이다(2절과 15절).
3. 오랫동안 고대한 구약성경 이야기의 성취("때가 찼고")인 복음은 구속적이다. 복음은 인간 공동체, 정의, 정치, 하나님의 임재 등을 포함하여 구약성경이 다루는 모든 것을 구속한다(2절과 15절).[10]

10 왕의 권력을 제한하는 것에서부터 도피자를 환대하는 것까지 구약성경이 얼마나 폭넓은 문제를 다루는지 생각해 보라(예. 신 15:14-20; 10:18-19).

4. 그리스도 안에서 하나님의 회복하시는 통치가 드디어 능력 가운데 나타난다("하나님의 나라", 15절).
5. 복음은 반응을 요구하고, 신실한 남은 자들이 모여들게 한다(15절).

복음을 이렇게 요약할 수도 있을 것 같다. 이제 마침내, 그리스도의 삶과 죽음과 부활 가운데, 하나님이 온 세상과 그 안의 인류를 위해 하나님의 치유하시는 다스림을 세우고 계신다.[11]

초기 그리스도인들이 **복음**이라는 단어를 어떤 의미로 사용했는지 알 수 있는 또 다른 렌즈는 제국이라는 배경이다. 기원전 9년, 아시아 속주 회의는 아우구스투스(Augustus)의 탄생을 '복음'의 시작으로 선포하고 그에 따라 달력을 다시 설정했다(참고. 막 1:1).[12] 기원전 31년 악티움 전투로, 카이사르 아우구스투스는 오랜 내전을 끝냈다. 신약학자 리처드 호슬리(Richard Horsley)는 이렇게 썼다. "거의 즉시 시작되어 이후 여러 세대에 걸쳐 아우구스투스와 로마에 감사와 호의가 쏟아졌는데, 이는 사람들이 오랫동안 갈망한 평화를 가져다주었기 때문이다."[13] 아우구스투스는 "온 인류의 구주"로 반복해서 칭송을 받았다.[14]

누가복음에 나오는, 아기 예수를 찾아온 목자 이야기는 이 제국의

11 사도 바울이 **복음**이라는 단어를 사용할 때도 동일한 내러티브를 염두에 둔다(롬 1:1; 고전 15:1-5; 딤후 2:8).

12 "신[아우구스투스]의 탄신일은 온 세상에 그를 향한 복된 소식[복음, '유앙겔리온'(*euangelion*)]의 시작이 되었다." *Orientis Graeci Inscriptiones Selectae* 2, no. 458 (1905). Richard A. Horsley, *The Liberation of Christmas* (New York: Continuum, 1993), 27에 인용됨.

13 Horsley, *Liberation of Christmas*, 26.

14 Horsley, *Liberation of Christmas*, 27.

어휘를 가져다가 변형한다(눅 2:1-21). 누가는 예수님을 "평화"를 가져오는 "구주"로 묘사하면서 그분을 카이사르의 통치와 직접적으로 대조되는 위치에 둔다.[15] 그러나 누가는 예수님을 단지 지상의 통치자(아우구스투스)를 대신하는 영적 통치자로만 묘사하여, 마치 우리 모두가 천국에 갈 것이므로 세상은 전혀 중요하지 않다는 식으로 말하지는 않는다. 오히려 예수님의 통치는 우상을 숭배하고 야만적인 아우구스투스의 통치에 전면적으로 도전한다(눅 1:46-55). "주리는 자를 좋은 것으로 배불리셨으며 부자는 빈손으로 보내셨도다"(눅 1:53). 누가에게 복음은 하나님이 카이사르의 잔혹한 통치에 맞서는 전 세계적인 해방의 왕권의 수립을 뜻한다.

나는 때때로 복음을 "만물을 고치시는 자"[16] 예수님을 선포하는 것으로 표현한다. 옷 수선은 세심한 부분까지 엄청난 주의가 필요한 기술이다. 고치는 것은 친족 관계, 곧 우리가 사랑하는 이를 위해 기울이는 사랑의 수선을 상징한다. 복음서에는 예수님의 왕권과 능력이 두드러지게 나타나지만, 그분의 겸손(태어났을 때 구유에 누이신 일을 생각해 보라; 마 11:29도 보라)과 가족적 환대도 엿볼 수 있다.

증언은 교회의 정체성이다

증언은 성경 이야기의 통일성을 보여 주는 네 번째 주제다. 증언은 교회의 여러 과제 중 하나가 아니라, 교회의 정체성 자체다. 우리의

---

15 Horsley, *Liberation of Christmas*, 33.

16 Tom Wuest, *Mender of All Things*, copyright 2016; 허락을 받고 사용함. 이 문구는 내가 가장 좋아하는 음악가 탐 우스트(Tom Wuest)에게서 빌려 왔다.

증언은 재즈 음악처럼 창의적이고 영혼을 담아 즉흥적으로 연주해야 한다.

하나님의 구속에 대한 인간의 증언은 교회가 아니라, 고대 이스라엘을 열방의 빛으로 부르신 하나님에서부터 시작된다. 이스라엘의 삶은 남다르고 매력적이어야 했으며, 그래서 다른 민족들이 이스라엘의 하나님의 지혜와 정의를 보고 끌려오게 되어 있었다. 이를 위해 모세는 이스라엘을 향해 이렇게 말했다.

> 너희는 [이 규례를] 지켜 행하라. 이것이 여러 민족 앞에서 너희의 지혜요 너희의 지식이라. 그들이 이 모든 규례를 듣고 이르기를 이 큰 나라 사람은 과연 지혜와 지식이 있는 백성이로다 하리라. 우리 하나님 여호와께서 우리가 그에게 기도할 때마다 우리에게 가까이 하심과 같이 그 신이 가까이함을 얻은 큰 나라가 어디 있느냐? 오늘 내가 너희에게 선포하는 이 율법과 같이 그 규례와 법도가 공의로운 큰 나라가 어디 있느냐?(신 4:6-8)

고대 이스라엘은 아름다운 삶으로 열방을 끌어들여 이스라엘의 하나님 야웨께 나아오도록 해야 했다. 하지만 안타깝게도, 구약성경이 전개되면서 이스라엘은 하나님이 요구하신 그 대조적인 공동체가 되지 못했다.

신약성경으로 오면, 그리스도의 부활과 함께 증언은 성령의 능력으로 새로운 힘을 얻는다. 사도행전 1장은 구속사의 전환점이다. 사도행전 1장을 해석할 때는 문화적 상징이나 표지의 역할을 생각하는 것이 도움이 된다. 예를 들어, 오스트레일리아 사람들에게는 코알라나 베지마이트(빵에 발라 먹는 검은색 스프레드) 같은 상징들이 그들의 공통된 정체성에 기여한다. 마찬가지로 사도행전 1장에서는 유대인의 구별된 세 특징이 지금이 이스라엘(과 모든 피조물)이 회복될 때라고 제자들에게 말해 준다. 제자들이 예루살렘에 모여 있고(첫 번째 표지), 부활이 일어났으며(두 번째 표지), 예수님이 성령을 약속하셨다(세 번째 표지). 이 세 표지는 모두 선지자들이 예언한 여호와의 큰 날을 가리킨다. 따라서 제자들이 부활하신 예수님께 이렇게 여쭙는 것이 이해가 된다. "주께서 이스라엘 나라를 회복하심이 이때니이까?"(행 1:6) 이것은 어리석은 질문이 아니다. 율법을 준수하는 유대인이라면 다들 이렇게 생각했음 직하다. 예수님의 대답은 기독교 증언의 분수령이 된다.

> 이르시되 때와 시기는 아버지께서 자기의 권한에 두셨으니 너희가 알 바 아니요. 오직 성령이 너희에게 임하시면 너희가 권능을 받고 예루살렘과 온 유대와 사마리아와 땅 끝까지 이르러 내 증인이 되리라 하시니라.(행 1:7-8)

무엇이 새로운 통찰인가? 예수님은 이날이 선지자들이 예언했던 여호와의 큰 날임을 말씀하고 계신다. 하지만 특별한 목적을 위해, 증언의 시간 동안 그 끝이 미루어졌다. 세계 역사에서 이 시기의 목적은 하나님의 백성이 그리스도가 다시 오실 때까지 그분을 증언하는 데 있다. 그리고 이 증언은 세상 끝까지 모든 백성을 위한 것이다.

예수님은 교회가 해야 할 여러 과제 중 하나로 증언의 임무를 교회에 맡기신 것이 아니다. 오히려 증언은 종말이 미루어진 이유, 성령님을 우리에게 허락하신 이유다. 증언하는 사람이 되는 것이야말로 그리스도를 따르는 이들의 정체성이라고 할 수 있다.[17] 자세한 설명을 위해, 당신이 다니는 교회에 회의실이 있다고 상상해 보자. 다양한 사역 지도자들이 모여서 중요한 대화를 나누는 곳이다. 어린이 사역, 설교 사역 등 각 사역을 대표하는 의자가 회의 탁자를 둘러싸고 있다. 사도행전 1장의 요점은 증언을 대표하는 의자는 없다는 것이다. 왜냐하면 증언이 바로 탁자 자체이기 때문이다. 우리의 모든 행위와 존재는 이 증언이라는 목적을 섬기기 위함이다.

그렇다면 증언의 본질은 무엇인가? 창조만큼이나 넓은 복음의 폭은 우리가 삶과 말과 행동으로 그리스도를 증언하도록 요구한다. 대럴 구더(Darrell Guder)의 표현대로, 우리는 증언이 **되고**, 증언을 **하고**, 증언을 **말해야** 한다.[18] 교회는 모든 창조 세계를 위한 하나님의 화해 사역에 사로잡힌 공동체요, 그리스도의 회복하시는 통치를 나타내는 표지이자 도구며, 그 통치를 미리 맛보는 실재로서 성령 안에서 살아가는 백성이다.[19]

우리의 증언은 색소폰 연주자의 솔로처럼 즉흥적이고 영혼을 담아 연주해야 한다. 이는 사도행전의 마무리에 잘 암시되어 있다. 사도행전 28장에서 바울은 로마에서 가택 연금 상태로 하나님의 나라를 선포한다. 로마에 있는 유대인들이 복음을 거절한 데는 어떤 최종적인

---

17 마이클 고힌(Michael Goheen)은 다음 책에서 이 점을 강력하게 주장한다. *A Light to the Nations: The Missional Church and the Biblical Story* (Grand Rapids, MI: Baker, 2011), 128. 『열방에 빛을』(복 있는 사람).

18 Darrell L. Guder, *Be My Witnesses: The Church's Mission, Message, and Messengers* (Grand Rapids, MI: Eerdmans, 1985), 91.

19 '표지', '도구', '미리 맛보는 것'은 레슬리 뉴비긴(Lesslie Newbigin)이 교회의 특징적 이미지로 언급한 것들로, 다음 책에 처음 나온다. Lesslie Newbigin, *The Household of God: Lectures on the Nature of the Church* (London: SCM Press, 1953), 166. 『교회란 무엇인가?』(IVP).

성격을 띤다. 그래서 바울은 이렇게 선언한다. "하나님의 이 구원이 이방인에게로 보내어진 줄 알라. 그들은 그것을 들으리라 하더라"(행 28:28). 사도행전은 이야기를 깔끔하게 매듭짓지 않고 기대감을 자극한 채 열린 결말로 끝난다! 이런 열린 결말은 또 다른 스물여덟 장, (적어도) 파피루스에는 기록되지 않은 내용을 요구한다. 사도행전의 그다음 장들은 과거와 오늘의 '에클레시아'(ekklēsia, 교회)가 써 나가야 한다. 평범하고 특별할 것 없는 사도행전 후속편을 쓰려는 유혹이 든다면, 사도행전 27장과 28장의 모험을 기억하라. 거기에는 바울이 독사에 물리고 바울이 탄 배가 난파되고 그와 함께 승선한 모든 사람이 성만찬 같은 모습을 연출하는 내용이 담겨 있다. 그러니 주일 예배 후의 커피와 쿠키보다는 더 흥미진진한 내용이 사도행전 29장부터 56장까지에 담겨야 하지 않을까.

사도행전 28장 28절과 1장을 함께 놓고 보면, 사도행전의 마지막 장면에 필요한 그 위험을 감수하는 창의성은 사도행전의 문을 연 성령님에 의해(행 1:7-8) 영감과 활력을 얻을 수 있음을 깨달을 수 있다. 세상에서 하나님의 대리인이신 성령님은 비할 데 없는 천재성을 지니신 즉흥 연주자이시다. 27-28장을 포함한 사도행전 전체는 그리스도를 따르는 이들을 통해 드러나는 성령님의 창의적인 기교를 보여 준다. 마치 역사상 이 시기의 온전한 의미는 우리 재즈 앙상블이 성령님의 인도를 따라 연주하는 데 있는 것처럼 느껴진다. 변화무쌍한 조성으로 펼쳐지는 그 솔로는 너무나도 아름다워서 직접 '참여'하기는커녕 그것을 듣기만 해도 당신은 영원히 변화될 것이다.

요약해 보자. 우리는 10초 버전으로 성경 이야기를 다음과 같이 요약할 수 있다. 이 세상은 우리 아버지의 세계다! 비록 악에 의해 망가지고 부패했지만 이 세상은 여전히 하나님께 속해 있다. 그리스도 안에서 하나님은 인류와 온 세상을 죄의 저주로부터 치유하고 계신다. 하나님은 그분의 회복하시는 사랑을 온유하게 드러내는 표지로서 살아갈 한 백성을 기르고 계신다.

전통에 잠기기

성경에 대한 이 네 가지 주제가 성경의 조화로운 깊이를 독자들에게 상기시켜 주기를 바란다. 성경은 고전주의 시대에 멜로디 아래에 깔리던 예측 가능한 알베르티 베이스 패턴[20]보다는 겹겹이 쌓인 완전 4도 음정으로 이루어진 여섯 음 화음에 더 가깝다.[21] 4도 간격으로 쌓은 화성은 풍성하고 열려 있는 화성적 질감을 만들면서, 자유로이 솟구치는 즉흥 연주를 이끌어 낼 수 있는 영감을 준다. 내가 색소폰 연주자 뒤에서 눌러 주는 겹겹의 4도 화성은 그의 솔로 연주에 제약을 주는 것이 아니라 상상력과 공간을 더 많이 열어 주었다. 성경도 마찬가지다.

물론, 오늘날의 후기 기독교 배경에서 생명의 말씀을 내놓는다는 것은 새로운 도전들을 제기한다. 앞서 말했듯이, 많은 사람이(어쩌면 우리도) 성경과 복잡한 관계를 맺고 있다. 우리는 고민할 수밖에 없다. '이웃들에게 어떻게 하면 그리스도의 아름다우심과 성경의 지혜를 보여 줄 수 있을까?' 그러나 용기를 가지라. 우리는 시간이 흐르면서, 사람

20 예를 들어, 모차르트의 피아노 소나타 K 545 앞부분에 나오는 왼손 반주를 들어보라. www.youtube.com/watch?v=kUnYGUwatpo.

21 예를 들어, 피아니스트 맥코이 타이너(McCoy Tyner)가 존 콜트레인(John Coltrane)의 '러브 슈프림'(A Love Supreme, Impulse! Records, 1965)에서 연주한 다음 코드를 들어보라. 특히 1:00, www.youtube.com/watch?v=ll3CMgiUPuU.

들이 성경과 맺고 있는 다양한 관계를 직감적으로 알아차릴 수 있는 법을 길러 갈 수 있다. 그리고 그에 반응하여 생명의 말씀을 내놓는 법을 배울 수 있다. 심지어 성경을 거부하거나 불신하는 상황에서도 성경의 아름다움을 드러내는 법도 배울 수 있다. 아마도 성경의 가장 큰 매력은 온유한 공동체를 형성하는 능력일 것이다. 특히 그 능력은 성경적 친족 관계로의 부르심, 곧 우리 가운데 가장 연약한 사람들을 공동체의 중심에 세우라는 요청 가운데 뚜렷이 드러난다. 이 비전은 성경 곳곳에서 발견되며, 예수님에게서 온전히 성취된다. 이 책의 부록 "성육신적 공동체를 길러 내는 설교"가 설교하고 가르치는 이들에게 도움이 되기를 바란다.

이 장의 목적은 성경의 조화로운 구조를 분별하는 데 있다. 그것을 창의성을 위한 공간을 열어 주고 에너지를 만들어 내는, 4도 화성으로 쌓은 풍성한 여섯 음 화음에 비유하여 살펴보았다. 창조 세계와 친족 관계 윤리, 복음, 증언이라는 주제를 풀어내며 성경 이야기의 통일성에 초점을 맞추었다. 성경 연구에 앞서 전체적인 흐름을 파악하고 그 배경을 마련했다. 우리의 최종 목표는 끊임없이 성경으로 돌아가 새로운 방향성과 영감을 얻으면서, 기독교 공동체로서 전통이라는 기반 위에 새로운 멜로디를 작곡하여 연주하는 것이다.

다음 장에서는 현실적인 문제들을 살펴보려 한다. 한 교회의 성격은 그 교회가 리더십과 참여를 어떻게 이해하느냐에 크게 영향을 받는다. 리더가 가득한 공동체를 세우는 데 필요한 기술과 성경적 자료를 함께 살펴보자.

2장

리더가 가득하다

밴쿠버에서 3년간 목회를 하고 나서 위기에 봉착했다. 교회 리더들은 3년마다 사역을 평가받는데, 거기에는 교인들이 내 사역을 어떻게 생각하는지 묻는 설문 조사도 포함되었다. 사랑과 은혜 가운데 평가가 진행되었고, 내 사역에 대한 평가는 크게 비판적이지는 않았지만 그렇다고 극찬을 받은 것도 아니었다. 평가서를 읽으면서, 일부 성도가 내 사역을 따분하게 여긴다는 것을 알게 되었다. 그리고 익명으로 적힌 코멘트들은 그 평가가 비인격적이고 부담스럽게 느껴지게 했다. 처음에는 화가 났다. "우리가 왜 이전 교회를 사임하고 여기로 왔을까?" 하고 아내에게 말했다. 평가서가 분명히 보여 주듯이, 다정하고 활발한 성격이 이전 교회에서는 내 무기였는데 여기서는 통하지 않았다. 평가서 내용을 개인적으로 받아들이지 않기가 힘들었다. 게다가, 아내는 똑같은 평가서에서 **극찬**을 받았다.

그날 이후 며칠 동안, 나를 낙담하게 만든 평가서 결과를 곱씹었고 아내는 그 얽히고설킨 타래들을 푸는 걸 도와주었다. 리더십의 문제는 항상 복잡하지만, 문제의 핵심은 나와 공동체 간의 문화적 간극이었다. 아내가 다정하게 설명해 주었다. "당신은 따뜻하고 친근한 오스트레일리아 사람이에요. 키가 190센티미터가 넘으니, 조심하지 않으면 공간을 엄청나게 차지할 수 있다고요." 아내는 문화적 불일치의 지점을 하나씩 설명해 주었다. 오스트레일리아 사람들은 외향적이고 시끌벅적하고 말을 빨리 꺼내는 데 비해, 캐나다 사람들은 예의를 중시하는데, 이는 상대방이 먼저 말하기를 기다리고 단도직입적으로 말하기보다 에둘러 질문하는 방식으로 나타난다고 했다. 게다가 예술적 분위기와 정의감이 특징인 이스트 밴쿠버에서는, 앞에 서 있는 키 큰 백인 남성에게 특히 경계심을 가지고 있다고 설명해 주었다. 더군다나, 나는 강하게 권면하는 설교를 용인할 뿐 아니라 장려하는 복음주의 문화에서 자랐다. 내가 물려받은 설교 형식은 우리 교회 일부 성도에게는 거슬렸던 것이다.

이런저런 고투 끝에 새로운 사역 이미지를 하나 떠올렸다. 나는 두건 달린 수도복을 입고, 예배당 뒤쪽 의자에 조용히 앉아 사람들과 함께 기도할 준비를 하고 있는 수도사의 모습을 상상했다. 그리고 한동안 실제로 한동안 그렇게 했다. 예배가 끝나면 나는 기도할 준비를 하고 뒤쪽 의자에 가만히 앉아 있었다. 설교할 때는 서지 않고 의자에 앉아서 목소리를 낮추었으며 몸의 움직임은 줄였다. 미리 작성한 원고에 충실하게 설교만 **전달했다**. (눈을 크게 뜨고 성도들을 똑바로 바라보거나 강하게 말하지 않았다.) 나는 이 변화를 즉시 실행에 옮겼고, 사람들은 다정하게 반응해 주었다. 성도들은 내 태도가 고요하고 세심해진 것을 알아차렸다. 이렇게 설교하니 성도들은 내 설교를 받아들이고 기도하는 마음으로 묵상하며 스스로 성경을 탐구해 나갔다. 설교자인 나와 예술가요 정의를 추구하는 우리 성도들 사이에 신뢰가 형성되는 것이 느껴졌다.

이 고통스러운 학습 기간은 후기 기독교 시대를 사는 모든 기독교 공동체에 중요한 더 넓은 역학을 건드린다. 이 역학은 설교 스타일보다 훨씬 더 큰 문제다. 20년 전에는 알파 리더(특히 남성 알파 리더)가 존경과 동경의 대상이었다. 하지만 교회와 사회에서 목회자의 권위가 추락하고 있는 오늘날에는 알파 리더의 자질은 덜 중요해지고, 관계 맺는 기술이 훨씬 더 중요해졌다. 요즘 사회에서 대화와 협력에 높은 가치를 두는 흐름은 리더십에 관계적이고 공동체적인 접근 방식을 요구한다. 리더는 감성 지능과 갈등 해소 기술을 갖추어야 한다. 알파 리더를 중심으로 모이는 공동체는 전체 교인의 창의성, 상상력, 기술, 영적 은사를 활용하는 경우가 드물다. 후기 기독교 사회에는 내가 "리더풀"(leader-full) 공동체라고 명명한 형태가 필요하다. 이 공동체는 모든 사람에게서 창의성을 이끌어 내며, 우리가 함께 이웃을 사랑함으로써 그곳에 생명을 불어넣는다.

리더풀 공동체의 구성원들은 교회 생활과 사역에 적극적으로 참여한다. 대다수 교회에서는 성도의 20퍼센트만 사역에 참여하고 80퍼센트는 자리만 차지하고 있다고 흔히들 알려져 있다. 하나님의 은혜와 많은 성도의 헌신으로, 시드니와 밴쿠버에 있는 우리 교회는 20-80 비율을 뒤집었다. 성도의 80퍼센트가 교회와 공동체 생활에 적극 동참했다.

하지만 리더풀 공동체는 적극적인 봉사 참여만 의미하지는 않는다. 많은 교회가 봉사자들을 마치 교역자의 지시에 따라 바삐 움직이는 일벌처럼 다루는 일이 흔하기 때문이다. 리더풀 공동체는 다르다. 성도의 80퍼센트가 소매를 걷어붙이면, (적어도 일정 부분은) 함께 결정을 내리고 새로운 의견과 목소리를 낼 여지가 있으리라는 기대가 생긴다.

갈등이 있을 때도 사람들의 의견에 귀 기울이고 관계를 소중히 여기리라고 기대할 수 있다. 이렇게 되면 새로운 주도권과 교회 내에서 다른 존재 방식, 부차적 사안에 대한 다양한 견해가 나올 수 있다. 이런 역동적인 공동 창조 작업은 기독교 리더에게나 재즈 음악에서나 결코 쉬운 일이 아니다. 그래서 이 장이 중요하다. 우리에게는 리더풀 공동체를 세우기 위한 계획이 필요하다.

성육신적 공동체는 자신의 은사와 창의성을 공동체와 지역사회에서 활용할 능력이 있는 구성원이 가득하다는 의미에서 리더풀 공동체다. 영적 활력과 지역사회 참여에는 많은 사람의 재능과 에너지가 필요하기에 리더풀은 필수다. 후기 기독교 사회의 맥락에서, 핵심 리더들은 관계와 상호성에 큰 가치를 부여하면서 리더풀 공동체를 키워야 한다.

번영하는 공동체는 그리스도의 몸을 이루는 구성원들이 서로를 위해 하나님 나라 사역의 다양한 측면을 붙들어 준다. 각 개인과 가정은 기도, 창조 세계 돌봄, 성경 연구, 난민 환대, 창의적 주거 방식 같은 공동체에 당면한 여러 관심사 중 두세 가지 문제에 자연스럽게 관심을 둘 수 있다. (한 개인이나 가정이 제자도의 **모든** 측면에 깊이 관여할 수는 없다.) 공동체가 이런 식으로 활발히 움직일 때 목회자는 자신이 모든 일에 전문가일 필요가 없다는 사실을 금세 깨닫게 된다. 그래서 목회자는 격려하고 배우고 코칭하고 공동으로 창조하고 인도하는 자가 된다.

리더풀 공동체에서 우리가 서로 섬기고 이웃을 섬길 때 제자 훈련이 자연스럽게 일어난다.

우리는 제자 훈련 프로그램을 짜기보다는, 기도, 성경 읽기, 만들기, 저항하기, 거리에 사는 사람들[1]과 연대하며 살기 등의 실천을 함께하

1 '거리에 사는 사람들'(street-adjacent people)은 길거리에서 생활한 경험이 있거나 그

면서 공동의 삶에서 제자 훈련을 경험한다.

재즈 연주는 리더풀 공동체의 좋은 예시다. 재즈 공연은 솔리스트와 그룹 사이의 매끄러운 균형이 중요하다. 연주자들이 돌아가면서 솔로를 맡으면서 리더십이 끊임없이 변한다. 연주자들은 언제든 다른 연주자들이 내놓는 연주에 마음을 열어 두어야 하며, 연주가 점점 더 고조되면서 음악이 어느 방향으로 흘러갈지 동의해야 한다. 명연주는 역동적인 공동 창작의 맥락 속에서 상호 복종함으로써 탄생한다.

나는 내가 속한 재즈 트리오의 피아니스트인데, 연주가 시작되면 자연스럽게 연주를 리드한다. 그러나 나는 더블베이스 주자와 드러머가 악기를 통해 '말하고 있는' 내용에 대해 매우 민감해야 하고, 귀를 정교하게 맞추어 들어야 한다. 베이스 주자나 드러머가 솔로를 할 때는 그들이 연주를 리드한다. 그때 피아니스트인 내 역할은 그들이 자유롭게 솔로를 펼칠 수 있도록 반응하면서 드문드문 리듬과 화성의 배경을 만들어 주는 것이다. 온몸으로 귀 기울이면서 솔리스트를 받쳐 준다. 그들의 새로운 생각에 반응하고, 여기저기서 그들이 고려해 볼 수 있도록 새로운 아이디어를 섬세하게 제시한다.

리더십 대화

적어도 서양에서는, 교회 리더십을 둘러싼 대화가 리더 중심 접근법에서 협력적 리더십으로 옮겨 가는 것이 적절하다고 여겨져 왔다. 나는 우리 앞에 놓인 도전이 리더풀 공동체로 나아가는 동시에 협력하

럴 위험성이 높은 사람들을 가리킨다.

는 접근법에 의지하는 것이라고 말하고 싶다.

20년 전에 내가 신학교에 다닐 때는 리더 중심 접근법이 표준이었다. 이런 모델들은 핵심 리더의 능력과 매력, 기술, 비전을 중심에 두었다. 그리고 비전 세우기, 목표 설정, 리더 선정, 홍보, 예산과 함께 성품이나 기도 생활 같은 개인적인 자질을 강조하는 경향이 있었다.[2] 리더 중심 문헌에는 분명히 지혜가 많지만, 이 접근법에는 심각한 약점도 있다. 우선, 이 모델의 성공은 강력한 남성 리더에 대한 뿌리 깊고 지속적인 문화적 열망에 힘입은 것이다. 유명한 철학자 지그문트 바우만(Zygmunt Bauman)은 미국의 '스트롱맨'(strongman), 곧 미국을 다시 안전하게 만들 리더의 매력을 논한다.[3]

〈리더십 대화의 변화〉

교회도 스트롱맨에게 매력을 느끼는데, 기업가적 열정과 가부장제, 전통이 교차하는 지점에서 그들에게 강하게 끌린다. 리더 중심 교회가 오늘날에도 성공 사례가 될 수 있을지는 모르나, 이런 교회들이 후기 기독교 사회가 간절히 찾는 리더풀 공동체가 될 가능성은 낮다. 더 심각한 문제는, 거물급 목회자에 대한 우상화가 당사자들에게도 악영향을 미쳐서 도덕적 타락에 빠지는 경우가 너무나도 많다는 것이다.[4]

2 한 예로 다음을 들 수 있다. Bill Hybels, *Courageous Leadership* (Grand Rapids, MI: Zondervan, 2002), 199.

3 Zygmunt Bauman, *Strangers at Our Door* (Cambridge: Polity, 2016), 27-37.

4 물론, 이런 리더 중심 접근법에는 다양한 차이가 있다. 짐 콜린스(Jim Collins)의 책은 리더의 겸손과 연약함을 강조하는 수많은 출판물 중에서 매우 중요했다. 이런 접

후아나 보르다스(Juana Bordas)는 좀 더 최근의 협력적이고 공동체적인 리더십 접근법을 대표한다. 그녀는 *Salsa, Soul, and Spirit: Leadership for a Multicultural Age*(살사, 소울, 스피릿: 다문화 시대를 위한 리더십)에서 라틴계와 흑인, 캐나다 원주민의 리더십 모델에 주목한다. 보르다스는 평등, 정의 추구, 지역사회 개발, 공동 정체성, 식민 역사를 솔직히 인정함, 정중함, 관대함 같은 공동체의 정체성에 기초한 리더의 자질과 실천을 강조한다.

보르다스는 "포용적이고 관계에 기초하며 행동 중심적인 유색인 공동체의 리더십"이 밀레니얼 세대가 선호하는 리더십 스타일에 들어맞는다고 말한다.[5] (개인주의 문화와 반대되는) 집단주의 문화는 "공동체가 부여한 리더십"을 선호하는 경향이 있다. 그녀의 통찰은 아래에 길게 인용할 만한 가치가 있다.

> 집단주의 문화에서 리더의 권위는 공동체로부터 오므로, 리더는 듣고 공동의 지혜를 모으며 공동체의 행동과 가치관을 반영하기를 기대한다. 리더는 사람들을 격려하고 협력을 이끌어 내며 그들이 문제를 해결하도록 돕는다. 리더가 다른 사람들에게 권한을 부여할수록 리더들의 공동체가 성장한다.[6]

근법들이 핵심 통찰을 제공한 반면, 그럼에도 걸출한 리더라는 한 개인의 자질에 초점을 맞추는 경향이 있었다. (Jim Collins, *Good to Great: Why Some Companies Make the Leap and Others Don't* [New York: Harper Business, 2001]). 『좋은 기업을 넘어 위대한 기업으로』(김영사).

5 Juana Bordas, *Salsa, Soul, and Spirit: Leadership for a Multicultural Age*, 2nd ed. (Oakland: Berrett-Koehler, 2012), X. '밀레니얼'(또는 Y)세대는 1980년대 초부터 1990년대 중반에 태어난 세대를 가리킨다.

6 Bordas, *Salsa, Soul, and Spirit*, 85-86.

“리더들의 공동체가 성장한다.” 우리가 추구하는 바가 바로 이것이다! 각 사람이 권한을 부여받아 자신의 재능과 통찰을 펼치는 공동체 말이다.

보르다스의 성찰은 우리를 이 장의 핵심으로 이끈다. 이 핵심은 새로이 등장하고 있는 협력적 리더십과 관련이 있지만 조금 다르기도 하다. 우리는 관계에 큰 가치를 부여하는 **리더풀 공동체 양성**에 집중하고 있다. 우리의 목표는 모든 사람이 자신의 창의성과 에너지와 마음을 모아 공동체와 그 비전을 섬길 수 권한을 부여받는다고 느끼는 기독교 공동체다. 그러므로 우리의 핵심 질문은 이것이다: 무엇이 리더풀 공동체를 길러 내는가? 이 장의 다음 부분에서는 리더로 가득한 공동체를 지원하고 성장시키기 위해서는 어떤 신학과 마음가짐, 태도와 기술이 필요한지 살펴보려 한다.

“아버지들의 종말”

성경에서는 권위주의적 리더십을 거부하고 공동체의 모든 구성원에게 은사와 책임이 있음을 확인해 준다. 예수님은 자신이 본을 보이신 종(servant)의 리더십이 자신을 따르는 공동체에 나타나야 한다고 가르치셨다. 그래서 예수님은 게르하르트 로핑크(Gerhard Lohfink)가 “아버지들의 종말”이라고 언급한 함께 살기 방식을 주장하셨다.[7] 고도

7 Gerhard Lohfink, *Jesus and Community: The Social Dimensions of Christian Faith*, trans. John P. Galvin (Philadelphia: Fortress, 1982), 44-50. 『예수는 어떤 공동체를 원했나』(분도출판사).

로 계층화된 그레코로만 사회 구조에서 아버지는 지배적인 존재였으며 가솔들에게 절대적 권위를 가지고 있었다. 그런데 예수님은 "하나님의 뜻대로 행하는 자"를 자신의 가족으로 인정하시며, 형제와 자매와 어머니는 언급했지만 아버지는 언급하지 않으셨다(막 3:35). 주변 문화의 "가부장적 지배"가 자신을 따르는 공동체에서는 설 자리가 없음을 암시하신 것이다.[8] 마찬가지로, 예수님은 마태복음 23장 8-11절에서 리더십에 대해 가르치면서 제자들에게 이렇게 명령하신다.

> 그러나 너희는 랍비라 칭함을 받지 말라. 너희 선생은 하나요 너희는 다 형제니라. 땅에 있는 자를 아버지라 하지 말라 너희의 아버지는 한 분이시니 곧 하늘에 계신 이시니라…너희 중에 큰 자는 너희를 섬기는 자가 되어야 하리라.(마 23:8-11)

저명한 공관복음서 학자 리처드 보컴(Richard Bauckham)은 이렇게 쓴다. "가부장적 권위가 있는 그 지위는 오직 하나님께만 속한다. 하나님의 아버지 되심은 가부장적 특권의 본보기가 되는 것이 아니라, 오히려 그 특권을 배제하는 기준이 된다."[9]

"아버지들의 종말"은 예수님의 제자들이 만들어 낸 혁신이라기보다는, 예수님이 그들을 부르셔서 고대 이스라엘이 본래 구현했어야 할 것을 몸소 살아내게 하신 것이다. 신명기에 나오는 왕에 관한 율법은 비교적 평등주의적인 구약성경의 리더십 구조를 가장 분명하고 두드

---

8 Lohfink, *Jesus and Community*, 45.

9 Richard Bauckham, *Jesus: A Very Short Introduction* (Oxford: Oxford University Press, 2011), 76. 『예수: 생애와 의미』(비아).

러지게 보여 주는 예다.[10] 고대 이스라엘의 이웃 국가들에서 왕은 사회 모든 영역에서 최종 권위를 지녔고, 왕권은 신이 부여한다고 여겨졌다. 일부 통치자는 스스로를 신격화하기도 했다.[11] 그러나 신명기에 따르면, 왕은 이스라엘 사람들보다 자신을 더 높이 여기지 않아야 하는, '형제 중의' 한 '형제'에 불과했다(신 17:20). 왕은 재산을 축적하거나 강력한 군대를 모아서는 안 되었다(신 17:16-17). 왕에게 부과된 많은 금지 사항 외에 왕이 반드시 해야 할 일이 하나 있었는데, 토라의 등사본을 직접 베껴 쓰고, 날마다 읽는 것이었다(신 17:18-19). 신명기 전문가 버나드 레빈슨(Bernard Levinson)은 신명기의 소위 왕 묘사에 수반된 역설을 잘 포착한다. "왕에게 남겨진 유일한 긍정적 의무는, 점잖게 왕위에 앉아 자신의 권력을 제한하는 토라 두루마리를 '평생 읽는' 것이다."[12]

그러나 신명기의 통치에 대한 관점은 단순히 왕의 역할을 축소하는 것을 넘어선다.[13] 궁극적으로 신명기는 관직에 있는 사람들이 아니라 하나님의 백성 전체에 책임과 존엄을 부여한다. 고대 근동 문헌의 전형적인 패턴에서 벗어난 신명기는 '단수형 호칭'(단수인 '너희')을 사용하여 하나님의 백성 전체를 대상으로 말한다. 이 단수는 백성 전체를 한 주체로 지칭하는 동시에 공동체 안의 각 개인을 지칭하는 표현이다.[14]

---

10 왕에 관한 율법은 사무엘서와 열왕기서 이야기에서 이스라엘 왕들의 신실함을 결정하는 기준이다.

11 John H. Walton, *Ancient Near Eastern Thought and the Old Testament* (Grand Rapids, MI: Baker Academic, 2006), 278-79를 보라.

12 Bernard M. Levinson, *Deuteronomy and the Hermeneutics of Legal Innovation* (Oxford: Oxford University Press, 1997), 141-42.

13 신명기는 사회의 다양한 제도, 곧 중앙 성소, 사법 제도, 제사장, 예언자 등에 권력을 분산시키며, 궁극적으로 모든 제도를 토라의 권위 아래 둔다(신 16:18-18:22를 보라).

14 J. G. McConville, "Singular Address in Deuteronomic Law and the Politics of Legal

공동체 전체와 (각각의 부족 집단 내에서 이해되는) 개인 모두에게 책임을 부여함으로써 신명기는 모든 개인과 부족이 각각의 역할을 담당하는 공동체에 대한 비전을 제시한다.[15] 성경적 공동체는 리더풀 공동체로 그려졌다.

요약하자면, 성경은 리더십 구조나 과정에 대해 규범적인 패턴보다는 규범적인 태도를 제시한다. 신구약성경에 나타나는 이러한 연속적인 경향은 우리의 문화적 맥락에 적절한 방식으로 공동체 내의 모든 개인을 소중히 여기고 격려하는 리더십 실천을 분별할 수 있게 해 준다.

즉흥 연주의 비유로 돌아가자면, 리더십과 관련한 성경 저자들의 기발한 통찰(과 이런 본문들의 맥락화된 성격)은 오늘날 우리가 해야 할 일을 잘 보여 준다. 그것은 이 성경 저자들의 리더십 전략을 재현하는 것이 아니라, 그 전통 위에 새로운 멜로디를 즉흥적으로 만들어 내는 것이다.

기업 리더십의 변화

교회 리더십에 요구되는 역량에 변화가 일어나고 있듯이, 기업가들에게 필요한 능력에도 변화가 일어나고 있다. 리더십 컨설팅 회사 뉴밴티지(New Vantage)의 수석 컨설턴트 마브 프랜즈는 코로나19 팬데믹 기간에 재계에서 관계적이고 섬세한 리더십의 역량을 중요시하는 방

Administration," *Journal for the Study of the Old Testament* 97 (2002): 26-29.

15 이와 대조적으로, 고대 근동 문헌들은 일반 백성은 전혀 고려하지 않은 채 대체로 왕과 신들에 대해서만 말했다.

향으로, 미묘하지만 눈에 띄는 변화가 있었다고 내게 설명해 주었다.[16] 과거에는 사생활보다 업무를 중시하는 정신, 상사에게 잘 보이려고 열심히 일하는 개인주의 문화가 일반적이었다. 그러나 이제는 훌륭한 관리자가 되려면 더 부드러운 관계 기술이 필요하다.

프랜즈는 재계 리더들이 반드시 상하 관계의 권력을 가질 필요는 없다고 설명하는데, 책임과 권한 문제가 매트릭스 형태로 얽혀 있을 때가 많기 때문이다. 즉 리더들은 수직적인 권한 위계에서 움직이기보다 오히려 거미줄처럼 복잡한 관계망을 종종 넘나든다. 성공한 리더들은 사람들을 한데 모아서, 서로 잘 듣는 환경을 마련하는 법을 배운다. 이런 복잡한 관계적 환경에서, 공동 창작, 다리 놓기(동맹 형성), 새로운 계획 후원, 코칭(강력한 질문 던지기), 방향 수정, 평가 같은 리더십 역량은 매우 중요하다.[17]

뉴 밴티지는 팀 역량 강화와 신뢰 형성에 초점을 맞춘 두 가지 리더십 결과를 제시하는데, 이를 교회 공동체에도 적용할 수 있다.

> 통제와 상의하달식 의사결정에서 벗어나, 자율적인 팀에 의사결정 권한을 부여함으로써 고객을 위한 최선의 결정을 내릴 수 있다.
> 기존의 신뢰 관계와 호의를 활용하여 팀 내에 신뢰 네트워크를 확장 확대하고, 협력을 가속화한다.[18]

이런 결과는, 실제로 일하는 팀이야말로 자신들의 업무에 관한 결정을 내리기에 가장 적합한 사람들임을 시사한다. 이 팀은 현장의 실

16 마브 프랜즈, 2023년 4월 6일 개인적인 대화.
17 마브 프랜즈, 2023년 4월 6일 개인적인 대화.
18 뉴 밴티지의 미출간 훈련 자료를 참고했다; 허락받고 사용함.

제 상황에 가장 가깝고, 그들이 봉사하려는 사람들을 잘 알고 있으며, 회사의 결정이 고객에게 미치는 세밀한 영향을 몸으로 느끼기 때문이다. 효과적인 리더는 자기 사람들을 신뢰하는 법을 배우고, 팀에 권한을 주되 필요한 훈련과 지원을 제공한다. 핵심 리더는 신뢰가 감소하는 지점을 계속해서 분별하고 관계와 협력을 강화할 기회를 주의 깊게 살피면서 신뢰의 문화를 조성한다.

우리가 교회 리더로서 협력적이고 관계 중심적인 역량을 추구한다면, 그것은 기업 리더십 트렌드를 따라가기 위함이 아니라, 성경이 공동체의 모든 사람을 소중히 여기고 그들에게 권한을 부여하는 태도를 요구하기 때문이다.

우리가 상상할 수 있듯이, 협력적 리더십의 중요성에 눈뜬 기업들조차도 종종 과거의 행동 양식을 벗어나지 못하는 경향이 있다. 교회도 비슷하지 않은가? 재계와 마찬가지로, 목회자와 평신도 리더, 교회 위원회 등도 협력과 권한 부여, 대화, 다리 놓기, 신뢰 형성에 필요한 기술을 갖추지 못한 경우가 많다. 더 단순히 말하자면, 교회 리더들은 권력을 내려놓고 다른 사람들에게 사역을 맡기려는 의지나 욕구조차 없다. 그렇게 많은 교회가 무기력하고 따분하게 느껴지는 이유도, 그렇게 많은 평신도의 재능과 열정이 제대로 활용되지 못하는 이유도 그 때문이다. 너무나도 많은 교회가 제자리걸음을 하고 있다.

언젠가 교회 연합 남성 수련회 준비 모임을 빠진 적이 있었는데, 그날을 절대 잊을 수가 없다. 나는 남성들이 서로를 세워 주는 수련회가 되기를 꿈꾸고 있었고, 그 핵심 전략은 평신도 리더들을 전면에 내세우는 것이었다. 우리와 협력하고 있는 네다섯 교회를 더 초대해서, 동료 교역자들에게 우리는 가급적 마이크에서 물러서 있자고 제안했다. 그러나 솔직히 말해, 막상 수련회 준비 단계에서는 여전히 내가 고삐를 쥐고 있었다.

내가 소집한 준비 모임이 있던 밤에 나는 가정에 일이 있어서 집을 지켜야 했다. 그런데 내가 자리를 비운 것이 오히려 가장 좋은 결과로 이어졌다. 리더십 팀의 창의성이 꽃을 피웠고, 평신도 리더들은 수련회의 중요한 결정 사항을 정리하면서 활력을 얻었다. 그날 밤의 소식을 신나게 전해 들은 나는, 통솔권을 내려놓고 뒤로 물러나야겠다고 생각했다. 그렇다고 해서 내 책임이 완전히 사라지는 것은 아니었다. 수련회 기간에 나는 무대 뒤에서 리더들을 코칭하고 그들과 함께 기도하고 여러 물류를 정리하느라 분주했다. 하지만 그 준비 모임에 빠진 것은 내가 할 수 있었던 최선의 일이었다. 그날 밤 이후로, 족히 백 번이 넘게 회의에 일부러 결석했다. 그 대신에 코칭과 동행에 집중했다. 결과는? 활력이 넘치는 팀이 탄생했다.

태도

리더풀의 태도는 리더십이 직책이 아니라 기능이라는 신념에서부터 출발한다. 그리스도인 리더는 공동체에 함께 머물면서 그리스도의 방식으로 공동체를 형성하는 사람이다. 다시 말해, 리더십은 공식 역할보다는 영향력의 문제다. 사도 바울의 말처럼 우리는 "그리스도의 향기"다(고후 2:14-16). 어떤 사람이 공동체에 없었다면 그 공동체가 한층 빈약해지고, 우리가 그리스도를 더 희미하게 보게 됨을 깨닫는다면, 그 사람을 리더라고 할 수 있다.

근본적으로, 그리스도인 리더의 주된 역할은 믿음을 키우고 성전 같은 공간을 만드는 것이다. 주일 예배든 가정 모임에서든, 커피를 마시든 정원을 가꾸든, 우리는 사람들이 그리스도를 만날 수 있는 공간을 만들어야 한다. 우리의 계획과 존재 자체로, 우리는 사람들을 그리스도의 임재 안에 모여들도록 초대하며, 그리스도가 슬퍼하시는 것에 함께 슬퍼하고, 그리스도가 기뻐하시는 것에 함께 기뻐하도록 돕는다.

게다가, 우리는 추상적인 믿음을 키우는 것이 아니라, 사람들에 대한 깊고 다정한 지식으로부터 믿음을 키운다. 그러려면 시간을 투자해야 한다. 리더풀 공동체에는 목회자들의 인간적인 접촉이 필요한데, 핵심 리더들은 슬픔에 빠진 사람들을 보살피고 의심하는 사람들을 붙잡고 씨름하며 사람들의 은사를 알아주고 가치 있게 여긴다.

하지만 핵심 리더라고 해서 언제나 뒤로 빠져 있지는 않아도 된다. 재즈에 비유하자면, 리더가 때로는 당당히 솔로 연주에도 나설 수 있다. 후아나 보르다스는 이러한 긴장을 아주 잘 묘사한다. "흑인 공동체에서는 개성과 독특한 스타일을 존중하지만, 자기표현은 집단주의를 강화하는 방식이다. 이는 개인을 집단과 구분하는 보통의 미국식 개인주의와는 다르다. 각기 다르게 해석해서 연주하는 재즈 그룹과 유사해서, 각각의 연주자는 그룹 전체의 음악과 조화를 이루고 그 음악에 기여해야 한다."[19]

동시에, 관계를 중요시하는 세심한 리더십은 대인 관계와 협력을 이해하는 새로운 실천들을 배울 것을 요구한다. 여기에는 퍼실리테이션 기술(10장에서 더 자세히 다룬다), 갈등을 다루는 기술,[20] 신뢰 형성 전략 등이 포함된다.

우리가 리더풀의 태도를 취하고 사람들이 교회의 비전에 주인의식

---

19 Bordas, *Salsa, Soul, and Spirit*, 90.

20 예를 들어, Betty Pries, *The Space Between Us: Conversations About Transforming Conflict* (Harrisburg, VA: Herald, 2021)를 보라.

을 갖기 시작하면, 우리는 많은 새로운 아이디어가 풀뿌리에서 솟아나기를 기대하고 기도한다. 이상적으로는, 교회가 채택하는 새로운 계획들이 여기서 나와야 한다. 하지만 이런 새로운 새싹들을 어떻게 대해야 할까? 목회자들이 내게 자주 하는 질문이 있다. "어떤 교인이 새로운 아이디어를 가지고 오면 저는 어떻게 해야 할까요?" 열정이 넘치는 성도들이 꿈을 나눌 때 핵심 리더가 해야 할 중요한 역할이 있다. 한편으로, 우리는 괜찮은 생각을 받아들이는 법을 배운다. 코칭을 제공하고 필요한 자원을 공급하고 교회의 의사결정 과정을 통과하도록 돕는 방식으로 좋은 아이디어에 불을 붙인다. 다른 한편으로, 적절하지 않은 아이디어, 즉 아직 때가 아닌 꿈은 대체로 자연스럽게 사라진다. 대개 나는 적절하지 않은 생각들을 거절하지 않는데, 그 아이디어를 둘러싼 에너지가 자연스럽게 소멸하는 경향이 있기 때문이다.

핵심 리더의 태도를 고려할 때, 후기 기독교 시대에 효과적인 목회를 위한 **유일한** 성품이나 기술은 없으니 안심해도 좋다. 오히려 다양한 목회자의 개성이 교회에 복이 된다. 내가 관찰한 목회자의 몇 가지 유형은 다음과 같다. 1) 제사장(기도하고 묵상한다), 2) 기업가(비전을 제시하고 새로운 사역을 촉진한다), 3) 신학적 비전 제시자(풍성한 선교적 신학을 제시한다), 4) 친족 돌봄자(공동체를 하나로 모은다), 5) 조직자(구조를 만든다), 6) 창조론자(공동체를 자연으로 이끈다), 7) 예언자적 목소리(소외된 자들에게 우리를 인도한다), 8) 맏형(돌봄을 제공하고 예수님을 보여 준다). 어떤 리더들은 이 은사 중에 몇 가지를 균형 있게 결합한 장점을 지니고 있다.

핵심은, 목회자 한두 사람이나 리더십 팀조차도 성육신적 공동체를 건강하게 유지하고, 그리스도 안에서 성장하게 하며, 지역사회를 섬기는 데 필요한 에너지와 활동을 지속하기가 힘들다는 것이다. 따라서 리더들은 다른 사람들이 리더십을 발휘하도록 틈을 메우고 주도권을 잡도록 권한을 부여하고 돕는 방식으로 이끌어야 한다.

목회 소명을 위한 창의적인 모델

후기 기독교 사회에서 교회 생활의 본질은, 우리가 목회 소명을 새롭게 고민하게 만든다. 그중에서도 특히, 리더들에게 회복력과 창의적인 지역사회 참여가 긴급하게 요구된다. 그래서 개인의 건강과 융통성이 핵심 가치가 되어야 한다. 조만간 여러 책과 강연이 이 주제를 다루게 되겠지만, 여기서는 세 가지만 간단히 언급하려 한다.

첫째, 내 세대 목회자들은 은퇴할 때까지 (유급) 목회직을 제안받았겠지만, 이러한 평생 전임 모델은 상상력이 부족한 리더십과 우울함, 심지어 도덕적 실패로 이어지곤 했다. **목회 리더**라는 소명은 평생 받아들이되 하나님이 인도하시고 개인과 가정의 건강이 허락하는 한 유급직을 왔다 갔다 하는 편이 더 건강한 접근법일 것이다. 리더십은 성품과 영적 권위의 문제이기에 목회자는 리더십과 공식 역할을 분리하는 지혜를 삶으로 보여 줄 수 있다. 우리의 목표는 건전한 구별이기 때문에 유급 목회직을 수용할 때 이렇게 확신 있게 말할 수 있다. “저는 목사가 아니라, 지금 이 시기에 (유급) 목회자의 역할로 부르심을 받았습니다.” 이를 위해 목회자가 다른 직업을 겸임하는 것은 그들의 직업적인 삶에 유연성을 줄 수 있다. 이런 접근법의 유익은 목회자가 잠시 유급 목회직을 내려놓더라도 계속해서 같은 공동체에서 장기간 목회적 돌봄을 제공할 수 있다는 것이다. 많은 교단은 목회자가 사임하면 교회도 떠나라고 요구하는 것이 일반적이지만, 나는 더 유연한 접근법이 필요하다고 생각한다. 목회자가 새로운 리더들에게 주도권을 내주기 위해 뒤로 물러나면서도 (일정 기간 휴식 후에) 계속해서 같은 공동체에서 섬길 수 있다면 어떨까.

둘째, 목회자가 교회 사역과 교회 밖 직업을 겸하는 이중직 목회는 앞으로 점점 더 흔해질 것이다. 이 모델은 유동적인 교역자 구조와 예산 절감, 지역사회와의 접점을 확대하는 기회를 준다. 여기서 **이중직**의 의미가 중요하다. 목회자가 교회 밖에서 하는 일은 단순히 목회를 위한 재정 마련 수단이 아니라, 목회자의 삶 전체에 의미 있게 통합된 두 번째 소명이다. 워싱턴주 벨링햄에서 이중직 목회를 하는 매트 매코이(Matt McCoy)는 이렇게 설명한다. "목회직과 일반 직업이 하나로 엮여야 한다. 둘은 댄스 파트너와 같다." 이중직 전략을 고려할 때는 목회자와 그 가족이 충분한 수입을 보장받아야 한다는 점에 유의해야 한다. 재정적 스트레스는 목회자의 건강을 해칠 수 있기 때문이다.

셋째, 사람을 끌어들이는 방식의 교회 개척 접근법을 다시 생각해 볼 필요가 있다. 오늘날의 도시에는 그리스도의 이름으로 이웃을 사랑하는, 신선하고 창의적이며 온유한 작은 공동체가 필요하다. 도시마다 그런 공동체가 50개씩 있다면 얼마나 좋겠는가? 사람을 끌어들이는 접근법을 취하는 교회들은 교인들이 늘어나면 금세 교단 지원을 대체할 수입을 얻을 수 있으리라 기대한다. 이는 실수할 여지도, 진정한 창의력을 발휘할 공간도, 지역사회에서 가장 가난한 이들을 포용할 동기도 거의 남기지 않는다.

매트 매코이는 기존 방식으로 교회를 개척하려다가 벽에 부딪혔다. 그는 파송 교회가 지역 주민들과 관계를 맺고 연결되도록 애쓰고 있었지만, 도무지 진전이 없었다. 사람들은 참여를 꺼렸다. 그러자 매트의 아내 데니스가 현명한 충고로 그의 방향을 바꾸어 주었다. 그녀는 남편이 그가 하는 일과 공동체에 집중하면서 "교회가 성장하기를 기다리도록" 격려했다. 그리고 두 사람은 기다렸다. 성령님의 능력과 수많은 우정과 기도에 힘입어 교회가 서서히 성장하기 시작했다! 이 이야기는 1) "교회가 성장하기를 기다리는" 것과 2) 이중직 목회라는 두 전략의 강력한 결합을 잘 보여 준다. 나는 앞으로는 이 강력한 조합이 교회 개척을 정상화하고 이해하기 쉽게 설명하고 전문화된 성격을 완화해 줄 잠재력이 있다고 생각한다.[21]

월요일부터 토요일까지의 소명

이 장에서 아직 다루지 못한 리더풀 공동체의 중요한 측면은 교인 각자에게 주어진 평일의 소명이다. "흩어진 교회"인 우리는 일터에서, 자원봉사 속에서, 돌봄의 자리에서 그리스도의 자비로운 주 되심을 온 세상에 드러낸다. 월요일부터 토요일까지 우리는 모두 제사장이다. 우리 모두가 리더십의 책임을 맡고 있다고도 말할 수 있다. 레슬리 뉴비긴은 이렇게 말한다. "[교회의] 제사장직은 교회 건물 안이 아니라 세상의 일상적 활동에서 수행되어야 한다. 그럴 때에만 세상의 공적 삶, 그 사회가 당연시하는 습관들과 전제들이 복음에 의해 도전받고, 예수 안에서 계시된 진리의 엄중한 빛 아래 드러날 수 있다."[22]

사무실과 부모 모임, 카페, 트럭, 가정, 공장, 병원, 변호 단체 등에서 교회는 그리스도의 회복하시는 통치를 증언한다. 우리는 그곳에서 그리스도가 사랑하신 것을 사랑하고 그리스도가 도전하신 것에 도전함

21 매트 매코이, 2023년 4월 2일 개인적인 대화.

22 Lesslie Newbigin, *The Gospel in a Pluralist Society* (Grand Rapids, MI: Eerdmans, 1989), 230. 『다원주의 사회에서의 복음』(IVP).

으로써 그리스도를 증언한다. 또한 우리의 노동으로 다른 사람들을 섬기면서 하나님의 세상에서 숙련된 일로 그리스도를 증언한다.

일과 공동체의 예배는 긴밀하게 연결되어 있다. 주일에 우리는 하나님의 백성으로 길러지기 위해 함께 **모인다**. 예배가 끝나면 우리는 축복을 받고, 돌보고 일하고 봉사하는 장소로 보냄을 받아 그리스도의 이름으로 축복을 빈다. 그리고 **흩어진다**. 엿새 뒤에 우리는 다시 **모여** 영혼을 회복한다.

월요일부터 토요일까지의 제자도와 목적의식을 기르기 위해서 우리 교회는 '하나님 나라 컨설테이션'을 진행한다. 이때는 때로 예배 장소를 교회 식당으로 옮기기도 하면서 주일 예배의 형식을 완전히 재구성한다. 직업을 공유하고, 엔지니어로서, 조부모로서, 간호사로서 어떻게 그리스도를 증언할 수 있을지 대화하고, 일상에서 그리스도를 존중하는 삶을 살도록 서로를 격려한다. 그리고 짧게 성경을 묵상하고, 대화하고, 서로를 위해 기도한다.[23]

리더풀한 교회는 지역사회와 소통할 수 있는 풀뿌리 역량과 유연성을 갖추고 있다. 바로 그렇기 때문에 리더풀 공동체에는 지역에서 진정성 있게 활동할 독특한 기회가 있다. 다음 장에서는 공동체를 새롭게 연주하는 세 번째 음으로 '지역성'을 논의한다.

---

23 직장에서의 제자도에 대해 더 자세한 내용은 다음을 보라. R. Paul Stevens, *Work Matters: Lessons from Scripture* (Grand Rapids, MI: Eerdmans, 2012). 『일의 신학』(도서출판 CUP); Amy L. Sherman, *Kingdom Calling: Vocational Stewardship for the Common Good* (Downers Grove, IL: InterVarsity Press, 2011).

3장

지역성

지역성(local)은 공동체를 새롭게 연주하는 데 필요한 세 번째 음이다. 레슬리 뉴비긴은 "교회는 본질적으로, 하나님이 책임을 맡기신 그 지역, 그 자리, 그 공동체를 **위해** 존재한다"[1]라고 말한다. 어떤 장소를 위해 존재한다는 것은 단순히 복음 전도 프로그램을 운영한다는 것 이상이며, 그 공동체 내부에서부터 지역 공동체를 향해 나아가는 방향성, 그리고 그곳의 개인과 가족, 사회 구조에 많은 시간과 사랑을 투자하는 것으로 드러난다. 이렇게 헌신하는 지점에서 우리는 대화의 자세로, 생명을 주는 예수님의 진리를 나눌 수 있다.

나는 웨스턴 시드니에서 첫 번째 목회직을 마무리하면서 아래와 같은 글을 남겼다. 공동체가 걸어온 여정을 돌아보고, 다른 리더들에게

1 Lesslie Newbigin, *A Word in Season: Perspectives on Christian World Missions* (Grand Rapids, MI: Eerdmans, 1994), 53.

증언을 장소를 사랑하는 것으로 다시 상상하라는 하나님의 부르심을 고려해 보도록 격려하기 위해서였다.

> 잠시, 당신 교회의 증언을 **어떤 장소를 사랑하는 것**으로 생각해 보십시오. 당신이 사는 지역의 사람들과 거리를 사랑하는 것에서부터 증언을 시작하는 겁니다. 동네의 형태와 개성을 기뻐하며, 그곳을 축복하고 돌보고 말을 걸고자 하는 그리스도인들로 구성된 회중을 상상해 보십시오. 이 회중은 하나님이 사랑하고 섬기라고 자신들을 **이 장소**에 **두셨다**는 확신을 공유하고 있습니다.[2]

우리 교회의 두 교인이 유급으로 일하는 시간을 줄이고 새로운 모험을 시작했을 때 교회가 완전히 달라졌다. 회계사인 샐리는 교회 건물 밖 인도에 카페를 열었다. 카페는 매주 두어 시간만 문을 열었지만 무료로 음식과 대화, 그리고 넉넉한 마음을 제공했다. 비슷한 시기에, 고등학교 영어 교사 데이브는 새 신자들을 대상으로 이주민을 위한 영어 교실을 시작했다. (샐리와 데이비드는 이런 유연성을 발휘할 수 있는 시기에 있었다.) 두 곳 모두 사람을 많이 접촉하는 사역이어서 이웃의 필요에 적절하게 반응할 수 있었다. 두 경우 모두 신자들은 자연스럽고도 진정성 있게 예수님에 대해 이야기했지만, 그것이 그날의 성공 여부를 결정한다고 느끼지는 않았다. 이주민 영어 교실 참석자들은 원한다면 수업 후에 남아서 성경 본문을 함께 번역할 수 있었다.

하나님은 우리를 이웃의 삶과 엮어 주시는데, 이 두 프로그램은 마치 하나님의 뜨개바늘과 같았다. 하지만 어떤 장소를 사랑한다는 것

2 Mark R. Glanville, "Reframing Mission: Loving a Place," 미출간 원고, 2010.

은 단순한 프로그램 운영 이상이다. 우리 자신이 그 장소의 일부가 되어, 지역의 리듬과 아름다움, 자연환경에 맞추어 함께 살아간다는 뜻이다. 또한 직장이나 운동 동아리, 학교, 시냇가, 대학, 혹은 집 앞마당 등 그 어디에서든 지역사회에서 예수님의 이름으로 겸손히 섬기는 자세를 취한다는 뜻이기도 하다. 모든 교인이 이렇게 고백한다면 얼마나 아름다운 일이겠는가. "하나님은 우리가 예수님의 이름으로 이웃을 사랑하고 그들의 사랑을 받도록 우리를 여기에 두셨다." 우리 사람들이 "아버지께서 나를 보내신 것같이 나도 너희를 보내노라"(요 20:21)라는 예수님의 말씀을 듣고 개인적으로 반응한다면 얼마나 놀라운 일이겠는가.

하지만 잠시 멈춰서 주변을 돌아보자. 어느 한곳에 속한다는 것은 어떤 모습일까? 당신의 동네 공원 벤치에 사람들이 둘러앉아서 블루스를 부르고 있다고 상상해 보자. 노랫소리가 들리는가? 한두 걸음 더 가까이 가서 귀 기울여 보자. 그들의 음악 깊은 곳에서 한탄과 기쁨이 둘 다 들린다. 블루스는 항상 이 둘을 다 가지고 있다. 오티스 모스 3세(Otis Moss III)가 표현한 대로 "복음은 소리치고 블루스는 신음한다."[3] 이 동네 음악가들은 블루스의 영성을 잘 알고 있다. 이들은 블루스의 신음이 십자가의 상함이요 복음의 외침이 빈 무덤의 자유와 기쁨인 것을 안다.[4] 이들이 노래하는 동안 이 모든 상함과 자유가 흘러나온다. 이렇게 블루스는 그들이 사랑하는 이곳에서 그들이 그리스도께서 슬퍼하신 것을 슬퍼하고 그리스도께서 기뻐하신 것을 기뻐하도록 도와준다. 어쩌면 이와 비슷하게, 교회의 임무는 동네 공원 벤치에 앉아서 블

3 Otis Moss III, *Blue Note Preaching in a Post-Soul World: Finding Hope in an Age of Despair* (Louisville: Westminster John Knox, 2015), 22.

4 Moss III, *Blue Note Preaching*, 2, 35.

루스를 부르는 것일지도 모르겠다.

블루스를 부른다는 것은 믿음을 길러 내는 일이다. 오늘날 서양 사회에서는 그리스도에 대한 믿음을 당연하게 여겨서는 안 되고 세심한 돌봄으로 양육해야 한다. 그리스도의 이름으로 어떤 장소를 사랑하는 공동체 곧 진정한 '에클레시아'(교회)는 믿음을 자라게 하는 자궁과 같다. 이는 지역사회에 참여하는 교회는 그리스도 안에서의 우리의 소망을 몸으로 드러내는 희망의 공동체가 되기 때문이다. 레베카 푸세트(Rebecca Pousette)는 지역 주택 계획 전문가인데, 이번 장에서 그녀를 통해 많이 배우게 될 것이다. 레베카는 내게 이렇게 말했다. "지금 사회는 글로벌적인 문제로 완전히 압도되어 있어요. 세계적 이슈들이 우리를 마비시키죠. 그래서 지역사회의 삶을 위해 지역에 헌신하는 교회는 매우 희망적입니다." 그의 말은 정곡을 찌른다.[5] 우리가 세상을 치유할 수는 없지만, 예수님의 이름으로 한 동네를 사랑할 수는 있다. 하나님이 세상을 고쳐 주시기를 기도하면서 말이다. 그러면 우리 자신의 믿음과 소망도 다시 불씨가 피어오르게 된다.

성경, 장소를 구속하시는 하나님의 이야기

장소라는 주제를 지도 삼아 성경을 차근차근 살펴보자. 우리는 성경 이야기를 장소를 구속하시는 하나님의 이야기, 그리고 하나님이 한 백성을 여러 장소로 부르셔서 증언하게 하신 이야기로 묘사할 수 있다.

구약성경: 생태계와 엮여 있는 인간의 운명 하나님은 첫 인류를 특

5 레베카 푸세트, 2023년 3월 28일 개인적인 대화.

정한 장소, 곧 동산에 두셨다(창 2:8). 동산을 뜻하는 히브리어 '간'(gan)은 채소밭이나 왕의 정원처럼 경계가 뚜렷한 정원을 가리킨다(신 11:10; 렘 39:4). 하나님은 첫 번째 인류에게 그 장소를 돌볼 책임을 주셨다(창 2:15). 창세기 2장에 따르면, 인간은 동산 **안에** 속해 있었을 뿐 아니라, 동산**에**, 동산과 **함께** 속해 있었다. 이 시점에서 온 인류를 대표하는 아담은 '아다마'(adamah) 곧 땅에서 취해졌다(창 2:7). 아담(Adam)과 '아다마'(adamah)라는 언어유희는 존재의 상호성과 얽힌 운명을 잘 드러낸다.

스티븐 보우머 프레디거(Steven Bouma-Prediger)와 브라이언 왈쉬(Brian J. Walsh)는 이를 시적으로 잘 표현했다.

> [태초에] 하나님이 집을 창조하셨다.
> 이곳은 머무는 곳
> 소속된 곳
> 귀향의 장소였다.…[6]

그러나 반역한 인류는 동산에서 쫓겨났다(창 3:23-24). 동산에서 쫓겨나면서 인간과 장소 사이의 관계가 파편화되고, **어디에선가**에서 **아무 데나**로 옮겨졌다.

타락으로 파편화된 세상에서, 하나님은 기나긴 구속의 여정을 시작하신다. 그 길은 '아다마'(땅)를 따라 구체적인 장소들과 연결되어 있다. 그 길의 출발점에서 하나님은 아브람(이후에 아브라함)에게 하란과

6 Steven Bouma-Prediger and Brian Walsh, *Beyond Homelessness: Christian Faith in a Culture of Displacement* (Grand Rapids, MI: Eerdmans, 2008), 30-31.

그의 가족을 떠나 가나안 남쪽으로 가라고 말씀하신다(창 12:1). 아브라함이 순종하여 가나안으로 들어가자 하나님은 이렇게 약속하신다. "내가 이 땅을 네 자손에게 주리라"(창 12:7). 아브라함이 약속의 땅을 통과하여 세겜과 벧엘에서 단을 쌓는데, 이는 그의 집안과 땅이 하나로 연결되었다는 표시였다(창 12:7-9).

이스라엘은 시내산에서 하나님의 율법을 받는다. 그런데 하나님의 율법과 장소는 무슨 관계가 있을까? 기독교와 유대교 역사 전반에 걸쳐, 사람들은 모세오경을 원래 맥락과는 동떨어진 채 모든 장소와 모든 문화에 보편적으로 적용할 수 있는 내용으로 해석했다. 그러나 사실, 율법은 매우 맥락화되어 있는데, 특히 고대 이스라엘의 농경 생활과 시리아-팔레스타인이라는 독특한 땅의 지형에 맞추어져 있었다.[7] 이를테면, 신명기는 이스라엘이 탈출한 애굽 땅을 관개 수로가 정맥같이 뻗어 있다고 묘사하고, 가나안 땅은 때에 따라 내리는 비에 전적으로 의존하는 땅이라고 구분한다(신 11:10-12). 또 지중해의 대표적인 식재료 세 가지 올리브유, 빵, 포도주를 자주 반복해서 인용하는 대목도 생각해 보자(예. 신 24:19-21). 아담과 땅의 관계처럼, 이스라엘의 운명은 그 특정 장소의 생태계와 밀접하게 엮여 있다.

신약성경: 장소의 영혼인 '에클레시아' 이스라엘의 메시아 예수님은 특정 마을과 특정 거리에서 사역하셨다. 복음서 저자들은 놀라울 정도로 의도적으로 예수님의 사역을 **장소**와 연결한다. 마태는 예수님의 사역을 설명하기 시작하면서, 그것이 이사야의 예언 성취로서, 구체적인 장소에서 이루어졌음을 분명히 한다.

---

7 물론 모세오경은 어느 시대에나 유효한 하나님의 말씀이지만, 우리는 그 말씀이 고대 이스라엘을 위해 쓰였음을 고려하여 해석해야 한다.

스불론 땅과 납달리 땅과
요단강 저편 해변 길과 이방의 갈릴리여
흑암에 앉은 백성이
큰 빛을 보았고…(마 4:15-16)

이 구절들은 마태의 유대인 청중을 의식한 표현으로 가득하다. 구약 후기에 스불론과 납달리 부족의 땅은 적어도 야웨 백성에게는 그다지 매력적인 위치가 아니었다. 북쪽에 위치한 이곳은 신앗수르 군대가 쳐들어오면 가장 먼저 함락되는 장소였다. 재력이 있는 사람들은 사마리아나 유대 등 남쪽으로 갈 수 있었다. 그러나 마태가 이 말씀을 기록하기 750년 전에, 이사야는 메시아가 **이곳**에서 나실 것이라고 말한 바 있다(사 9:1-2). 갈릴리 언덕과 계곡에 집을 지은 가장 가난하고 취약한 이 특정 지역과 사람들에게서 말이다. **이곳**에서 동이 틀 것이었다. 이 마을들과 계단식 농경지, 흙탕물 냇가와 갈릴리의 수많은 언덕에서 예수님은 걸으시고 기도하시고 치유하시고 말씀을 전하시고 훈련하시고 죽은 자를 살리신다. 이 언덕의 흙이 그분의 발과 머리에 묻었다.

정부 임대주택 지역에 살던 젊은 목회자 시절, 나는 이 본문을 읽고 깊은 위로를 받았다. 예수님이 이 시대에 성육신하신다면 우리 동네야말로 그분이 태어나기로 선택하실 그런 동네라는 것을 깨달았기 때문이다! 나는 예수님이 우리 동네 선술집 처마 아래에서 아무도 모르게 태어나시는 장면을 자주 상상하곤 했다.

바울서신에서는 장소가 더욱 선명하게 드러난다. 사도 바울은 거기서 신자들의 몸을 가리키기 위해 헬라어 '에클레시아'를 사용한다. 예를 들어, 바울은 다음과 같이 고린도전서를 시작한다.

"고린도에 있는 하나님의 교회"[에클레시아](고전 1:2)

더 폭넓은 문화적 맥락에서 '에클레시아'는 도시의 모든 시민을 소집하는 대중 집회였다. 서기관이 소집을 알리면 시민들이 모여 도시 생활과 관련된 안건들을 논의했다.[8] 바울은 그리스도를 따르는 이들의 몸을 '에클레시아'라고 언급함으로써, 교회가 하나님의 권위 있는 소집으로 지역 공동체 내에서 눈에 보이는 그리스도의 몸으로 만난다는 것을 전달하고 있었다.[9] 초기 그리스도인들은 안전상의 이유로 숨어서 예배를 드렸지만 '에클레시아'인 그들의 삶은 공적이었다. 그리스도의 '에클레시아'는 사람들이 그분의 왕권을 인정하든 인정하지 않든 그리스도가 그 도시의 진정한 왕이시라는 의미에서 공적이었다. 그리고 '에클레시아'는 그리스도 안에 있는 하나님의 사랑의 다스림을 보여 주고 선포하기 위해 존재했다.

'하나님의 에클레시아'라는 문구가 원래 청중에게 친밀감과 독특함 사이의 긴장을 유발한다는 점은 아무리 강조해도 지나치지 않다. 이 문구는 하나님의 백성이 그 지역사회 안에 섬기는 자로서 깊이 스며들도록 하면서도, 오직 하나님께만 충성함으로써 독특한 존재가 되게 한다. 교회는 친밀함 가운데 그 이웃의 종이 되어 긍휼과 희생하는 섬김을 보여 주었다. 서기 130년경에 기록된 "디오그네투스에게 보내는 편지"(The Epistle to Diognetus)는 자신들이 도시의 자비로운 가슴이 되어

8 "ἐκκλησία," in Walter Bauer, William F. Arndt, F. Wilbur Gingrich, and Frederick W. Danker, *A Greek-English Lexicon of the New Testament and Other Early Christian Literature*, 2nd ed. (Chicago: University of Chicago Press, 1979), 141.

9 '에클레시아'라는 단어에 대한 유용한 논의로는 Michael W. Goheen, *"As the Father Has Sent Me, I Am Sending You": J. E. Lesslie Newbigin's Missionary Ecclesiology* (Zoetermeer, Netherlands: Boekencentrum Publishing House, 2000), 166을 보라.

야 한다는 초기 교회의 인식을 아름답게 포착한다. "몸에서 영혼이 하는 역할을 세상에서 그리스도인들이 감당한다."[10] '에클레시아'는 공적 정체성을 지녔지만 정치권력과 연관된 공적 정체성은 아니었는데, 초기 교회에는 어떤 정치적 권력도 없었기 때문이다. 오히려 이는 십자가로 형성된 공적 정체성, 곧 자신을 희생하는 섬김과 영적 능력이었다.

공적이면서도 주변화된 초기 교회의 사회적 위치는 오늘날 재즈 연주자를 비롯한 여러 예술가의 사회적 위치와 비슷하다. 다음 장에서도 살펴보겠지만, 예술가들은 도시의 중심이 아닌 가장자리에서, 도시의 영혼 역할을 하며 창작 활동을 한다. 오늘날 교회가 권력을 추구하고 그에 굴복하려는 유혹을 받을 때 어떻게 하면 권력에서 한 발 물러나서 아름다움을 창조하고 구현할 수 있는지를 초기 교회와 예술가들에게서 배울 수 있다.

우리는 초기 그리스도인 중에 주요한 증언이 바울과 그 동료들의 사역이 아니라(바울은 "심었고", 고전 3:6), 제국의 도시 한가운데 위치한 '에클레시아'의 일상에서 이루어졌음을 알아야 한다. 복음이 아직 선포되지 않은 도시들에서 순회 사도로 섬긴 바울의 사역(롬 15:19-21을 보라)과 '에클레시아'의 꾸준한 증언을 구별하면 오늘날의 비슷한 상황을 이해하는 데 도움이 된다. 오늘날에도 여전히 교회는 미전도 종족에 선교사를 파송하지만(타 문화 선교), 오늘날 그리스도인의 주요한 증언은 '에클레시아', 곧 하나님이 자매와 형제를 **보내신** 장소에서 살아가는 일상 가운데서 이어진다(증언 공동체 혹은 성육신적 공동체).[11]

---

10 "The Epistle to Diognetus," in Philip Schaff and Henry Wace, eds., *The Ante-Nicene Fathers*, vol. 1 (Grand Rapids, MI: Eerdmans, 1991), [VI] 23-30, 특히 27.

11 안디옥 교회를 생각해 보자. 리더들은 이 활발한 교회의 증언을 통해 이 도시의 다양

성경 이야기는 에덴으로의 귀환, 즉 창조 세계의 회복으로 마무리된다. 이는 전혀 다른 세상인 **새로운** 창조 세계가 아니라, **회복된** 창조 세계다. 요한계시록 22장에서는 생명나무(실제로는 두 그루다)가 하나님의 보좌로부터 흘러나오는 강 좌우에 서 있는 모습을 그린다. 독자들이 요한계시록이 이 땅이 아닌 다른 곳의 미래를 나타낸다고 생각하지 않도록, 성경 마지막에서 예수님은 "내가 진실로 속히 오리라"(계 22:20)라고 약속하신다. 예수님은 바로 이곳에 오셔서, 이 장소를, 그리고 하나님의 선한 세상의 모든 장소를 회복하실 것이다.[12]

보우머 프레디거와 왈쉬는 성경의 큰 흐름을, 어느 곳에 자리 잡았다가 쫓겨난 후 다시 자리 잡게 된 움직임(곧 창조, 타락, 구속)으로 요약할 수 있다고 적절히 말한다.[13] 그렇다면 우리는 오늘날 교회가 어떻게 한 동네에 자리매김하여 그곳의 영혼이 될 수 있을지를 파악해야 한다.

소속감 기르기

많은 사람은 장소의 단절, 관계의 단절, 외로움이라는 세 측면에서 단절을 경험한다.[14] **장소의 단절**(dislocation)은 어떤 장소의 고유 역사,

---

성을 반영하기 시작했다. 또한 이 교회는 바울과 바나바를 '보내서' 갈라디아 지역에서 증언하게 했다(행 13:1-3).

12 다음을 더 살펴보라. Carmen Joy Imes, *Being God's Image: Why Creation Still Matters* (Downers Grove: IVP Academic), 174-75, ebook.

13 Bouma-Prediger and Walsh, *Beyond Homelessness*, 28.

14 윌리 제임스 제닝스(Willie James Jennings)는 '관계의 단절'과 '장소의 단절'이라는 단어로 "학문적 신학 작업을 하려는 사람들을 위한 규범적 사고 습관"을 묘사한다.

식민 역사, 생태계, 아름다움, 지역 예술 문화, 기후, 계절, 농업 등과 단절된 상태로 살아가는 과정을 뜻한다. **관계의 단절**(disassociation)은 특정 장소에서 우리의 몸과 감정, 관계, 개인적 이야기와 단절되는 과정을 가리킨다. **외로움**(loneliness)은 우리가 장소와 자기 자신을 단절된 방식으로 경험하는 것과 관련이 있다. 한두 차례의 이사를 하면서 그동안 살았던 지역과 공동체에서 뿌리가 뽑히면 외로움과 소외감을 느낀다. 그럴 때 또 다른 이사에서 오는 '흥분'을 붙잡으려는 유혹이 생기고, 이는 끝없는 뿌리 뽑힘으로 이어질 수 있다.

공원 벤치에 앉아 블루스를 연주하던 이웃 음악가들의 이야기로 돌아가 보자. 다행히도, 당신이 블루스 기타를 칠 줄 몰라도, 당신이 사는 장소의 리듬과 계절에서 안식을 누릴 수 있다. 어떻게 하면 당신이 속한 공동체는 이 블루스 연주자들처럼 자신들의 장소에 푹 잠길 수 있을까? 누가 당신의 공동체에게 그 지역의 역사를 가르쳐 줄 수 있을까? 누가 함께 산책할 수 있을까? 누가 함께 캠핑할 수 있을까? 이 지역의 생태계에 대한 지식을 나눌 수 있는 토착민 출신의 리더들이 있는가? 당신은 지역 예술가들을 알고 있는가? 공동체 안에서 지역을 위해 투자하며, 지역사회의 결정에 목소리를 내는 사람은 누구인가? 당신은 집 옆 골목에서 마주치는 이웃들을 알아 가고 있는 중인가? 당신은 이 지역을 충분히 잘 알아서, 그리스도께서 이 지역에서 슬퍼하시는 것에 당신도 같이 슬퍼할 수 있는가? 소속감은 사람마다 다양한 의미일 수 있다. 나는 동네 음악가들과 공연하려고 팔에 키보드를 끼고 바에 들어서면 내가 있어야 할 곳에 있다는 느낌이 든다. 당신은 언제

Willie J. Jennings, *The Christian Imagination: Theology and the Origins of Race* (New Haven, CT: Yale University Press, 2010), 7을 보라.

그렇게 느끼는지 생각해 본 적이 있는가?

캐나다 온타리오주 해밀턴에 있는 제일기독교개혁교회(First Christian Reformed Church)에서는 자신들이 그 도시에 부름받았다는 인식을 강화하기 위해 창의적인 사진 프로젝트를 진행했다.[15] 우리 교회도 그들을 따라 했다. 우리 교회 성도들은 자신들이 사는 지역에서 자신들이 좋아하고 의미가 있는 곳들을 촬영했다. 청소년들과 어린아이들은 휴대폰으로 사진을 찍었다. 카메라가 없는 나이 든 교인들에게는 일회용 카메라를 나누어 주었다. 푸른 언덕, 연못, 카페, 가게, 벽화 등을 사랑스러운 시선으로 담아냈다. 이 중에 스물다섯 점을 액자에 넣어 교회 입구에 전시했다. 캔버스에 예쁘게 그린 교회 표어도 함께 걸었다. "예수님의 진리와 소망과 사랑을 **여기에서** 드러내자."[16] 이렇게 예배 시간마다 우리는 그리스도가 우리를 이곳으로 부르셨음을 상기하게 되었다.

이주와 뿌리내림

지금까지 이 장에서 이야기한, 지역에 뿌리내리는 것과 함께, 초기부터 지금까지 이주가 기독교의 성장과 번영에 중요했다는 역사적 현실도 인정함으로써 균형을 맞추는 것이 현실적일 듯하다.[17] 저명한 교

15 당시에 아내가 이 교회에 다니고 있었고, 앤드류 잰팅(Andrew Zantingh)이 담임목사였다.

16 "예수님의 진리와 소망과 사랑을 알리자"라는 원래 교회 표어에 '여기에서'라는 단어를 추가했다.

17 초대교회의 이주에 대해서는 다음을 보라. Alan Kreider, "They Alone Know the Right Way to Live," in *Ancient Faith for the Church's Future*, ed. Mark Husbands

회 역사가 앤드류 월스(Andrew Walls)는 "기독교 역사에서 이주는 종교개혁보다 더 중요한 요인이다"라고 말한다.[18] 실제로, 교회가 '보냄받은' 백성(요 20:21)이라는 정체성을 붙잡을 때마다(특정한 장소에서 주님을 섬길 때조차도) 우리는 난민과 취약한 이민자들과의 연대감을 인정하는 것이다. 내가 동생과 함께 쓴 *Refuge Reimagined*를 보라: "그리스도인들이 이리저리 이동하는 사람들을 우리가 가까이하지 말아야 할 타인으로 보려는 유혹을 받을 때는 우리가 정착했기 때문일 가능성이 크다. 우리 역시 약한 자들을 섬기라고 부름받은 나그네라는 정체성을 잊어버린 것이다."[19]

이민자들에게는 어느 장소에 속한다는 경험과 이민자로서의 경험 사이에 긴장이 있다. 성경은 그리스도인을 "거류민과 나그네"(벧전 2:11)로 묘사하는데, 이는 단순히 많은 난민과 이민자를 비유한 표현이 아니라, 우리의 현실적 경험을 가리킨다. 한국계 캐나다인 1.5세인 내 친구 사라는 이런 말을 한 적이 있다. "많은 이민자에게는 밴쿠버에 뿌리내리고 있다는 느낌이 없어. 그래서 광야에서 하나님을 만났던 이스라엘의 경험(출 16-18장)에 공감할 수 있지."[20] 하나님은 어느 한 곳에 우리가 뿌리를 내리도록, 그 도시의 '영혼'으로 함께 살아가는 것이 어떤 의미인지 궁금해하도록 초청하고 계신지도 모른다. 이민자든 현지인

---

and Jeffrey P. Greenman (Downers Grove, IL: IVP Academic, 2008), 169-86, 특히 174-75.

18 Andrew Walls, "The Great Commission 1910-2020," a lecture delivered at the University of Edinburgh in 2003, cited in Sam George, "Introduction," in *Refugee Diaspora: Missions amid the Greatest Humanitarian Crisis of Our Times*, ed. Sam George and Miriam Adeney (Pasadena, CA: William Carey, 2018), xvii.

19 Mark R. Glanville and Luke Glanville, *Refuge Reimagined: Biblical Kinship in Global Politics* (Downers Grove, IL: IVP Academic, 2021), 105.

20 2023년 3월 28일 개인적인 대화.

이든 상관없이, 공동체가 **장소**와 연결될수록 우리의 증언은 더 강력해진다.

지역에 뿌리내린 교회와 원거리 교회

도심 교회뿐 아니라 교외 지역의 많은 교회도 점점 더 지역사회에 참여하고 있다. (여기서 **교외** 지역이란 중산층이 거주하는 중간 밀도의 주거 지역을 가리킨다.) 예를 들어, 데이비드 그로엔(David Groen)은 브리티시컬럼비아 교외 지역에 있는 호프커뮤니티교회(Hope Community Church) 담임목사다. 데이비드는 매주 금요일 혼자 교회 주변을 산책하며 기도한다. 그는 교회에 새로 오는 사람들이 특정 교단에 강력한 충성심을 느끼지 않는다는 것을 알고 있다. 지역사회를 축복하는 교회에 소속되고 싶은 바람이 있을 뿐이다. 데이비드는 지역 학교와 비영리단체, 교회들과의 협력을 우선순위에 놓는다. 거기에는 교회 연합 단체인 클로버데일 커뮤니티 키친(Cloverdale Community Kitchen)의 활동도 포함된다.[21] 호프커뮤니티교회 성도 대다수는 교회 건물에서 차로 10분 거리 내에 거주한다. "당신이 거주하지 않는 장소를 얼마나 깊이 사랑할 수 있을까요?"라는 데이비드의 말처럼 이 점은 중요하다. 호프교회에는 그보다 멀리 사는 성도들도 있지만, 리더들은 원거리 출석 방식에 따라 움직이지 않는다는 점이 중요한 원칙이다. 교외 지역 교회도 동네의 공원 벤치에서 블루스를 부를 수 있다는 사실에는 의심의 여지가 없다!

---

21 클로버데일커뮤니티키친은 2011년 퍼시픽커뮤니티교회에서 시작되었다, www.mycck.ca.

마찬가지로, 당신은 온 가족이 그 동네로 이사할 수 없기에 멀리 교회를 다닐 수도 있다. 이런 교회가 성육신적 공동체가 되려면 특별한 창의성과 증언에 대한 깊은 헌신이 필요하다. 한 가지 접근 방식은 지역별로 가정 그룹을 만들어서, 각 가정 그룹이 있는 지역 공동체에서 정착과 섬김을 강조하는 것이다. 혹은 위성 교회를 만들어서 각 교회에 지역을 위한 증인이라는 명확한 정체성을 부여할 수도 있다. 원거리 출석 교회에서도 도시를 사랑하는 비전을 키울 수 있다. 우리가 **장소**에 더 많이 연결될수록 우리의 증언이 더 강력해진다는 것이 핵심이다.

우리가 하는 모든 일에 지역성을

지역성은 우리가 하는 모든 일에 적용될 수 있는 핵심 주제가 되어야 한다. 우리는 공동체의 삶 전체를 '지역'이라는 관점에서 생각할 수 있다. 그리고 공동체의 삶이 우리가 사는 지역에 의해 형성되려면, 우리는 전 세계적으로 표준화된 제품이나 미학, 이를테면 세계화된 예배 음악이나 세계화된 농산물에 자동적으로 의존하는 경향을 경계해야 한다.

예를 들어, 예배를 다루는 5장에서는 전 세계적으로 획일화된 예배 음악이 예배를 지배하는 안타까운 현실을 살펴볼 것이다. 미국과 호주의 대형 교회에서 무대 중심을 차지한 몇 안 되는 삼십 대 백인 남성들이 그들의 독특한 이웃 속에서 살아가는 다양한 증언 공동체들을 충분히 돌보는 노래를 만들 수 있다고는 말하기 힘들 것이다. 그렇다면 우리는 잠재적인 작곡가들을 어떻게 양성할 수 있을까? 또 다른 영역에서, 우리가 먹는 음식에 대해 생각해 볼 수 있는데, 예를 들어 지역 농부들이 재배한 식재료를 구입함으로써 그들을 지원할 수 있을까? 더 나아가서, 주거 문제, 노숙자 문제, 고독 문제, 창조 세계 돌봄 등 지역 문제에 대해 대화할 수 있을까? 교회에 모이는 사람들의 구성에서 우리는 우리 동네의 다양성을 구체적으로 어떻게 드러낼 수 있을까? 다양성은 우리에게 새로운 자세와 희생을 요구한다. 6장 "공동의 삶"에서 살펴보겠지만, 다양한 회중을 이루는 핵심 요소는 다양한 사역 팀이다.

지역성을 살펴보면서 우리는 우리가 사는 **곳**이 우리가 교류하고 함께 식사하는 **사람들**, 우리 삶과 상상력을 형성하는 사람들에게 어떻게 영향을 미치는지 인식할 수 있다. 도심과 다문화 사역 교수 데이비드 리옹(David Leong)은 사람들이 "동질 집단"으로 모이는 경향이 있다고 말한다. 사는 곳은 소득 수준과 교육, 인종 등과 연결되는 경우가 많다. 리옹은 "우리는 이런 구분을 너무 당연하게 받아들인다"라고 지적한다. 이에 대한 한 가지 반응은 우리 동네의 역사를 익히는 것이다. 예를 들어, 리옹에 따르면 인종에 따라 주택 구매를 제한하던 조항들이 법적으로 오래전에 사라졌지만 여전히 우리 동네에 영향을 미칠 수 있다.[22] 우리는 우리와 똑같은 사람들로 가득한 동질적인 동네에 살고 싶은 유혹을 경계해야 한다. 그리스도를 따라 소외된 지역으로 가야 한다.[23]

22 David Leong, "Reimagining Belonging: Race and Place in Christian Communities," Regent Exchange public lecture, www.youtube.com/watch?v=7jaOOp2ZxQo.

23 제도적인 불의에 유의하여 지역사회를 해석하는 것에 대한 유용한 논의로는 다음을 보라. Amy L. Sherman, *Restorers of Hope: Reaching the Poor in Your Community with Church-Based Ministries that Work* (Wheaton, IL: Crossway, 1997), 47-56.

주거

마지막으로, 주거는 창의적인 기독교 제자도가 펼쳐질 수 있는 영역이다. 주거 문제는 거의 모든 교외 지역과 도심 지역 사람들을 불안하게 만드는 문제가 되었고, 이는 전 세계적인 위기다. 앞서 언급한 주거 전문가 레베카 푸세트는 내게 이렇게 말해 주었다. "하나님은 세상을 창조하시면서 그것을 집으로 설계하셨습니다.…**우리**는 집을 위해 만들어졌고, 뿌리를 내릴 수 있는 안정적인 곳에 머물도록 창조되었어요."[24] 레베카는 우리가 한 장소에 머물 수 있는 능력은 곧 우리가 어떤 주거 환경을 가지는지에 달려 있는데, 그러나 이제는 주거가 하나의 상품이 되어 버렸다고 말한다. 유엔은 주택을 인권 문제로 보지만, 궁극적으로는 시장의 힘에 의해 좌우된다.[25]

레베카는 도시의 주거 문제에서 상상력과 희망이 거의 사라졌다고 지적한다. 하지만 상상력과 희망은 교회의 특징이 아닌가. 그래서 주거 문제는 기독교적 증언을 위한, 비유하자면 서구 문화의 벽에 난 틈과 같은 영역이다. 다음 두 사례는 주거 문제와 연관된 창의적인 증언이다.

수년 전, 하나님은 스트라스코나빈야드교회(Strathcona Vineyard Church) 담임목사 던 험프리스(Dawn Humphreys)에게 공동체를 위한 비전을 주셨다. 던은 따뜻한 불빛이 새어 나오는 주택들이 길게 늘어져 있는 모습을 '보았다.' 이후로 그의 교회는 쓰러져 가는 집들을 (던의 표

24 레베카 푸세트는 코히어파운데이션(Co:Here Foundation)의 프로젝트 매니저다.

25 "Global Housing Crisis Results in Mass Human Rights Violations—N Expert" (United Nations press release, 2020): www.ohchr.org/en/press-releases/2020/03/global-housing-crisis-results-mass-human-rights-violations-un-expert.

현에 따르면) "하나님이 치유하시는 아름다운 상징"으로 되살리기 시작했다. 이제 스트라스코나빈야드교회는 밴쿠버 코르도바 거리에 주택 일곱 채를 관리하면서, 다양한 배경의 사람들이 장기간 함께 살아갈 수 있는 공간을 제공한다. 던이 받은 비전이 실현되었다.[26] 우리 밴쿠버 교회는 또 다른 창의적 방법을 시도했다. 일반 부지보다 넓은 주차장의 용도를 바꾸어 4층짜리 건물을 올릴 공간을 마련했다. 그렇게 해서 생긴 건물 이름이 '코히어'(Co:Here)다. 이 건물은 다양한 인생 여정에 있는 사람들에게 통합된 주거 공간을 제공한다. 이곳의 별명은 "영원한 집"(Home for Good)이다.[27]

지역사회에 참여하는 교회는 소망의 공동체, 신앙을 길러 내는 모태가 되어 그리스도 안에 있는 우리의 소망을 구체적으로 드러낸다. 어떤 장소를 사랑하면 창의적이고 기업가적인 비전이 생겨날 수 있지만, 그보다 더 중요한 것은 이웃의 공동생활에 제공하는 사소하지만 신실한 활동이다.

지역의 아름다움에 대한 이야기는 결국 아름다움 자체의 중요성으로 우리를 안내한다. 사람들은 교회에서 아름다움이나 미학은 거의 언급하지 않는다. 하지만 다음 장에서는 성경을 근거로 아름다움이 교회의 증언에 매우 중요하다는 주장을 펼치려 한다.

---

26 던 험프리스, 2023년 3월 28일 개인적인 대화.

27 더 자세한 정보는 코히어 웹사이트를 참고하라. www.coherehousing.com.

4장

아름다움

나는 아이들에게 피아노를 가르쳐서 번 돈으로 음악 학교 수업료를 냈다. 그중에 열 살짜리 애나를 가르친 경험이 내 인생을 바꿔 놓았다. 애나의 어머니 제니도 같은 초등학교에서 교사로 재직 중이었다. 제니는 아주 창의적인 선생님이자 음악 연주자였다. 한마디로, 애나의 어머니는 예술가였다. 1년 뒤에 제니는 애나의 피아노 레슨을 중단하고는 내게 그 이유를 설명해 주었다. 제니는 내가 재즈 피아니스트라서 창의적인 수업을 하리라고 예상하고 나를 선택했다고 말했다. 내가 애나에게 즉흥 연주를 가르치거나 독창적인 교수법을 사용할 것이라고 생각했던 모양이다. 하지만 제니는 내 수업이 예상과 달랐다며 실망감을 표했다.

제니의 말이 채 끝나기도 전에, 나는 그녀가 옳다는 사실을 이미 알고 있었다. 나는 어릴 적에 클래식 피아노를 배웠고, 그 훈련에 참 감사한다. 그런데 이제 학생들에게 피아노를 가르치면서 내가 어렸을 때 배운 과정을 그대로 답습하고 있었다. 재즈는 내 생명과도 같았지만, 즉흥 음악의 창의성과 독창성을 교수법에 녹여 내지 못하고 있었다. 그 대화를 계기로, 나는 내 교육 방식을 재구성하기 시작했다. 요즘에는 아이들을 가르칠 때 음계와 이론, 악보 읽는 법 같은 기본도 가르치지만, 첫 수업부터 학생들에게 즉흥 연주를 하게 한다.

피아노 교사로서의 내 여정은 목회자든 평신도 리더든 할 것 없이 많은 그리스도인 리더들이 겪는 경험과 닮아 있다. 많은 그리스도인 리더는 창의적 표현이 넘치는 창의적인 사람들이다. 그러나 그 창의성과 상상력을 교회 공동체의 삶 속에 가져오는 데 어려움을 겪는다. 그래서 그들은 자녀 양육과 요리, 운동부 코칭, 파티 준비와 같은 불평하는 사람이 없는 영역에만 자신들의 가장 좋은 상상력과 에너지를 쏟아붓곤 한다. 내가 피아노를 가르치던 초기에 그랬듯이, 우리가 어렸을 적 경험한 교회의 익숙한 틀을 상상력이 넘어서기란 쉽지 않다.

이 장은 아름다움과 창의성이 교회에 필요하다고 주장한다. 교회는 예술을 창조하는 데에, 그리고 예술적으로 살아가는 데에 탁월해야 한다. 그렇게 해야 예수님에 대한 우리 믿음이 말 이상의 방식으로, 마음을 흔드는 방식으로 빛날 수 있다. "아름다움은 하나님을 경험하고 맛보는 것이다."[1] 아무리 많은 말이나 깔끔하게 포장된 설교(혹은 학술 서적!)도 예술이 지닌 인간적 감각과 분별력을 따라올 수는 없다.

그러므로 우리는 예술가들을 위한 공간을 만들고 그들의 영감과 통찰을 공동체의 흐름 속에 끌어들일 필요가 있다. 주거 방식부터 예배 의식에 이르기까지 교회 생활의 모든 측면에서 창의력을 발휘해야 한다. 이 장은 아름다움을 다룬다. 예술과 예술을 만드는 일, 그리고 교회

1 스티븐 고메즈(Steven Gomez), 2023년 3월 23일 개인적인 대화.

라는 예술에 관한 이야기다. 이 장은 우리가 붓이나 드럼 스틱을 손에 들 때뿐 아니라 하나님의 백성을 섬기는 모든 사역 가운데에서도 창의적이고 상상력 있는 사고를 켜 보라고 초대한다.

그 작은 것

최근에 마코토 후지무라(Makoto Fujimura)의 *Art and Faith: A Theology of Making*(예술과 신앙: 만들기의 신학)을 읽었다. 책을 절반 정도 읽고 나서 페이스북에 한 구절을 인용했다. 예술과 교회의 복잡한 관계를 깊이 통찰하는 그 내용을 독자들과 나누고 싶다. 내가 처음 올린 글에서는 후지무라의 글을 이렇게 인용했다.

> 아름다움과 자비[정의]는 현재의 세계에서는 생존에 꼭 필요하지 않은 것처럼 보이기 때문에 오히려 새 창조를 불러일으킨다. 새 창조를 향한 신학은 자비와 아름다움의 창조가 타락한 인류가 새 창조에 거룩하게 참여할 수 있는 근본적인 본질이라고 담대하게 주장한다. 아름다움과 자비가 없다면 복음은 세상을 바꿀 수 없다. 이 둘은 하나님의 나라를 상상하는 '거꾸로 된' 두 길이며, 우리는 이 상상의 길을 걸어갈 때 하나님이 원래 의도하셨던 존재로 변화된다.[2]

2 Makoto Fujimura, *Art and Faith: A Theology of Making* (New Haven, CT: Yale University Press, 2020), 28.

호주에 있는 한 친구가 이 글에 반발을 표시했다. "도대체 예수님의 말씀 어디에서 이런 주장의 근거를 찾을 수 있을지 말씀해 줄 수 있을까요?" (흔히 그렇듯) 잠자리에 들기 직전에 이 댓글을 확인했기에 다음 날 아침에 이렇게 답변을 올렸다.

> 이제 일어났네요! 아이들 아침으로 오트밀 빵을 오븐에 구우면서 댓글을 올립니다. 예수님의 말씀 어디에 아름다움과 자비가 있느냐고요? 성경 전체를 근거로 제 주장을 펼치려 합니다. 예수님은 그분 안에서 말씀이 성취된다고 가르치셨기 때문이죠.(눅 24:25-27; 요 5:37-47을 보세요.)
>
> "긍휼히 여기는 자는 복이 있나니"라는 예수님의 말씀은 두 번째인 자비의 증거입니다. 예수님은 마태복음 5-7장의 산상수훈에서 종말론적 하나님 백성, 이스라엘의 남은 자를 모으고 계십니다. 이제 그분 가운데 친히 하나님 나라가 권능으로 임했다는 관점에서 말이죠. 이런 맥 락에서, 자비는 하나님이 통치하실 때 나타나는 특징, 하나님 공동체의 특징입니다.
>
> 첫 번째인 아름다움은 성경에 조금 더 암시적으로 나타납니다만, 그럼에도 아주 심오하게 드러나 있다고 저는 생각합니다. 아름다움은 그런 미적 감각입니다. 우리는 삶을 살 만하게 만드는 그 작은 것에서 아름다움을 만납니다. 소녀의 머리에 달린 리본, 지는 해의 웅장함, 트럼펫 솔로의 시작 부분에서 스네어를 강하게 때리는 재즈 드러머의 한 타격, 이러한 것들은 삶이 힘들다고 느껴질 때도 버티게 해 주는 힘이 되기도 합니다. 다음에 드러머가 어떤 연주를 할지 듣고 싶은 마음을 불러일으켜 주는 것처럼 말입니다. 그게 바로 아름다움이죠.

아름다움은 성경 본문의 형식 속에도 존재합니다. 빌립보서 2장 5-11절에 나오는 바울의 시를 생각해 보세요. 후지무라는 라이트(N. T. Wright)를 인용하는데, 그는 신약성경의 이런 시가 애초에 **시로** 존재했지, 신학 논문을 시로 바꾼 것이 아니었다고 언급합니다. "사람들이 이런 내용을 신학적으로 정리한 다음에 시로 바꾼 것이 아니다."[3] 구약성경을 기록한 서기관들의 작업에서도 아름다움을 볼 수 있습니다. 그들은 언약이라는 야만적인 문서 형식(피지배 왕들이 반란을 생각하지 못하도록 공포를 조성하기 위한 군사 조약)을 하나님의 은혜를 전달하는 통로(윤리 속에도 아름다움이 있다)로 바꾸어 놓았습니다.

아름다움은 성경에서 다양한 방식으로 펼쳐 보여 주는 하나님의 구원 이야기 전체의 흐름 속에도 존재합니다. 나는 성막을 둘러싼 열 폭 휘장과 그 구체적인 길이, 청색 고리, 휘장을 연결하는 금 갈고리 쉰 개를 분석하는 설교는 별로 들어 본 적이 없습니다. 그 내용이 아름다운 글은 되지 못하지만, 그 모습만큼은 아름다웠을 것입니다!(출 36:8-38)

이 아름다운 성소는 하나님의 임재와 거룩하심을 공동체에 보여 줍니다. 이 아름다운 공간에 드러난 주기적인 예식의 리듬을 통해 우리는 눈과 귀, 손과 코로 하나님을 만납니다. 이를 통해 하나님은 그 여정에 헌신하고 계심을 드러내십니다. 하나님은 이스라엘과 함께 먼 길을 가실 것입니다(출 33:12-17). 그 자체가 아름다움입니다. 더 나아가, 아름다움은 희생제사와도 연관이 있는데, 이를

3 N. T. 라이트, 마코토 후지무라와 주고받은 이메일 중에서; Fujimura, *Art and Faith*, 6에 인용됨.

논하려면 또 다른 게시물이 필요할 것 같습니다.[4]

이 글을 올리고 나서 몇 분 후에 밴쿠버의 한 목회자(그 역시 재즈 피아니스트다)가 내 댓글에 반응을 보였다.

> 아름다움은 드러머와 같아서…다음 연주가 듣고 싶어 자리를 떠나지 못하죠. 정말 그래요! 아름다움은 아침 식사를 준비한 다음에 열린 마음과 배려, 지혜로 답해 주는 자비로운 신학자와도 같습니다.

이 댓글이 내게 얼마나 큰 격려와 유익이 되었는지 모른다. 인간관계와 교류에도 아름다움이 있다. 인간의 상호작용은 아름다울 수도 있고 추악할 수도 있다. 소셜미디어든 대면 관계에서든 나도 항상 인내심을 발휘하지는 못한다. 하지만 이후로 몇 주 동안은 이 댓글 덕분에, 대인관계가 고통스러울 때마다 스스로 이렇게 다독였다. "아름답게 반응하자."

여기에는 우리에게 도움이 될 만한 내용이 무궁무진하다. 후지무라의 인용문은 생존을 위해 아름다움이 필요하지는 않다는 개념으로 시작한다. 맞는 말이다. 실제로, 우리 생활의 여러 활동과 사물이 생존에 꼭 필요하지는 않다. 밥 먹을 때 식탁이 꼭 필요하지는 않다. 반드시 향이 나는 샴푸로 머리를 감아야 하는 것도 아니다. 집에 들어갈 때 더러운 신발을 꼭 벗지 않아도 된다. 물 빠진 청바지를 꼭 입어야 하는 것도 아니다. 이런 것들은 생존에 필수는 아니지만, 우리 삶에 의미와 중요

---

4 성막에 대한 논의는 다음 책의 내용을 재사용했다. Mark R. Glanville, *Freed to Be God's Family: The Book of Exodus* (Bellingham, WA: Lexham, 2021), 81-91.

성을 부여하고 우리를 타인과 문화에 연결해 준다.[5] 이것이 아름다움과 예술의 목적이다. 아름다움이 없어도 살 수는 있지만, 아름다움은 우리에게 살아갈 이유를 준다.

내 게시물에 달린 반박 댓글은 이 주제와 관련하여 매우 흥미로운 또 다른 측면을 보여 준다. 그의 글은 우리가 잘 아는 내용, 곧 개신교가 예술과 불편한 관계를 맺어 왔음을 드러낸다. 우리는 예술과 예술가들을 거의 포기하다시피 하며, 문화와 지역사회 안의 예술 공간을 무시할 때가 많았다. 왜일까? 세속을 초월하는 기독교에서는 세상을 난파선으로 보기 때문이다. 그 안에서 제자도는 가라앉는 배에서 사람을 최대한 많이 구조하는 일로 축소되어 버린다. 이런 세계관은 예술을 만드는 일에 거의 동기를 부여하지 못하며, 예술을 하찮은 사치로 여기게 한다. 좀 더 미묘하게는, 계몽주의 패러다임 속에서 이성 중심의 지식을 우선시하는 신학교 교육의 영향을 받은 사람들도 있다. 이런 패러다임에서는, 예술가의 직감이나 촉각을 통한 지식은 기껏해야 아류의 지식이요 최악의 경우에는 진리에 대한 위협으로 여겨진다.

초월적인 종말 신학과 합리주의의 지배 모두 기독교 신앙의 구체화된 성격을 축소한다. 또한 이 둘은, 하나님이 가르치기 전에 먼저 창조하셨고, 그것도 심히 좋은 세상을 창조하셨다는 성경 이야기에 상충된다. 후지무라는 "가르치시는 하나님보다 먼저, 예술가이신 하나님이 우리에게 말씀하신다"라고 말한다.[6]

예술적 표현과 아름다움을 무시하면 신앙에 막대한 대가를 치르게

5 윈튼 마살리스도 켄 번즈(Ken Burns)가 연출한 다큐멘터리 시리즈 〈재즈〉(Jazz) 6화에서 비슷한 내용을 주장한다(Florentine Films, 2001).

6 Fujimura, *Art and Faith*, 7.

된다. 버나드 오드니(Bernard Adeney)는 다문화 윤리를 다룬 자신의 책에서, 다원주의 환경에서 많은 그리스도인이 겪는 신앙의 위기 중 일부는 그들이 다른 신앙 전통에서 발견되는 아름다움의 표현과 감각에 대한 주목에서 비롯된 것이라고 설명한다. 다른 신앙 전통에 나타나는 향과 몸의 자세, 시각적 아름다움에 호소하는 모습은 많은 그리스도인으로 하여금 지나치게 합리적이어서 인간 경험의 다른 차원을 간과해 온 개신교 신앙이 적실성이 있는지 의문을 품게 한다.[7] 이런 이유로, 기독교 공동체가 예술을 만들고 창의성을 추구하는 일은 우리의 신앙을 키우는 한 가지 방법이다. 아름다움을 통해 우리는 그리스도의 아름다우심을 경험하기 때문에 이로써 아름다움은 우리 증언의 일부가 된다.

예술가와 예술

안타깝게도, 예술가들이 교회에서 경험하는 소외감은 사회 전반에서 그들이 겪는 경험을 그대로 반영한다. 우리가 사는 도시와 지역사회는 예술가와 예술을 무시하는데, 이런 주변화는 복잡한 양상을 띤다.

특히 흥미로운 점은 예술가들과 교회가 비슷한 방식으로 주변화되어 있다는 사실이다. (나는 교회가 여전히 특권을 차지하고 있는 도시가 아니라, 후기 기독교 도시의 관점에서 하는 말이다.[8]) 예술가들은 밴쿠버 같은 후기 기

7 Bernard T. Adeney, *Strange Virtues: Ethics in a Multicultural World* (Leicester, UK: Apollos, 1995), 164. 『낯선 덕』(아카넷).

8 역사적으로 교회가 정치권력을 가졌던 시기에는 때로 예술이 어떻게, 어느 정도까지 기능할 수 있는지에 대해 제약을 받는 경우가 있었다. 세실리아 곤잘레스-안드리우(Cecilia Gonzalez-Andrieu)는 예술가들이 진실을 말하는 한, 그들이 의도했든 그렇지 않든 부패한 권력에 맞서는 비판적 세력이 될 것이라고 주장한다(*Bridge to Wonder:*

독교 도시들의 교회와 비슷하게 주변에 위치한다. 이들은 중요한 결정을 내리고 의견을 경청하고 가치를 우선시하는 중심부에 거의 초대받지 못한다. 교회처럼 예술가들은 사회 참여의 부르심을 분별하지만, 집행 기관이 아니라 도시의 영혼으로서 참여한다. 이런 식으로 문화 내부에서부터 문화를 위해 문화에 참여하는 예술가와 그리스도를 따르는 이들 사이에 끈끈한 연대감이 생긴다.

그러나 예술가와 예술의 주변성은 그리 단순하지 않다. 한편으로, 음악 산업을 장악한 슈퍼스타들은 막대한 부를 소유하고(십 대 청소년들의 방은 이들의 포스터로 도배되어 있다) 주변성과는 거리가 멀다. 그중에는 재능이 뛰어난 사람도 있지만, 그저 그런 사람도 많다. 그런가 하면, 모든 도시의 지역 음악가들은 음악 활동을 지속하기 위해 다른 일을 하기도 한다. 슈퍼스타를 능가하는 재능을 가진 사람이 있는가 하면, 그렇지 못한 사람도 있다. 전업 음악가였던 나는 공연과 리허설 외에도 날마다 연습에 매달렸다. 재즈가 인생의 전부였다. 하지만 막상 세금을 신고하려고 보니 수입이 너무 적어서 취미 활동으로 생각해도 될 정도였다! 시각 예술 분야도 마찬가지여서 운 좋은 소수에 부가 편중되어 있고, 재능이나 문화적 다양성, 젠더 다양성에 대한 감수성이 부족하다.[9] 세계화된 자본주의가 예술을 망치고 있다.

그 결과, 많은 지역 예술가는 심각한 좌절감을 느끼고, 예술가의 길을 선택한 것이 옳았는지 의구심을 품게 된다. 그렇다면 성경은 예술과 예술가를 어떻게 바라보는가? 복음은 예술가들에게도 좋은 소식인가? 복음은 세계화된 자본주의라는 수도관에 생긴 균열이며 우리가

Art as a Gospel of Beauty [Waco, TX: Baylor University Press, 2012], 103).

9 제리 살츠(Jerry Saltz)가 그렇게 주장한다: Barnes and Noble Podcast, "On Art is Life": www.youtube.com/watch?v=S2eCCMw0iQE.

증언할 기회가 될 수 있는가?

이런 질문들에 답하기 위해서 출애굽기에 나오는 성막 건축 본문으로 돌아가 보자. 하나님은 예술적 천재성을 지닌 두 장인 브살렐과 오홀리압을 택하셔서 이 창의적인 일을 이끌게 하신다. 하나님은 브살렐에 대해 다음과 같이 말씀하신다.

> 하나님의 영을 그에게 충만하게 하여 지혜와 총명과 지식과 여러 가지 재주로 정교한 일을 연구하여 금과 은과 놋으로 만들게 하며 보석을 깎아 물리며 여러 가지 기술로 나무를 새겨 만들게 하리라. 내가 또 단 지파 아히사막의 아들 오홀리압을 세워 그와 함께하게 하며 지혜로운 마음이 있는 모든 자에게 내가 지혜를 주어 그들이 내가 네게 명령한 것을 다 만들게 할지니.(출 31:3-6)

여기서 '기술'을 가리키는 히브리어 단어 '호크마'(hokmah)는 흔히 '지혜'로 번역된다. 구약성경에서 '호크마'는 하나님의 세상에서 잘 살아가는 삶의 기술을 의미한다. 히브리인들의 사고에 따르면, 예술적인 기술과 장인 정신은 사회적 관계의 지혜(잠 11:13), 재정의 지혜(잠 10:4), 여호와를 경외하는 지혜(시 111:10)와 연결된 지혜의 일종이다. '기술'이나 '지혜'라는 단어를 사용하면 예술가의 작업이 지엽적인 행위가 아니라 공동체 안의 다른 지혜의 표현들과 유기적으로 연결된 삶의 방식임을 보여 준다.

하나님은 출애굽기에서 성막과 성막 기구를 어떻게 지어야 하는지 알려 주셨지만(출 25-30장), 여전히 창의성을 발휘해야 할 결정 사항은 많이 있었다. 브살렐과 오홀리압을 비롯한 장인들은 창의적인 직감을 사용하여 예술가 고유의 지식을 행사하고, 이를 통해 전체 공동체의 예배에 리더십을 제공했다.

분별하여 보기

그렇다면 예술가들이 소유한 이 특별한 앎이란 무엇인가? 예술과 예술가의 소명에 담긴 신비는, 현실의 어떤 측면들을 유난히 선명하게 감지하는 능력과 관계가 있다. 예술가의 천재성은 기교나 타고난 능력뿐 아니라(그것도 물론 중요하다), 포착하기 힘든 방식으로 실재를 감지하고 분별하는 능력에서 찾아볼 수 있다.

이해를 돕기 위해, 재즈의 영향을 받은 시인 마이클 오시아드헤일(Michael O'Siadhail)은 재즈라는 예술을 우리 삶의 즉흥성에 비유했다. 오시아드헤일은 다음과 같은 이행시로 재즈 연주자의 고군분투를 묘사하는 표현을 찾으려 애쓴다.

> 견디는 순간과 꿈꾸는 순간 사이에서,
> 한 가지 목적, 한 가지 주제에 온전히 순종하네.[10]

바싹 마른 걸레에서 음악을 짜내는 듯 느껴질 때가 있다. "견디는 순간"이다. 그런가 하면 전기가 흐르듯 살아 있는 음악적 대화가 흘러나오는 때도 있다. "꿈꾸는 순간"이다. 이런 느낌에 비할 데가 있을까. 하지만 견디든 꿈꾸든 그 음악이 연주할 가치가 있다면 우리는 집요하게

10 Micheal O'Siadhail, "Flightline," in *Our Double Time* (Bloodaxe, Newcastle upon Tyne, 1998), 100.

하나의 선율, 곧 '주제'를 따라간다. 한 가지 주제를 끝까지 따라가려면 수많은 음악적 발상과 기회를 흘려보낼 줄 알아야 한다. "한 가지 주제에 온전히 순종하네." 내 경험을 보건대, 예술가의 이런 훈련은 진리를 좇는 직관적 추구다.[11]

명료하고도 영감 있게 현실을 표현하는 직관적 분별이라는 예술가의 재능은 확실히 복음과 깊이 연결되어 있다. 우리는 세상에 대한 진리를 분별함으로써 복음 이야기 속으로 들어가기 때문이다. "애통하는 자는 복이 있나니"(마 5:4). 제자들은 예수님이 세상을 보시는 방식으로 세상을 바라보는 법을 배우며, 그리스도께서 슬퍼하시는 것을 함께 슬퍼하고, 그리스도께서 기뻐하시는 것을 함께 기뻐한다. 마찬가지로, 재즈는 세상의 기쁨과 슬픔 가운데서 세상에 대한 진리를 표현한다. 재즈는 **있는 그대로**를 다루되 눈물로 표현하면서도 희망을 제공하며, 복음 또한 **있는 그대로**를 다루되 선한 것은 긍정하고 망가진 것은 구속한다. 따라서 창조 세계를 인식하는 예술가의 작업은 복음과 연결될뿐더러 부분적으로나마 복음을 표현하기까지 한다. 예술가들은 창조 세계의 풍성한 자수 무늬를 가리키고, 고쳐야 할 구멍을 드러내며, 세세한 보수 작업을 보여 준다(예술가가 그리스도를 알든 알지 못하든 상관없다).[12] 물론, 남들처럼 예술가의 관점도 왜곡될 수 있다. 그러나 예술가와 그리스도의 제

11 대규모로 소비되는 대중 양식과 달리, 예술은 항상 관객에 맞추어 만들어지지는 않는다. 캐롤 배커(Carol Becker)는 예술을 동화시키는 것은 "예술의 전복성을 허용하는 필수적인 긴장을 좌절시키는 것"이라고 말한다. ("Herbert Marcuse and the Subversive Potential of Art," in *The Subversive Imagination: Artists, Society, and Social Responsibility* [New York: Routledge, 1994], 126.)

12 매리 맥캠펠(Mary W. McCampell)은 예술과 공감을 다룬 자신의 책에서 이렇게 주장한다.: "사랑 그 자체가 창조주와의 연결에서 탄생하는 풍부한 창의성의 행위다"(*Imagining Our Neighbors as Ourselves: How Art Shapes Empathy [Minneapolis: Fortress*, 2022], 192).

자들 사이에는 밀접한 연대감이 있다. 우리는 분명히 들으려 애쓰고, 문화 안에서 문화를 상대하지만, 동시에 문화의 주변부에 서 있기 때문이다.

교회 안의 예술가들

이런 독특한 감수성을 지닌 존재들, 곧 예술가들을 예배 공동체는 어떻게 품을 수 있을까? 바바라 니콜로시(Barbara Nicolosi)는 이렇게 말한다. "세상에는 두 종류의 사람이 있다. 예술가와 예술가를 후원해야 할 사람이다. 당신은 어느 쪽에 해당하는지 알아보고, 맡은 바를 힘껏 추구하라."[13] 예술가가 당신 교회를 집처럼 편안하게 생각하게 된다면 큰 축복이다. 그들이 소속감을 갖도록 격려할 방법이 많지만, 안타깝게도 그 반대의 일도 쉽게 할 수 있다! 몇 가지 방안을 이야기해 보자. 우리 교회에는 상주 예술가 프로그램이 있어서, 1년간 시각 예술가 한 명을 상주 작가로 선정한다. 그에게는 적게나마 급여도 지급한다. 상주 예술가는 교회력과 공동체가 탐구하는 주제에 맞는 작품을 만든다. 예배 공간을 꾸미는 것도 돕는다. 매년 한 절기씩 상주 예술가는 교인들과 함께하는 공동 예술 작업을 이끈다.[14]

음악 쪽으로는 내가 우리 교회에서 매년 재즈 저녁 기도 예배를 인

13 Barbara Nicolosi, "What Exactly is an Artist, and How Do We Shepherd Them?," in W. David O. Taylor, *For the Beauty of the Church: Casting a Vision for the Arts* (Grand Rapids, MI: Baker, 2010), 104.

14 이전 동료이자 목판화 작가인 조이 뱅크스(Joy Banks)가 상주 예술가들과 함께 작업했다.

도한다. 우리 교회 재즈 예배는 예술과 음악, 시 낭송과 전례를 통해 예배하는 시간이다. 나는 교회 내의 창의적인 사역자들과 동역하는 한편, 그리스도를 모르는 연주자들을 초청하여 밴드에서 함께 연주한다. 내 음악가 친구들은 우리 기독교 공동체가 온 마음으로 드리는 예배를 경험하며 놀라워한다. 또한 우리 공동체가 지역사회에서 하고 있는 사역에 대해 듣고는 놀란다. 나는 목회자로서 시간을 들여 전문 음악가들을 멘토링하고, 그들의 소명에 관심을 기울인다. 예술가들이 공동체에 주는 선물(포착하기 힘든 창조 세계를 인식하고 분별하는 재능)에 일단 눈뜨면, 자연스럽게 예술가들과 함께 배우려 하게 된다.

거의 모든 것에 깃든 창의성과 아름다움

내가 시드니 컨서버토리엄 오브 뮤직(Sydney Conservatorium of Music)에서 재즈를 공부할 때 재즈 피아노의 거장 마이크 녹(Mike Nock)이 '밴드 워크숍' 수업을 지도했다. 우리가 재즈 앙상블로 연주하면 마이크는 합주에 필요한 기술과 개념을 가르쳐 주었다. 한번은 마이크가 연주 도중에 밴드를 제지하더니 춤을 추기 시작했다. (대다수 재즈 연주자는 춤을 잘 못 추는데 그는 예외다.) 그가 우리에게 말했다. "재즈 음악은 춤이에요! 느낌이 좋아야 합니다! 사람들을 춤추고 싶게 만들어야 합니다!" 마이크는 우리가 그 리듬, 그 탄력으로 연주하도록, 그래서 사람들이 발을 구르고 리듬을 느낄 수 있도록 훈련하고 있었다. 최상의 상태인 교회도 춤이다.

창의성이 없다면 성경 이야기에서 우리가 맡은 부분을 즉흥적으로 살아 낼 수 없다. 창의성이란 새로운 문화적 순간에 우리 각자의 이야기 흐름 속에서 상상력 넘치는 반응을 보이는 능력이기 때문이다. 우리는 주거 문제, 교회 회의 방식, 소외된 이웃에 대한 반응, 교역자 돌봄, 지역 농산물 공급 등 거의 모든 면에서 창의적일 수 있다. 물론, 전통과 교회력, 절기, 익숙한 형식에 대한 공간도 충분해야 한다. 하지만 우리 이웃과 교회 공동체 내의 독특한 은사들을 고려하면서 사려 깊게 전통을 수용하려면 창의성이 필요하다.

그런 창의성을 발휘하는 첫 단계는 교회 벽을 새로 칠하는 것처럼 작은 일일 수도 있다. 설교자들이라면 설교 시리즈를 앞두고 새로운 창의적 형식을 시도할 수도 있다. 그러니 오티스 모스 3세의 표현대로 "성령님께 복종하고 거룩한 상상력을 옷 입으라."[15]

그리스도를 따르는 이들은 캘빈 시어벨드(Calvin Seerveld)의 유명한 책 제목처럼 "타락한 세상을 위한 무지개"를 창조할 수 있다.[16] 확실히, 함께하는 공동의 삶에서 사도행전의 다음 장을 즉흥적으로 써 내려갈 모든 사람은 예술가다. 지역에 뿌리내린 아름다움을 추구하고 예배 음악을 포함하여 세계화되고 상업화된 예술 형태를 거부하는 모든 사람은 예술가다. 이 모두가 창조적인 행위다. 우리는 우리 가운데 있는 전문 예술가나 아마추어 예술가에게서 그런 창의성을 위한 기술과 기질을 배울 수 있다. 그 창의성은 대개 예술과는 관련이 없는 우리 공동의 삶과 증언의 모든 영역에서 필요하다.

---

15 Otis Moss III, *Blue Note Preaching in a Post-Soul World: Finding Hope in an Age of Despair* (Louisville: Westminster John Knox, 2015), 26.

16 Calvin Seerveld, *Rainbows for the Fallen World* (Downsville, ON: Toronto Tuppence, 1980).

예배의 창의성과 예술

어떻게 하면 창의성과 예술을 예배에 도입할 수 있을까?

해마다 사순절 첫 번째 주일에 우리 교회에서는 '할렐루야를 적은 종이를 집어넣어 둔다.' 아이들은 각자 예쁜 글씨로 '할렐루야!'라고 쓴 종이를 한 장씩 들고 온다. 예배당 앞쪽에는 낡은 여행 가방을 가져다 놓고 '부활절행'이라고 쓴 꼬리표를 붙인다. 예배 시간에 아이들은 각자의 할렐루야를 들고 나와 여행 가방에 넣는다. 우리는 여행 가방을 닫으면서 부활주일에 다시 열어 볼 거라고 설명해 준다. 그때까지는 사순절 동안 십자가를 향해 여행하는 중이기 때문에 '할렐루야'라는 가사가 들어간 노래를 부르지 않는다고 아이들에게 말한다.[17] 그리고 부활주일이 되면 가슴 벅찬 감격으로 '할렐루야'를 찬양한다! '할렐루야를 넣어 두는' 이 연례 전통은 창의성과 (아동 예술을 포함한) 예술이 우리가 속한 이야기를 구체화하여 우리가 감각과 상상력을 동원하여 그 속으로 들어갈 수 있게 도와줄 수 있음을 잘 보여 준다.

하지만 역사적으로 개신교 예배는 예술과 창의성과 불편한 관계였는데, 이 부정적인 관성은 오늘날 우리에게도 여전하다. 중세 시대에는 라틴어로 미사를 드렸기 때문에 성경, 성인, 하나님 등을 표현하는 시각 자료를 포함한 시각 예술은 신앙생활에서 필수적인 수단이었다.[18] 그러나 성경이 일상어로 번역되기 시작하면서 종교개혁기 예배 개혁에는 '성상 파괴'도 포함되었다. 예배에서 형상의 사용을 금지했

---

17 사순절 기간의 성만찬 예배에서는 '할렐루야'를 사용하지 않는 전통 전례 관습에서 나온 것이다.

18 더 자세한 내용은 James F. White, *A Brief History of Christian Worship* (Nashville: Abingdon, 1993), 90을 보라.

다. 성상 파괴의 주요한 동기는 신학적 이유 즉 우상 숭배를 거부한다는 목적이었다. 이는 하나님의 형상을 만들고 거기에 절하는 것을 금하는 십계명의 두 번째 계명에 근거했다(출 20:4-6; 신 5:8-10). 거기에는 더 넓은 교회적 동기도 있었는데, 형상과 성물의 소유는 부자들만의 특권으로 여겨졌고 이것이 부패를 낳았기 때문이다. 그래서 종교개혁기에는 시각 중심에서 청각 중심으로의 변화가 이루어졌다. 기록되고 선포되는 말씀에 초점을 맞추었다.[19]

물론, 16세기 종교개혁가들이 말씀과 성례를 강조하고 우상 숭배와 부패를 거부하여 교회를 바로잡은 것은 중요했다. 그럼에도 개혁가들의 성상 파괴가 모든 시대에 꼭 필요하다는 듯이 그것을 보편화하는 것은 큰 실수다.[20] 오늘날 개신교 예배의 예술을 둘러싼 긴장의 핵심에는 기록되고 선포된 하나님 말씀에 대한 개신교의 헌신이 자리하고 있다. 일부 전통에서는 예술, 특히 시각 예술과 음악이 말씀에서 주의를 분산시키거나 말씀을 받는 방식을 왜곡할 수 있다는 인식이 생겨났다.

출애굽기의 3부 구조는 이 긴장을 타파할 방법을 제공한다. 출애굽기는 해방자 하나님으로부터 시작한다(출 1-17장). 출애굽기의 중심부는 모세를 통해 시내산에서 율법을 주시는 내용이다(출 18-24장). 세 번

19 종교개혁 시대 개혁주의 사상에서는, '예배의 규정적 원리'라는 것이 성경에서 가르치는 것으로 예배의 요소를 한정했다. 이런 맥락에서, 웨스트민스터 신앙고백서는 이렇게 말한다. "참되신 하나님을 예배하는 합당한 방식은 그분이 친히 정해 주셨으므로 그분의 계시된 뜻 안에서 한정되어 있다"(21.1). 리처드 프래트(Richard L. Pratt)는 규정적 원리에 대한 유용한 논의를 제공한다("The Regulative Principle," Thirdmill, www.thirdmill.org/articles/ric_pratt/TH.Pratt.Reg.Princ.html).

20 신구약 모두에 나오는 하나님에 대한 다양한 이미지를 생각해 보라. 그중 일부는 초기 기독교 예술에도 반영되어 있다. 하나님은 어린양, 반석, 사자, 떡, 빛, 물, 바람, 날개, 요새, 구원자, 어머니, 아버지 등으로 묘사된다.

째 부분은 창조 작업이다. 모세의 총감독 아래 브살렐과 오홀리압이 예술가 팀을 이끌어 성막과 성막 기구를 제작한다(출 25-31; 35-40장). 출애굽기의 이 3부 구조(해방, 말씀, 제작)가 우리에게 균형감을 줄 수 있다. (제대로 이해했다면) 말씀이 창의성을 억제하지 않을까 두려워하지 않아도 된다. 창의성이 말씀을 왜곡할 것이라는 우려도 근거가 없다.[21] 출애굽기는 하나님의 강력한 임재를 갈망하는 공동체(출 25:8)에는 말씀과 예술이 모두 필요함을 잘 보여 준다. 출애굽기의 이 세 부분에 근거하여 우리는 **말씀**, **정의**, **예술**이 함께 신실한 기독교 공동체를 형성한다고 제안할 수 있다.[22]

단순히 예배 음악 예닐곱 곡을 부르는 것을 넘어서서 우리는 어떻게 예배에서 창의성을 표현할 수 있을까? 첫째, 서두르지 않는다. 누구라도 키치, 즉 피상적인 창의성에 빠지기는 쉽다. 하지만 고대 전통과 지역의 아름다움, 공동체의 은사에도 열려 있으면서 심오한 창의성이 드러나고 신선한 의식을 개발하려면 시간이 걸린다. 당신의 상상력을 일깨워 주기 위해 우리에게 의미가 있었던 실제적인 아이디어를 몇 가지 소개한다. 우리 공동체에서 사순절 첫 번째 주일에 할렐루야 종이를 여행 가방에 넣는 전통에 대해서는 이미 언급했다. 우리는 사순절 기간 내내 강단에 십자가를 세운다. 십자가에서부터 성찬대까지 마대천을 늘어뜨려서 그리스도가 십자가로 향하시는 길을 형상화한다. 매

21 제레미 벡비(Jeremy S. Begbie)는 기독교 교리와 예술과 관련하여 같은 주장을 펼친다(*A Peculiar Orthodoxy: Reflections on Theology and the Arts* [Grand Rapids, MI: Baker Academic, 2018], vii).

22 종교개혁 시대부터 물려받은, 예배에 예술을 사용하기 꺼리는 태도는 성경의 관점에서 성립되지 않는 잘못된 이분법을 낳는다. 이 이분법에는 논리와 창의성, 영성과 구체화, 경외와 상상, 전통과 즉흥성, 인지적 지식과 감각적 지식의 분리가 포함된다. 이 모든 대립은 그리스도의 성육신 앞에서 무너진다.

주 예배를 시작하면서 그리스도 촛대에 불을 밝힌다. 주일마다 리더는 (촛대 위) 촛불을 십자가로 향하는 '길'을 따라 한 걸음씩 옮긴다. 그리스도의 여정을 일깨우는 그리스도 촛불의 여정은 사순절 기간에 우리 예배와 공동체 삶의 틀을 형성한다.

어느 해엔가는 사순절을 준비하면서 아내가 예배 지도자들을 위한 수련회를 열었다. 아내는 참가자들에게 "세상 죄를 지고 가는 하나님의 어린양, 자비를 베푸소서"라는 고대 시에 곡을 붙여 보라고 청했다. 그러면서 참가자들의 작곡도 지도해 주었다. 수련회가 끝나고 아름다운 노래가 여덟 곡이나 탄생했는데, 그중 일부는 지금까지도 교회에서 불리고 있다. 또 다른 사순절 기간에는 예술가이자 목사인 조이 뱅크스(Joy Banks)가 우리 교회 상주 예술가와 함께 도자기 프로젝트를 진행했다. 도자기를 깨뜨려 조각으로 만든 다음, 교인들은 깨진 조각에 그리스도의 치유가 필요한 자기 삶의 영역을 써 보았다. 그러고 나서 실로 조각들을 연결했다. 리본으로 묶어 지붕에 매단 조각들은 기도 가운데 하나님께 올려진 우리의 간절한 마음을 잘 표현해 주었다. 서로 짐을 져 주고 예배 가운데 하나님의 아름다우신 돌봄을 경험하는 아름다운 경험이었다.

이 모두는 예배에서 우리의 직감, 곧 오감에 호소하는 창의성을 활용한 사례들이다. 이런 실천들은 미학과 아름다움, 상징의 가치를 드러낸다. 이상적으로는, 전통에서 비롯된 예전과 실천을 지역사회와 공동체 속 다양한 문화권의 미학과 통합할 수 있어야 한다.

교회는 인간 경험의 기쁨과 슬픔 그리고 하나님의 기쁨과 슬픔을 표현하는 예술적 표현과 창작, 노래, 글쓰기에 탁월해야 한다. 교회 밖 예술가들처럼 우리도 교회 안에서 이 일을 해내야 한다. "아름다움은 하나님을 경험하고 맛보는 것이다. 우리가 아름다움을 추구하는 이유는 우리 이웃에게 하나님과의 그 연결성이 필요하기 때문이다."[23] 예술가의 분별은 그리스도인의 증언에서 섬세함과 해석의 가치를 부각시킨다. 이를 더 자세히 살펴보기 위해 이제는 제2부 리듬으로 넘어가 보자.

---

23 스티븐 고메즈, 2023년 3월 28일 개인적인 대화.

음악에서 리듬이란 시간의 흐름에 따른 음계의 진행을 가리킨다. 재즈 음악에서는 흔히 '박자를 맞춘다'라는 개념을 생각보다 느슨하게 받아들이는 경향이 있다. 재즈 연주자들은 정확한 박자에 음을 칠 수도 있고, 살짝 앞서 치거나 살짝 뒤에 칠 수도 있다. (대충 연주하는 것이 아니라) 의도를 가지고 이렇게 연주한다면, 한 음 한 음이 모두 정확한 음이 될 수 있다. 우리가 음을 연주하는 위치는 음악 전체에 중요한 해석적 영향을 미칠 수 있다. 최고의 베스트셀러 음반인 마일즈 데이비스(Miles Davis)의 〈카인드 오브 블루〉(Kind of Blue)에 수록된 "쏘 왓"(So What)의 유명한 선율을 생각해 보자. 이 곡에서 베이스 연주자 폴 체임버스(Paul Chambers)는 정확한 박자보다 약간 늦게 연주하면서 멜로디를 이끌어 간다. 그러는 사이 드러머 지미 콥(Jimmy Cobb)은 박자를 정확히 맞추어 라이드 심벌을 연주한다. 이런 음의 배치가 만들어 내는 베이스와 라이드 심벌의 리듬 차이는 두 악기만으로 연주하는데도 듣는 이들에게 엄청난 에너지와 기대감을 불러일으킨다.

이 책의 2부 "리듬"에서는 교회를 새롭게 연주하기 위한 다음 네 음을 다룬다. 폴리리듬의 예배, 공동의 삶, 치유와 친족 관계와 모성적 돌봄, 창조 세계가 그것이다. 각각의 네 음은 나머지 세 요소와의 음악적 대화 가운데서 해석할 수 있다. 우리 공동체의 성격과 지역사회의 아름다움에 반응하여 이 음들을 세심하게 배치한다면, 그 음악은 하나님 나라의 가능성에 대한 우리의 상상력을 변화시켜 공동체에 엄청난 활력을 불어넣어 줄 수 있다.

제2부

리듬

5장

폴리리듬의 예배

성육신적 공동체는 진정으로 예배한다. 고대 기독교 전통을 따라 예배하기도 하고, 지역에서 나온 전례를 따르기도 한다. 어느 쪽이든 우리는 사려 깊게 예배한다. 우리 밴쿠버 교회의 예를 한 가지 들어보겠다. 매년 오순절에는 예배 전에 누군가가 긴 나무 사다리를 타고 천정까지 올라가서 실링팬 날개 위에 신선한 장미 꽃잎을 한가득 쌓아 둔다. 예배 중 사도행전 2장을 낭독하다가 성령님이 사도들이 모여 있던 집 안에 임하시는 대목에 다다르면, 꽃잎이 날아가도록 실링팬을 작동한다! 공중을 돌던 꽃잎이 신자들 머리 위에 새로운 집을 찾아 부드럽게 내려앉는 사이, 우리는 아름다움과 즐거움, 창조와 돌봄, 투자한 시간과 섬세한 작업, 공동체, 성령님, 그리고 낡고 긴 나무 사다리를 떠올린다. 해마다 말이다.

공동 예배 안에는 신선한 성경적 창의성을 발휘할 잠재력이 무궁무진한데도, 이상하게도 서양 교회의 예배를 둘러싼 창의성은 부족한 경향이 있다. 너무나 많은 개신교 예배가 유명 미국 대형 교회의 예배를 흉내 내면서 몇 가지만 개교회에 맞추어 변형하는 듯한 인상이다. "우리 교회는 베델이나 힐송과 얼마나 비슷한가? 많이 닮을수록 더 좋다"는 것이 예배를 평가하는 핵심 질문인 것 같다. 이런 공동 예배 형식이 세계화되면서 지역의 고유한 미학과 다른 문화의 풍성한 자원을 밀어내는 경향이 생겼다. 그런 예배는 개인주의적이며, 어쿠스틱 기타를 메고 운동화를 신은 삼십 대 백인 남성의 모습으로 상징된다. 이렇듯 만연한 모방은 지역의 창의성을 펼쳐 낼 기회를 차단하는데 이는 매우 역설적이다. 공동 예배에는 독창성과 창의성의 원조라고 할 수 있는 예술가와 예술이 필요하기 때문이다. 풍성한 미학 전통을 지닌 흑인과 라틴 교회들은 이런 비판에서 중요한 예외라고 할 수 있다.

나는 성경 이야기와 성육신적 공동체를 충분히 이해하고 상상할 줄 아는 친구들조차도 자신들도 모르는 사이에 이러한 종류의 모방에 빠져드는 모습을 보아 왔다. 그렇게 되면 의도적인 공동체를 향한 희망의 여정이 정반대 길을 걷게 된다. 당신이 "이것은 내 몸이니라…"라는 예수님 말씀 이후로 가장 성육신적인 설교를 전하면서도 예배의 나머지 부분에서 다른 이야기, 곧 서양 문화 이야기를 전하게 된다면, 모든 노력은 헛되고 말 것이다. 선교적 대화와 예배 대화가(같은 이유로 설교 대화도) 단절되었다는 것이 문제다. 이런 일이 벌어질 때 우리의 증언은 체화되지 못하고 우리 공동의 삶을 형성하지도 못한다. 이 장에서는 공동체를 새롭게 연주하는 다섯 번째 음계, 성육신적 공동체 안에서 기독교 예배를 새롭게 하는 길을 모색한다.

우리가 예배하는 방식이 우리 증언과 공동체의 모습을 결정한다. 따라서 나는 폴리리듬 안에서 예배를 새롭게 생각해 보기를 제안한다. 폴리리듬의 예배가 예배를 새롭게 하는 유일한 비유는 아니지만 도움이 될 것이다. 이렇게 설명해 보자. 폴리리듬(polyrhythm)이란 서로 변형하거나 복제하지 않은 두 개 이상의 리듬 패턴이 겹쳐서 연주되는 것을 말한다. 가장 단순한 형태는 2대 3 폴리리듬이다. 먼저, 왼손으로 1-2-1-2박자를 두드려 보다가 오른손으로 1-2-3박자를 두드린다. 그 다음에는 왼손으로 1-2를 두드리는 동안 오른손으로 1-2-3을 두드리는 것이다. 쉽지 않다. 하지만 이 리듬을 몸으로 느끼면서 일단 적응하고 나면 신세계가 열린다.

재주 연주자들이 하나의 타임필 안에서 또 다른 타임필을 연주할 때 폴리리듬은 더 깊이 있고 풍성해진다. 이상하게 들리는가? 디즈니 영화 〈백설공주〉에 삽입된 유명한 재즈 연주곡 "섬데이 마이 프린스 윌 컴"(Someday My Prince Will Come)은 3/4박자다. 만약 각 마디를 반으로 나누고 중간에 강세를 넣으면, 마디의 시작과 중간 이렇게 한 마디에 두 박을 만들 수 있다. 이 두 박자 느낌을 원래의 3/4박자에 겹쳐 놓으면 2대 3의 느낌, 즉 우리가 방금 손으로 두드렸던 폴리리듬을 만들 수 있다.

재즈 피아니스트 데이브 브루벡(Dave Brubeck)은 "섬데이 마이 프린스 윌 컴"을 연주할 때 때로는 세 박자보다 두 박자에 집중해서 연주하곤 했다. 나머지 밴드는 세 박자로 연주하지만 브루벡만 두 박자로 연주했다. 그가 녹음한 "섬데이 마이 프린스 윌 컴"에서도 이를 확인할 수 있는데 한번 들어보기 바란다.[1] 이런 훌륭한 연주자가 다른 타임필을 겹쳐서 연주하는 것을 듣노라면 귀가 호강할 뿐 아니라, 마치 주변 공간이 움직이는 듯 느껴져서 당신의 현실 감각 자체를 바꿔 버린다.

---

1 브루벡은 〈데이브 디그스 디즈니〉(*Dave Digs Disney*) 음반(Columbia Records, 1957)에 수록된 "섬데이 마이 프린스 윌 컴" 피아노 솔로의 세 번째 코러스 후반부에서(5:00) 이렇게 연주한다.

우리는 성육신적 공동체를 세운다는 목적을 가지고 폴리리듬으로 예배하는 법을 배울 수 있다. 사실, 나는 후기 기독교 시대에서 교회가 번성하는 데 필요한 깊이를 얻으려면 이것이 꼭 필요하다고 생각한다(아내와 동역하면서, 예배를 폴리리듬으로 생각하는 이런 사고방식을 개발하게 되었다). 성육신적 공동체에 특히 잘 들어맞는 네 가지 리듬 층은 다음과 같으며, 이것들을 겹쳐 놓으면 풍성한 예배를 만들 수 있다. 1. 성경 이야기의 리듬, 2. 우리 공동체의 리듬, 3. 우리 지역사회의 리듬, 4. 더 넓은(세계적이고 역사적인) 교회의 리듬.

드럼 스틱을 잡고 이 리듬을 연주하기 전에, 우리가 이야기하고 있는 이 예배의 중요성에 대해 다시 한번 생각해 보자. 하나님께 대한 응답으로 살아가는 삶 전체가 예배다. 우리는 음식을 만들고 요가 자세를 취하고 출퇴근을 하고 일하는 우리의 모든 일상을 '코람 데오'(*coram deo*), 즉 하나님 앞에서 한다(시 56:13). 그리고 주일에는 모여서 열정적으로 예배한다. 성령님이 특별한 방식으로 나타나셔서 우리를 성경 이야기 속으로 다시 서술해 주시고, 월요일부터 토요일까지 우리를 둘러싼 경쟁하는 이야기들 속에서 신실하게 살아갈 수 있게 빚어 주신다. 주일에 우리는 다른 모든 날에 늘 하고 있는 일을 연습한다.

아내는 가끔 우리 교회 예배 리더들을 훈련한다. 아내는 다음과 같은 말로 훈련을 시작하곤 한다. "저는 예배를 사랑합니다. 예배는 막혀 있던 것들이 움직이는 자리입니다. 예배는 한 주의 중심을 이루는 리듬입니다. 예배는 하나님이 저를 가장 강력하게 만나 주시는 곳입니다." 이 장에서는 우리가 주일에 모일 때 벌어지는 일을 가리켜 '예배'라는 표현을 사용하려 한다. 12장 "기도"에서는 기도와 말씀 안의 예배가 어떻게 한 주 전체로 흘러넘칠 수 있는지 살펴볼 것이다.

폴리리듬의 예배

앞서 언급한 세계화된 대형 교회 모델의 대안을 떠올리려면 약간의 상상력이 필요하다. 이 점을 염두에 두고, 우리는 예배를 다음을 포함한 폴리리듬으로 생각해 볼 수 있다. 1. 성경 이야기, 2. 우리 공동체, 3. 우리 지역사회, 4. 더 넓은 교회.

성경의 리듬 예배는 성경에 나오는 구속 이야기의 리듬에 주의를 기울이면서, 정해진 박자에 맞추어 우리 공동체를 그 이야기 속으로 초대한다. 예배의 다양한 요소는 다양한 방식으로 성경 이야기와 연결된다. 예를 들어, 죄의 고백은 (다른 많은 본문 중에서도) 창세기 3장과 이스라엘의 포로기와 연결된다. 또 다른 예로 예배 마지막의 파송 순서는 사도행전 1-2장을 구체적으로 보여 준다.

우리 공동체의 리듬 예배 순서를 계획할 때는 성령님이 우리 가운데 하고 계신 일을 분별해 가면서 목회적으로 예배를 구성할 수 있다. 예배는 하나님이 과거에 어떻게 우리 공동체를 만나 주셨는지를 적용할 수 있다. 이 장 앞부분에서 소개한 오순절 의식은 성령님의 리듬과 우리 공동체의 리듬이 겹쳐진 예시다.

우리 지역사회의 리듬 성육신적 공동체는 '지역에 기반한' 의식과 노래, 기도를 창작하여 지역사회의 미학과 상징, 가치관을 반영할 수 있다. 전통적인 전례도 가치가 있지만, 각각은 그만의 독특한 도전에 반응하여 나름의 맥락에서 만들어진 것이다. 우리는 우리 공동체가 마주한 기회와 도전에 대응하도록 우리를 양육하고 형성하는 전례를 만들 수 있다!

우리가 사는 이스트 밴쿠버 지역을 반영하는 예배의 간단한 예로 종려주일에 삼나무 가지를 흔드는 의식을 들 수 있다. 밴쿠버 숲과 거리 곳곳에는 삼나무 향이 가득하다. 그래서 고난주간을 시작하면서 삼나무 가지를 흔드는 건 꽤나 자연스럽다. 민속 음악으로 예배를 준비하는 일은 조금 더 수고가 필요하다. 우리 동네는 사람들이 만돌린을 들고 다니거나 몸을 다 가릴 만큼 헐렁한 체크무늬 재킷을 입고 다니는, 수수하고 편안한 곳이다. 그래서 예배 음악도 민속 음악 형식으로 연주한다. 어떤 음악가들은 그 형식으로 하나님이 지난 여정에서 우리 공동체를 어떻게 만나 주셨는지를 표현하는 곡을 쓰기도 한다. 당신이 사는 동네에서는 어떤 미학과 상징이 그 지역의 삶을 반영할지 궁금하다.

더 넓은(역사적이고 세계적인) **교회의 리듬** 기독교 역사에서 유래한 전례 전통은 우리가 다른 맥락과 시대의 풍부한 신앙 표현을 사용하여 하나님과 교제하는 가운데 우리를 성인 공동체와 연결해 준다. 지난 2,000년간 기독교 예배는 시대와 문화를 넘나들며 깊어지고 넓어져서 다양해졌다. 풍성한 역사적 전례를 들여다볼 수 있는 창문으로 "빛으로 나아옴"이라는 고대 전례를 생각해 보자. 이 전례는 3세기 초 문헌 『사도전승』(*Apostolic Tradition*)에 기록되어 있다. 로마에 흩어져 있는 가정 교회들을 상상해 보자. 저녁 예배를 시작하면서 부제가 집 안에 등불을 켜면, 감독(오늘날의 목사)은 그날 하루를 되돌아본다. 이 예식에서 두드러지는 주제는 하나님의 선물이다.

> 하나님, 당신의 아들 예수 그리스도 우리 주를 통해, 우리에게 빛을 비춰 주시는 그분을 통해 우리에게 꺼지지 않는 빛을 드러내시니 감사합니다. 그래서 우리는 하루를 다 마치고, 당신이 우리의 만족을 위해 창조하신 하루의 빛을 온전히 누린 채 밤이 시작되는

시간에 이르렀습니다….[2]

그리스도의 빛과 온종일 우리에게 만족을 준 태양의 빛을 연결하는 이 내용은 공동체가 함께 하루를 마무리하기에 더할 나위 없는 말씀이다.

하지만 이조차 수많은 전통 중 하나에 불과하다! 역사적 전례를 다룬 입문서가 필요하다면 멜바 윌슨 코스튼(Melva Wilson Costen)의 *African American Christian Worship*(아프리카계 미국인들의 기독교 예배)과 노섬브리아 공동체가 펴낸 *Celtic Daily Prayer*(날마다 드리는 켈트 기도)가 좋은 출발점이 될 것이다.[3]

6장 "공동의 삶"에서 다루겠지만, 예배는 우리 교회와 이웃 안에 존재하는 다양한 문화 전통도 반영해야 한다. 이를 위해서는 다양한 문화적 목소리가 예배를 설계하고 인도하는 데 참여하는 것이 중요하다. 다문화 예배를 다룬 유용한 자료로는 샌드라 마리아 반 옵스탈(Sandra Maria Van Opstal)의 *The Next Worship: Glorifying God in a Diverse World*(다음 예배: 다양성의 세계에서 하나님을 영화롭게 하기)를 추천한다.[4]

폴리리듬으로 예배한다는 것은 예배를 설계할 때 이 여러 리듬을 겹겹이 쌓아 올리는 것을 의미한다. 어떤 예배의 한 순간에는 하나 혹은 두 개가 이 중에 두드러질 수 있다. 만약 이 네 가지 리듬을 모두 염

2 Alistair C. Stewart, *On the Apostolic Tradition: An English Version with Introduction and Commentary* (New York: St. Vladimir's Seminary Press, 2015), 133-34 [25].

3 Melva Wilson Costen, *African American Christian Worship* (Nashville: Abingdon, 1993); *Celtic Daily Prayer: Prayers and Readings from the Northumbria Community* (New York: Harper One, 2002).

4 Sandra Maria Van Opstal, *The Next Worship: Glorifying God in a Diverse World* (Downers Grove, IL: InterVarsity Press, 2016).

두에 두어야 한다는 생각이 부담스럽다면, 다음에 나오는 재즈의 예시가 도움이 될지도 모르겠다.

재즈 드럼의 거장 아트 블래키(Art Blakey)는 지난 35년간 재즈 메신저스(Jazz Messengers)의 리더로 활동하며 재즈 역사에 깊은 흔적을 남겼다. 재즈 메신저스는 세계적인 수준의 재즈 그룹이었을 뿐 아니라, 젊은 세대 음악가를 배출해 내는 양성소였다. 연습 시간에 솔로 연주자가 애를 먹으면 드럼 앞에 앉아 있던 아트 블래키는 "네 이야기를 하라고!"라고 소리를 치곤 했다. 블래키의 말은 연주자가 집중하여 솔로 연주에서 일관성을 찾고 마음을 담아 연주할 수 있도록 도와주었다. 어쩌면 블래키의 조언은 당신이 예배 준비에 집중하는 데도 도움이 될지 모른다. "당신 이야기를 하세요!" 블래키의 말은 성경 이야기와 우리 공동체의 이야기, 우리 지역사회의 이야기, (세계적이고 역사적인) 교회 이야기를 한데 엮어야 한다는 사실을 아주 직관적인 차원에서 일깨워 준다. 그냥 당신의 이야기를 들려주면 된다.

신명기 16장 1-17절

이러한 폴리리듬을 어떻게 연주할 수 있을지 상상력을 풍성하게 하기 위해 내가 성경에서 가장 좋아하는 본문을 소개하고 싶다. 바로 신명기에 나오는 절기력이다(신 16:1-17). 이 내용은 잔치를 즐기면서 예배하라는 고대의 요청이다. 자, 이제 우리도 악기를 들고 잔치로 가서 폴리리듬을 연주해 보자.

신명기 16장 1-17절은 하나님의 옛 백성에게 여호와 앞에 드리는 연례 추수 절기에 참여하라고 말씀한다. 땅을 허락하신 야웨의 관대하심과 거기서 수확을 거두는 기쁨의 노동은 공동체를 감사의 잔치로 이끈다. 하나님의 백성이 예배하는 모습을 지켜보자!

우선, 밀과 보리를 추수하기 직전인 초봄에 하나님 백성은 "택하신 곳"에 가서 유월절과 무교절을 지킨다(신 16:1-8). 그다음에 가족 농장으로 돌아와서 밀과 보리를 수확한다. 수확하고 일곱 주가 지난 후에는 칠칠절, 곧 성령강림절을 지킨다(신 16:9-12). 여름이 무르익어 기온이 오르면 덩굴 식물과 나무에 과실이 익어 간다. 이 시기의 기온은 시드니나 토론토와 비슷하다. 그리고 가을이 되면 가을에 포도와 올리브를 수확한다. 포도는 발로 밟아 포도주를 만들고 올리브는 짓이겨서 기름을 짠다. 가을 추수 후에는 하나님이 택하신 곳에서 일주일 내내 초막절을 지킨다(신 16:13-15). 모든 절기 중에서도 이 절기가 한 해의 하이라이트다! 유대 전통에서 초막절은 그냥 '그 잔치'라고만 불리기도 한다!

우리는 이런 고대 절기에서 예배를 구성하는 네 부분을 찾을 수 있다. (1) **애도**: 하나님 백성은 애굽의 고난과 해방을 기억한다. (2) **선물**: 야웨는 땅과 땅의 소작물을 우리에게 주신다. (3) **감사**: 하나님 백성은 축하하며 감사로 응답한다. (4) **창의적인 친족 관계**: 난민, 고아, 과부 등 취약한 사람들을 받아들이고 그들에게 넉넉히 베푼다. 이런 의식과 절기에는 한 가지 주요한 목적이 있는데, 예배하는 공동체를 만들어 하나님의 관대하심에 애도와 축하, 창의적인 친족 관계로 반응하게 하는 것이다.

이 단락에서 소개한 네 가지 신학적 흐름을, 앞서 설명한 폴리리듬의 예배에 필요한 기술과 연결해 보자.

1. 애도: 지역사회의 리듬과 연결하기 절기력은 애도와 함께 시작된다. 유월절과 무교절 의식은 애굽에서 겪은 고난과 이스라엘의 다급한

탈출을 기억하게 한다. 하나님 백성은 히브리인들이 애굽에서 받은 억압을 핵심적으로 표현하는 “고난의 떡”(신 16:3)을 나눈다. 유월절과 무교절을 통해 새로운 세대는 출애굽 이야기를 자신의 이야기로 구체화(하거나 소화)한다.

절기력이 애도로 시작하는 이유는 애도가 우리를 깨어진 현실과 접하게 하여 새로운 가능성을 열어 주기 때문이다. 이웃의 괴로움을 직면할 때에야 비로소 우리는 치유의 여정을 시작할 수 있다. 이런 연관성이 “너는 애굽에서 종 되었던 것을 기억하고”(신 16:12)라는 말씀 배후에 있는 논리다. 끔찍한 종살이를 겪은 이스라엘의 과거는 그들 가운데 있는 가장 약한 자들을 적극적으로 품는 동기가 된다. 실제로 우리는 애도하면서 세상의 고통과 스스로의 고통에 문을 연다. 예를 들면, 지난 성탄절에 우리 가족은 탈레반의 점령으로 난민이 된 수많은 아프가니스탄 사람을 애도했다. 우리는 리즈 바이스(Liz Vice)의 “난민 왕”(Refugee King)을 함께 불렀다. 이 노래는 예수님의 탄생과 난민과 취약한 이민자들의 이야기를 연결한 아름다운 내용이다.[5]

여기서 잠깐 멈추어 생각해 보자. 오늘날 대중적인 기독교 예배 음악 40곡 중에 애도를 끌어내는 노래는 몇 곡이나 될까? 있다고 해도 얼마 되지 않을 것이다. 공동 예배에서 주로 이런 노래들만 부른다면, 월터 브루그만(Walter Brueggermann)이 주장한 대로 여러 기독교 공동체에 “심각한 애도 결핍”이 존재할 것이다.[6] 이와 대조적으로, 탄식하는 시편은 ‘코람 데오’(하나님 얼굴 앞에) 불평을 토로하고 아버지의 품에서 울며 아버지 곁에서 분노하라고 가르쳐 준다(예. 시 6편, 109편). 이 시편

5 Liz Vice, “Refugee King,” www.youtube.com/watch?v=20g05lJm0D8, 3:37.

6 Walter Brueggemann, “The Costly Loss of Lament,” *Journal for the Study of the Old Testament* 36 (1986): 57-71.

들은 사실상 "상황을 바꾸는 것은 하나님의 의무"[7]라고 선언한다. 우리도 흐름의 방향을 바꿀 수 있다. **그리스도**는 세상을 만나실 때 슬픔과 기쁨의 감정을 느끼신다. 그리스도의 백성인 우리도 이러한 감정을 느껴야 한다. **우리는 그리스도께서 슬퍼하시는 것을 슬퍼하고 그리스도께서 기뻐하시는 것을 기뻐해야 한다**(참고. 롬 12:15). 이것이 성육신적 기독교의 핵심 곧 증언의 출발점이다.

하지만 우리의 감정은 너무나 쉽게 무뎌진다. 우리는 어떻게 하면 그리스도께서 슬퍼하시는 것을 슬퍼하는 법을 배울 수 있는가? 한 가지 중요한 방법은 공동체 안에 살면서 소외된 이웃들과 연대하는 것이다. 우리가 사는 도시와 세계 공동체를 연구하는 학생이 되어 우리 이야기를 면밀하게 조사할 수 있다. 교회와 이웃 안에서 지구 온난화나 정신 건강 문제 같은 시급한 문제에 대해 누가 전문가인가? 그들의 이야기를 듣고 그들에게서 배울 수 있는가? 함께 배우고자 독서 모임을 열 수 있는가? 이에 대해서는 앞으로 더 자세히 이야기할 것이다.

공동체가 함께 부를 애도의 노래를 찾아보자. (찾기 힘들 수도 있다.) 포터스 게이트(The Porter's Gate)의 〈애도하는 노래들〉(*Lament Songs*)이라는 음반이 있다.[8] 내가 제일 좋아하는 음유시인은 탐 우스트다. 그의 노래 "섬씽 라이크 스케일스"(Something Like Scales)는 정의와 고난을 보지 못하는 눈먼 우리의 상태를 애도한다.[9] "히 쉘 레인"(He Shall Reign)이라는 노래는 악한 세력과 구조를 물리치신 그리스도의 승리를 선언

---

7 Brueggemann, "Costly Loss," 62.

8 *Lament Songs*, Integrity Music, 2020, www.theportersgate.com.

9 Tom Wuest, "Something Like Scales," in *Unless the Seed Falls*, Brass Trumpet Publishing, 2006.

한다.[10] 애도 의식도 중요하다. 우리는 애도 의식을 통해 자신의 슬픔과 망가짐을 여호와께 토로할 수 있다.[11] 우리 공동체에서는 여호와 앞에 슬픔을 토로하기 위해 긴급한 문제를 놓고 탄식하는 특별 예배를 드리기도 한다.

나는 주일 예배로 모일 때마다 죄를 고백할 필요가 있다고 생각한다. 죄를 고백할 때 그리스도의 영이 우리를 도우셔서 새로운 것에 대한 가능성을 열어 주시기 때문이다. 죄를 고백할 때 우리는 개인과 공동체와 사회의 깨어짐과 악에 주의를 기울인다(물론 한 기도에 이 모든 내용이 포함되는 것은 아니지만). 아내는 절기를 고려하고 이 절기가 우리 공동체의 이야기와 어떻게 교차하는지를 분별하여 고백 기도를 작성했다. 그리고 예배 지도자들이 스스로 고백 기도를 작성할 수 있도록 짧은 기도문의 빈칸을 채워 보게 한다.

> 주님, 우리의 ( )와 ( ), ( )[**개인적인 죄**]를 고백합니다.
> 공동체로서 우리는 ( )[**공동체적인 죄**]를 했습니다(혹은 하지 못했습니다).
> 우리는 ( ) 앞에서 무력함을 느끼지만[**구조적인 죄**] 그럼에도 계속해서 ( )합니다.
> 우리를 ( )하시는 주님의 ( )[**하나님의 속성과 구속의 동사**]가 필요합니다.[12]

---

10 Tom Wuest, "He Shall Reign," in *Rain Down Heaven*, Brass Trumpet Publishing, 2008.

11 유용한 전례 자료로는 Douglas McKelvey, *Every Moment Holy, Volume II: Death, Grief, and Hope* (Nashville: Rabbit Room, 2021)가 있다.

12 에린 그랜빌(Erin Glanville)이 준비한 기도.

애도는 꼭 필요하지만, 축하도 놓쳐서는 안 된다. 우리 이웃에게는 축하할 일이 넘쳐난다! 언젠가, 한 난민 친구에게 왜 우리 교회를 떠났는지 물은 적이 있다. "여기는 너무 침울해요."(우리 공동체는 세상의 짐에 짓눌린 나머지 즐기는 법을 잊어버렸던 것 같다.) 이 친구는 살면서 힘든 일을 너무 많이 겪었기 때문에 이제는 하나님의 백성과 함께 **즐기고** 싶었단다. 이렇게 또 하나를 배웠다. 우리는 블루스의 신음에서 복음의 환희에 이르기까지 다양한 감정을 경험하도록 초대받는다.[13] 그리스도께서 슬퍼하시는 것을 슬퍼하고 그리스도께서 기뻐하시는 것을 기뻐하면서 말이다.

2. 선물: 성경의 리듬과 연결하기 절기력을 통해 하나님의 공급이 끊임없이 흘러간다. 이 본문의 모든 움직임과 그 의식은 하나님이 예배자에게 후히 베푸신다는 사실을 일깨워 준다. 예를 들어, 모세는 이렇게 명령한다. "네 하나님 여호와 앞에 칠칠절을 지키되 네 하나님 여호와께서 네게 복을 주신 대로 네 힘을 헤아려 자원하는 예물을 드리고"(신 16:10). 확실히, 관대하신 하나님이 우리 현실의 중심에 계신다. 고인이 된 네덜란드 개혁신학자 고든 스파이크만(Gordon Spykman)은 다음과 같이 설득력 있는 글을 남겼다. "하나님의 창조 세계는 그분의 피조물이 행복하도록 손을 내미시는 창조주의 돌보시는 손길, 그분의 자녀에게 축복으로 가득한 우주를 내미시는 아버지의 돌보시는 손길을 보여 주는 증거다."[14] 선물은 성경의 심장 박동이자 맥박이다. 그래서 하나님의 관대한 선물은 예배 음악과 기도, 설교에서 솟아 나와야

13 Otis Moss III, *Blue Note Preaching in a Post-Soul World: Finding Hope in an Age of Despair* (Louisville: Westminster John Knox, 2015), 22.

14 Gordon J. Spykman, *Reformational Theology: A New Paradigm for Doing Dogmatics* (Grand Rapids, MI: Eerdmans, 1992), 178.

할 멜로디다.

예배는 **이 세상이 하나님께 중요하다**는 확신을 키워 주어야 한다. 그런데 종종 우리의 예배는 정반대로 가르칠 때가 많다. 예를 들어, “만세 반석 열리니”(Rock of Ages)라는 찬송가의 다음 가사는 별 도움이 되지 않는다. “내가 미지의 세계로 올라갈 때…”(한국어 번역 가사에는 없는 내용이다—역주). 예배자들은 이런 가사를 노래하면서, 하나님의 세계를 벗어나 **도피하는** 모습을 상상하게 된다. 우리의 본향이 다른 데 있다고 잘못된 가정을 전제하는 노래들은 피해야(혹은 가사를 다시 써야) 할지도 모르겠다.[15] 그렇다면 우리 예배는 창조 세계에 나타난 하나님의 선하심을 어떻게 표현할 수 있을까? 내가 가장 좋아하는 찬양은 “참 아름다워라”(This Is My Father's World)다.[16] 가사가 얼마나 놀라운지 모르겠다. 독자들을 위해 지금 당장 이 곡을 연주할 수 있으면 얼마나 좋을까. 그러면 우리 모두가 그 음악에서 선한 창조 세계의 기쁨을 느낄 수 있을 텐데 말이다! 혹은 “기쁘다 구주 오셨네”(Joy to the World)의 3절을 음미해 보자.

온 세상 죄를 사하려
주 예수 오셨네
죄와 슬픔 몰아내고
다 구원하시네…

이러한 찬양의 작사가들은 성경적 세계관의 핵심에 창조 세계를 선

15 물론 우리는 죽으면 그리스도에게 가서 그분과 함께 있을 것이다(빌 1:22-26). 그러나 그리스도인들은 하나님이 **이** 세상을 회복하고 아름답게 하시기를 소망한다.

16 말트비 밥콕(Maltbie D. Babcock) 작곡(1901).

물로 주신 하나님의 관대하심이 자리하고 있음을 분명히 알고 있었다. 하나님은 인간의 몸, 추수, 음악, 스포츠, 일, 서로를 선물로 주셨다. 그리고 이 세상이 하나님께 중요하기 때문에 창조주의 형상을 닮은 우리가 세상에서 하는 일도 그분께 중요하다.

선물이라는 주제는 예배 마지막에 드리는 **축도**(축복 기도)에도 잘 표현되어 있다. 예배로의 부르심과 축도 둘 다 회중의 모임과 흩어짐을 염두에 둔다. 말씀과 성령의 자양분을 받기 위해 모인 성도들은 이제 지역사회와 일하는 곳으로 보냄받아 그리스도의 치유를 전한다. 우리가 이레 뒤에 다시 모인다는 사실을 잊지 않고 말이다. 축도는 교회 예배에서 인도자와 회중 사이에 이루어지는 가장 심오한 교감일 것이다. 인도자가 일주일 동안 그리스도의 치유 사역을 감당하도록 회중을 파송하는 동시에 그들을 **축복하는** 이중 움직임이 있다. 인도자는 진실하게 축도를 올리고, 그 사이에 회중은 손을 내밀어 축복을 받아서 다음 한 주를 살아 낼 힘을 얻는다. 리처드 보컴이 언급했듯이, 시편 67편 1-3절은 증언을 위한 축복과 파송이라는 이 이중 움직임을 포착한다.[17]

선물의 또 다른 측면은 **기억하라**는 명령이다. 절기력은 "너는 애굽에서 종 되었던 것을 **기억하고**"(신 16:12)라고 말한다. 성경이 말하는 기억은 친한 친구의 생일을 기억하듯이 단순히 머릿속에서 상기하는 것을 뜻하지 않는다. 기억은 당신이 그 일부인 이야기의 힘을 다시 경험하는 의식이다. 예수님이 성만찬을 제정하신 동기를 떠올려 보라. "너희가 **이를** 행하여 나를 기념하라." 신명기에서 하나님 백성은 종과 이

17 Richard Bauckham, *The Bible and Mission: Christian Witness in a Postmodern World* (Grand Rapids, MI: Baker Academic, 2003), 39.

방인과 함께 먹고 마시면서 자신들도 애굽에서 이방인이요(신 26:5) 종이었음을(신 16:12) 기억한다. 그들은 구체적인 의식을 통해 야웨의 구속 이야기를 다시 경험하고 그 은혜와 그 '공동성'(communitas)에 더 가까이 이끌리게 된다. 기억은 성만찬에서 매우 중요한 차원이다. 기억을 통해 우리는 우리가 그 일부인, 예수님의 죽음과 부활 이야기의 능력을 다시 경험한다.

3. 기쁨과 감사: 우리 공동체의 리듬과 연결하기 세 번째 움직임은 하나님의 넉넉한 공급하심에 감사로 반응하는 것이다. 절기력은 고대 이스라엘에게 "즐거워하라!"라고 두 번이나 명령한다(신 16:11, 14). 그러고 나서도 잔치 초대장을 놓친 사람이 없도록 다시 한번 덧붙인다. "너는 온전히 즐거워할지니라!"(신 16:15) 영어 성경은 '맘껏 먹고 마시다'(feast)라는 단어를 '즐거워하라'라고 옮기기도 했다(개역개정도 같은 의미로 번역한다—역주). 그러나 고대 이스라엘에서 감정은 의식과 연관되는 경우가 많았다. 신명기에서 즐거워하라는 명령은 "만찬을 즐기라"라는 뜻이다.[18] 감사를 표현하는 멋진 방법이 아닌가! 기쁨과 공동체와 요리법을 떠올려 보라! 고대 이스라엘 사람들은 평소에는 소고기와 양고기를 자주 먹지 못했다. 절기나 잔치에서만 누릴 수 있는 즐거움이었다. 또한 영양 공급을 위해 매일 포도주를 마시기는 했지만, 주로 공동체 축제 때 술을 많이 마시곤 했다.

내가 이스라엘의 절기와 가장 비슷한 기쁨을 느낀 순간은 오스트레일리아 시드니의 라틴 축제에서였다. 거기에서는 라틴 공동체 출신 수천 명이 모여서 음식과 춤을 즐겼다. 우리 밴드가 라틴 리듬을 선보이

---

18 Gary Anderson, *A Time to Mourn, a Time to Dance: The Expression of Grief and Joy in Israelite Religion* (University Park, PA: Pennsylvania State University Press, 1991), 20.

자(공연장에 백인은 나 혼자일 때도 있었다), 곧 강당 전체가 들썩였다. 노인, 청소년, 어린이 등 나이를 불문하고 모두가 춤을 출 줄 알았다. 이스라엘의 절기도 비슷하지 않았을까. 하나님의 관대하심에 감사하면서 노래하고 춤을 추었을 것이다.[19] 감사와 추수, 축하와 관대함. 하나님은 이 백성을 얼마나 풍성한 삶으로 부르시는지 모른다!

감사는 우리 공동체의 리듬과 연결되는 하나의 방법이다. 어떻게 하면 우리는 감사하는 법을 서로 가르칠 수 있을까? 내게 감사에 대해 가르쳐 주신 분은 나의 할머니였다. 93세에 돌아가신 할머니는 말년에 불면증으로 고생하셨다. 할머니는 잠자리에 들면 가만히 누워서 잠이 들 때까지 기도한다고 설명해 주셨다. 할머니는 웃으면서 이렇게 말씀하셨다. "잠들기가 **너무** 힘들어서 어떤 때는 감사 기도가 굉장히 길어진단다!" 할머니는 맨 처음에 우리 엄마를 포함한 자녀들을 위해 기도하시고, 그다음에는 나를 포함한 손주들을 위해 기도하셨다. 기도 하나, 기도 하나, 기도 또 하나, 그렇게 할머니는 잠이 드시곤 했다. 당신도 우리 할머니와 비슷한 경험을 했을지도 모르겠다. 우리는 감사할 때 스트레스가 조금씩 사라지면서 평안을 느낀다. 품고 있던 분노가 사그라들고 상처가 누그러지고 마음이 맑아진다.

우리는 예배 가운데 신명기 16장의 네 가지 움직임을 경험하기를 간절히 바란다. 그렇다면 우리 회중에게 감사하는 법을 가르쳐 줄 다른 방법이 또 있을까? 공동 예배에서 돌아가면서 한마디씩 짧게 드리는 감사 기도도 좋은 방법이다. 처음에 기도를 시작할 두어 명을 사전에 섭외해 두어야 할 수도 있지만 말이다. 나는 가끔 설교 후에 교인들에게 포스트잇에 기도를 적어 보라고 요청한다. 누구나 예배당 벽에

19 시편 117편을 큰 소리로 두어 차례 반복해서 읽다 보면, 춤추지 않을 수 없을 것이다!

기도문을 붙일 수 있다. 그런 다음 (성찬식 동안에) 기도문을 읽고 서로 기도해 주는 시간을 갖는다.

함께 먹고 마시며 즐거워하는 법은 어떻게 가르칠 수 있을까? 이것은 소비지상주의적 소비와는 다르다. 우리는 가족이 되기 위해 음식과 삶을 나누면서 즐긴다. 이런 잔치는 우리를 불만족에서 해방하는 심오하고 공동체적이며 의식화된 기쁨을 길러 준다. (나는 이런 축제와 잔치가 소비주의의 해독제가 아닐까 싶다.) 만약 우리가 즐겨야 할 단 하루를 고른다면 부활주일이 아닐까! 그날에 우리는 그리스도가 회복된 창조 세계의 첫 열매로 부활하셨다는 사실을 기억한다! 그래서 부활주일에는 제대로 음식을 준비해야 한다.

우리 부부는 다양한 친구들을 초대해서 큰 상을 차리기를 좋아한다. 길에서 사는 친구들이 집에서 사는 친구들과 함께 먹고 마신다. 식사하면서 삶도 같이 나누곤 하는데, 구체적인 질문을 던지고(예를 들면, "작년에 감사한 일은 무엇인가요?") 돌아가면서 답을 한다. 이렇게 해서 그 자리에 모인 사람들이 서로의 이야기를 듣고 축복할 기회를 갖는다.

4. 창의적인 친족 관계 절기력의 네 번째 움직임은 창의적인 친족 관계다. 창의적 친족 관계와 관대함은 감사에 대한 반사 작용, 곧 감사라는 동전의 다른 면과 같다. 구약 시대 때 가족이 하나님이 택하신 곳까지 이동하려면 엄청나게 큰 무리였을 것이다! 남종과 여종, 객과 고아와 과부도 함께 가야 했다. 신명기는 참석자 명단을 두 번이나 언급한다(신 16:11, 14).

> 너와 네 자녀와 노비와 네 성중에 있는 레위인과 및 너희 중에 있는 객[난민]과 고아와 과부가 함께 네 하나님 여호와께서 자기의 이름을 두시려고 택하신 곳에서 네 하나님 여호와 앞에서 즐거워

할지니라[먹고 마시며 즐길지니라].[20] (신 16:11, 14)

취약한 사람들을 공동체에 포함한 사실은 오늘날 우리 예배에 어떤 의미가 있는가?

무엇이 '올바른 예배' 혹은 '성경적 예배'인가 하는 질문은 개혁 전통의 핵심 교리다. 예를 들어, 리처드 프래트(Richard L. Pratt)는 옳게 지적한다. "우리는 예배에서 하는 모든 일에 대해 성경적으로 긍정적인 근거를 가져야 한다."[21] 지당한 말씀이다. 그러면 신명기는 우리에게 어떻게 가르치는가? 여호와 앞에 올바로 나아가기 위해서는 연약한 사람들과 함께 가야 한다. 난민들, 연약한 이주자들, 돈이 떨어진 사람들, 중독으로 고통받는 사람들과 말이다. 우리는 다른 어떤 방법으로도 여호와 앞에 나아갈 수 없다. 이 부분에 대해서는 다음 장에서 더 자세히 살펴볼 것이다.

결론: 리듬을 느끼기

예배에서 창의성을 발휘해야 한다는 긴급한 요청으로 이 장을 시

20 구약성경에서는 감정을 전례로 경험하는 경우가 자주 있다. 여기서는 절기의 맥락에서 기쁨을 경험한다. 더 자세한 내용은 다음을 보라. Gary Anderson, *A Time to Mourn, a Time to Dance: The Expression of Grief and Joy in Israelite Religion* (University Park, PA: Pennsylvania State University Press, 1991), 1, 14-18.

21 Richard L. Pratt, "The Regulative Principle," Thirdmill, www.thirdmill.org/articles/ric_pratt/TH.Pratt.Reg.Princ.html. 여기서 프래트는 예배의 규정적 원리로 알려진 원칙에 대해 세심하고도 정교한 설명을 제시한다. 이 원리는 성경만이 기독교 예배의 형식과 내용을 결정한다고 주장한다. 예를 들어 다음을 보라. John Calvin, *On the Necessity of Reforming the Church* (Sanford, FL: Reformation Trust Publishing, 2020).

작했다. 모방하려는 강력한 유혹을 거부하는 예배가 필요하다. 성육신적 공동체로 가는 풍성한 길 하나는 예배를 폴리리듬으로 이해해하는 것이다. 즉 1. 성경의 리듬, 2. 공동체의 리듬, 3. 지역사회의 리듬, 4. 더 넓은 교회의 리듬을 층층이 쌓은 폴리리듬의 예배를 상상하는 것이다. 이런 폴리리듬을 연주한 후, 우리는 고대 이스라엘의 절기 모임에 각자 악기를 들고 가서 음식과 춤, 예배를 함께 나누었다! 축제에서 우리는 여호와 앞에서 폴리리듬을 연주했다. 우리는 애도했다. 하나님이 주신 좋은 선물에 감사하며 기뻐했다. 하나님의 은혜에 반응하여 우리 가운데 가장 연약한 자들과 연대했다.

여기에는 고려해야 할 것들이 많다. 이 목록이 지나치게 부담스럽거나 당신 공동체가 감당하기에 힘들 것 같다면, 이렇게 한번 물어보라. 무엇이 당신의 호기심을 자극하는가? 성령님이 당신에게 제안하시는 작은 한두 가지 일은 무엇일까?

어쩌면 반대 상황일 수도 있다. 이미 당신은 교회의 예배를 새롭게 할 준비가 되어 있고, 당장 뛰어들고 싶은 마음일지도 모른다. 당신이 속한 공동체에 폴리리듬적 예배를 도입하고 싶은 강한 열정을 느낀다면 감사할 일이다! 하지만 잠시만 멈춰 보자. 설령 당신에게 그런 능력이 충분하다 하더라도, 모든 것을 한꺼번에 바꾸지는 말자. 당신의 공동체에는 고유한 역사와 고유한 상징과 의식이 있으니 거기에서부터 출발하면 좋을 것이다. 기도하면서 분별하자. 어디에서부터 우리 공동체를 위한 작은 변화를 시작해야 할까?

예배를 새로이 하면서 우리는 대부분의 기독교 역사에서 예배가 오늘날과 같이 주일에만 국한되지 않았음을 염두에 두어야 한다. 정해진 시간의 기도, 가정 예배, 고백, 치유 기도, 가르침 등 일주일 내내 이어지는 다른 여러 실천도 기독교 예배의 일부였다. 이런 관점에서, 기도를 다루는 12장은 이 장을 확장한 내용으로 보아야 한다.

예배는 우리가 함께하는 독특한 삶, 공동의 삶을 형성한다. 다음 장에서는 공동의 삶, 많은 사람이 오해하는 증언의 이 측면을 살펴볼 것이다.

6장

공동의 삶

재즈 앙상블은 새로움을 창조하기 위해 각 구성원이 서로 귀를 기울이고 다른 사람의 에너지와 감정을 인지하는 공동체다. 무대에 오를 때 우리는 단순한 연주 이상의 것에 동의한다. 곧 서로의 삶을 나누는 공동의 삶, 그리고 그것 자체로 타인에게 전달되는 소통이자 증언에 참여하기로 합의하는 것이다. 윈튼 마살리스(Wynton Marsalis)는 이렇게 말했다.

> 음악을 연주할 때(말로 설명하기는 참 어렵지만) 여러분은 다른 세계로 들어갑니다. 그건 매우 추상적인 개념이죠. 그리고 여러분의 청각은 극도로 예민해집니다. 다른 사람들의 연주를 듣고, 그들의 모든 것을 흡수하려 애씁니다. 그들의 생각, 그들이 당신에게 하는 말의 의미, 그들의 느낌, 그들이 어디로 나아갈지 등을 말입니다.[1]

1 윈튼 마살리스, 켄 번즈가 연출한 다큐멘터리 시리즈 〈재즈〉 6화에서.

계속해서, 마살리스는 이 상호 연결이 재즈 음악의 특징이지만 제대로 경험하기는 쉽지 않다고 말한다. 나는 이 말이 교회에도 그대로 적용될 수 있다고 생각한다. 공동의 삶은 교회의 특징이지만(막 3:34-35), 공동의 삶이 풍성하게 표현된 모습은 보기 드물다. 아무리 드물다고는 해도 공동의 삶이 풍성하게 표현된 모습은 중요하다. 공동체를 새롭게 연주하는 여섯 번째 음인 '공동의 삶'이 증언의 출발점이기 때문이다.

부침이 있기는 해도 공동의 삶은 우리 지역사회에 그리스도를 구체적으로 드러내기 시작하는 곳이다. 예배, 환대, 일을 함께 나누는 공동의 삶을 통해 우리는 **삶**과 말과 행동으로 그리스도를 증언한다는 것이 무엇인지 점차 경험하기 시작한다. 증언의 이런 측면을 이해하기까지 가장 긴 시간이 걸리기는 했지만, 사실 우리의 대조적인 **삶**이 증언의 핵심이다(벧전 1:12). 공동의 삶은 여러 면에서 이 책의 핵심이라고 할 수 있다. 어떤 면에서는 성경과 기도가 더 근본적이지만, 공동의 삶에서는 이 모든 주제가 서로 만날 뿐 아니라, 깊이 있고도 능력 있게 체험된다. 다시 말해, 우리는 공동의 삶으로 깊이 들어갈 때만이 성경, 기도, 예배, 장소, 대화(이 책에서 논의한 모든 주제)의 온전한 표현을 발견할 수 있다.

나는 종종 교회 소그룹과 하나님이 우리에게 원하시는 공동의 삶에 대해 대화를 나눈다. 사람들은 이 비전에 매료되지만, 이런 삶에 예수님이 꼭 필요하냐는 질문을 자주 던진다. "그냥 이렇게 살면 안 되나요? 반드시 기독교적일 필요는 없지 않나요?" 나는 이 질문에 대한 답으로 내 친구 데이비드의 경험을 들려주곤 한다.

데이비드는 교회를 떠났지만 교회에 대해 깊고 지속적인 존경을 품고 있었다. 그는 교회에서 멀어지는 와중에도 기독교 공동체의 비전을 소중히 여겼다. 그가 원했던 것은 기독교 공동체였지만 기독교가 없는 공동체였다. 데이비드는 같이 일하는 두 친구에게 자신이 교회에서 경험했던 풍성한 공동체의 모습을 이야기했다. 풍성한 공동의 삶에 대한 비전이 그들의 마음을 움직이기를, 그리고 어쩌면 그들과 함께 무언가를 시작할 수 있기를 그는 기대했다. 그러던 어느 날, 데이비드가 내게 연락했다. "마크, 드디어 시작했어! 동료들이 공동체를 시작했다고.… 그런데 나는 초대하지 않았다네." 데이비드는 이 비전이 실제로 구현되고 있음에 흥분하면서도 자신이 제외되었다는 사실에 상처를 받은 듯했다.

데이비드의 일은 나에게 중요한 통찰을 주었다. 그들은 공동체를 시작했지만 그는 따돌렸다. 데이비드는 창의적이고 친절하며 예리하지만 때로는 사회성이 조금 부족하고 혼자 겉도는 인상을 주기도 한다. 나는 그가 배제된 이유가 부족한 사교성 때문은 아니었을지 생각해 보았다. 그리고 이 지점에서 교회를 향한 중요한 교훈을 발견했다.

데이비드의 동료들은 공동체를 시작했지만 내 친구는 제외했다. 공동체를 시작하려는 많은 시도가 동호인 집단으로 변질되고 만다. 성경 안에서 우리에게 오시는 예수님, 성경 이야기 전체의 성취이신 예수님을 모델로 삼지 않고서는 사람들을 포용하고 희생적으로 살아가기란 얼마나 힘든지 모른다. 그렇게 살기 위해서는 그리스도 안에 있는 자들을 "새로운 피조물"(고후 5:17)로 거듭나게 하시는 내주하시는 성령님이 필요하다.

이 장은 성육신적 공동체의 공동의 삶에 대한 비전을 제시한다. 성육신적 공동체란 함께 예배하고 식사하고 거주하고 쉬고 놀고 기도하고 창조 세계를 돌보고 변호하고 축하하고 슬퍼하고 정의를 추구하고 예술을 창조하면서 임시 가족이 되어 살아가려는 교회들이다. 이들은 특정한 장소에서 삶을 공유하며, 가장 연약한 자들을 공동체의 중심에 세운다.

우리 밴쿠버 교회의 모습을 살짝 들여다보자. 어느 날 저녁, 지역 담당 사역자가 일부 리더들에게 회의를 소집했다. 우리는 한 교인의 집 거실에 모였고 사역자는 참석자들에게 감사를 표했다. 집주인은 별일 아니라는 듯 말했다. "늘 이렇게 하는데요, 뭘. 항상 같이 어울리고 우연히 마주치고 함께 무엇이든 하죠!" 정말 그렇다. 우리는 함께 예배하고, 우리가 사랑하는 동네에서 주님의 일을 같이한다.

이런 종류의 공동체를 말로 설명하기는 쉽지 않고, 유일한 모델이 있는 것도 아니다. 우리가 모여 사는 집 몇 채가 그 한 가지 예를 보여줄 뿐이다. 이 세 집은 (내가 교회를 사임하기 전까지) 같은 예배 공동체에 속해 있었다. 우리는 공동체의 다른 가정들과 협력하여 기독교 제자도의 다양한 측면을 함께 실천하고 있다. 먼저, 우리 글랜빌 가족은 난민 변호에 특히 적극적이다. 옆집은 땅과 음식 정의에 관여하고 있다. 이 가정은 우리 공동체에서 스무 가정 정도를 모아서 지역 농부들에게 직접 식재료를 공동 구매한다. 위쪽에 있는 그다음 집은(우리는 가파른 언덕에 살고 있다) 차고를 기도 공간으로 개조했다. 우리의 삶은 완벽하지 않고 우리도 완벽하지 않다. 하지만 우리가 그리스도 안에서 장기적으로 서로 헌신할 때 잔치가 펼쳐진다. 밴쿠버 스트라스코나빈야드교회 던 험프리스 목사의 말처럼, "이렇게 사는 데는 인생 전체가 필요해요. 문화의 결을 거슬러 사는 건 정말 어려운 일이죠. 엄청난 예배와 기도가 필요해요."[2]

2 던 험프리스, 2022년 리젠트 대학 성육신적 공동체에 대한 강의.

신명기의 친족 관계

5장 “폴리리듬의 예배”에서는 신명기 16장 1-17절에 나오는 절기력을 통해 성경적 세계관의 중심에 있는 네 가지 움직임, 곧 애도, 선물, 감사, 창의적인 친족 관계를 살펴보았다. 이 장에서는 창의적인 친족 관계를 더 자세히 들여다보려 한다.

5장에서 온 집안이 절기를 지키기 위해 하나님이 택하신 곳으로 함께 순례한 것을 기억해 보자. 건강이 허락한다면 그 가정의 조부모도 함께했을 것이다. 노비, 객, 레위인(상주 제사장), 고아, 과부도 함께했다. 절기를 지키라는 초대이자 명령에 포함된 사람들은 다음과 같다.

> 너와 네 자녀와 노비와 네 성중에 있는 레위인과 및 너희 중에 있는 객[난민]과 고아와 과부가 함께 네 하나님 여호와께서 자기의 이름을 두시려고 택하신 곳에서 네 하나님 여호와 앞에서 즐거워할지니라[먹고 마시며 즐길지니라].(신 16:11, 14)

절기 참석자의 명단을 반복한 것은, 공동체에서 가장 약한 사람들을 이 절기에 참여시키는 것이 하나님께 가장 중요했다는 점을 강조한다.

신명기의 절기에 참여하는 경험이 얼마나 변혁적이었을지 상상해 보자! 예루살렘으로 올라가는 구불구불한 순례길, 각 가정의 음식 요리법, 고기 삶는 냄새, 춤, 웃음까지 이 모든 것을 함께하는 모습을 상상해 보자! 하나님의 선물은 공동체의 모든 사람에게 주어져, 모두가 온전히 함께 누리도록 허락된다.

경험을 공유하는 것은 단순히 물질을 공유하는 차원을 넘어선다. 문화인류학자들은 축제 문화가 자리 잡은 사회에서는 축제를 통해 사회적 관계가 재배열될 수 있다고 말한다. 사람들은 함께 기념하고 즐기면서 하나의 가족이 되어 간다.[3] 공동체가 야웨의 임재 안에서 먹고 춤추는 동안, 그들 가운데 있는 약자들과 핵가족이 하나가 되어 임시 가족을 형성한다. 나는 다른 글에서 이렇게 축제를 통해 인간의 삶이 하나로 엮이는 것을 "절기 친족 관계"(festive kinship)라고 명명한 적이 있다.[4]

구약성경에서는 하나님 백성이 절기를 통해 가족으로 형성되는데, 이 가족은 그들 가운데 있는 가장 약한 자들을 중심에 세운다. 오늘날 우리도 하나님의 가족 가운데서 삶의 경계를 낮추어서, 다른 사람들이 우리 삶에 들어와 자기 집처럼 편안하게 거하고 심지어 가구도 옮기게 할 수 있다. 하나님이 우리를 환대해 주셨기에 우리도 다른 사람들을 환대할 수 있다. 서로를 가족으로 받아들이라는 성경의 비전은 단순한 자선 행위보다 훨씬 더 풍성한 의미를 담고 있다. 임시 가족이 되어 주라는 하나님의 초대는 우리가 우선시하는 관계를 재평가하라는 뜻이다. 사실 우리는 누군가와 가족 관계를 맺기로 하고서도 자신과 비슷한 사람들만 선택하는 경향이 있다.

우리 부부도 여전히 부족하기는 하지만, 살아가면서 성경적 친족 관계를 맺기 위해 애쓰고 있다. 우리 둘은 결혼하기 전에도, 소외된 사람들과의 관계를 우선하는 습관이 있었다. 아내는 캐나다에서, 나는 오스트레일리아에서 각각 사회 주변부에 있다고 느끼는 사람들을 공

---

3 물론 식사는 사람들을 하나로 모을 수도 있고 나눌 수도 있다. 그러나 여기 신명기의 절기들은 '공동성'의 요소를 잘 보여 준다. 더 자세한 내용은 Mark R. Glanville, *Adopting the Stranger as Kindred in Deuteronomy* (Atlanta: SBL, 2018), 151-74를 보라.

4 "절기 유대감"에 대해서는 다음을 보라. Mark R. Glanville, "'Festive Kinship': Solidarity, Responsibility, and Identity Formation in Deuteronomy," *Journal for the Study of the Old Testament* 44 (2019): 133-52.

동체 중심에 세우기를 좋아했다. 예상하다시피, 이제는 그것이 우리 가족의 가치가 되었다. 우리는 절기 친족 관계, 신명기 스타일(혹은 예수님 스타일?)을 실천한다. 그래서 우리는 누구와 함께 식사할 것인지를 의도적으로 생각한다.

우리 집 주방의 비밀을 한 가지 알려 주겠다. 우리 집 접시와 컵은 짝이 잘 맞지 않는다. 예쁘게 식탁을 장식한 친구들 집에 가면 기분이 좋지만, 우리 집의 모습은 다르다. 두어 해 전에, 이와 관련해서 흥미로운 점을 알아차렸다. 잘사는 친구들을 식사에 초대하면 나는 우리 식탁이 그다지 세련되게 보이지 않는다는 점에서 괜히 신경이 쓰인다. 그런데 형편이 어려운 친구들을 초대해서 식사할 때는 반대로 우리 집과 상차림이 근사해 보인다는 점이 마음에 걸린다. 우리의 편안함이 손님들에게는 불편함이 될 수 있고, 그들이 이곳에 속하지 못한다고 느끼게 할 수도 있다는 사실을 깨달았다. 이 깨달음은 내가 얼마나 풍요로운지, 돈과 마음 모두에서 얼마나 더 넉넉히 베풀어야 하는지를 상기시킨다. 물론, 이 흥미로운 깨달음은 우리와 다른 사람들에게 임시 가족이 되어 주는 일이 얼마나 중요한지도 보여 준다. 친구들이 **우리** 영혼을 구해 줄 수 있다.[5]

다시 성경으로 돌아가서, 우리는 예수님의 삶에서 신명기의 친족 윤리를 볼 수 있다. 신약성경 학자들은 예수님이 복음서 내내 사람들과 식사를 하신다고 지적한다! 누가복음에는 예수님이 가르치시는 장면만큼이나 식사하시는 모습이 많이 나온다. 조금 더 정확하게 말하자면, 그분은 식사를 나누면서 사람들을 가르치신다. 예수님 당시에는

5 연약한 친족은 그들이 우리에게 고난받는 종 예수(사 52:14-15; 마 25:34-40)를 가리켜 준다는 의미에서, "우리 영혼을 구할" 수 있다. 그들은 우리가 예수님을 의존하며, 그분이 우리에게 성경적 친족 관계를 요청하신다는 사실을 보여 준다.

사회적으로 명망 있는 사람들은 식사 자리를 통해 자신의 지위를 표시하고 유지하곤 했다(눅 14:7-11을 보라). 하지만 예수님은 정반대였다. 당대의 관습에 따르면, 그분은 '엉뚱한' 사람들과 식사한다는 오해를 받으셨다. 하나님 나라 관점에서는 오히려 '제대로 된' 사람들이었는데 말이다. 그래서 바리새인들과 서기관들은 예수님께 이렇게 불평했다. "이 사람이 죄인을 영접하고 음식을 같이 먹는다!"(눅 15:2) 소외된 이들과 식사를 나눈다는 생각을 예수님이 처음 하신 것은 아니다. 신명기에서부터 이어지는 흐름 속에서, 그분은 구약성경의 이스라엘이 마땅히 해야 할 일을 하고 계셨다. 예수님은 아버지와 교제하는 가운데 절기 친족 관계를 나누고 계셨다. 1세기 유대교가 배척했던 이들을 오히려 가족처럼 여기고 귀하게 대하셨다.

요약하자면, 성육신적 공동체는 **성경적 친족 관계 윤리**를 반영한다. 성경적 친족 관계 윤리는 가장 약한 자들을 공동체의 중심에 세움으로써 우리가 맺는 관계를 임시 가족으로 재형성한다. 그리고 이런 창의적인 친족 관계는 우리의 증언에 매우 중요하다.

공동의 삶이 증언의 핵심이다

성육신적 공동체의 공동의 삶은 증언에서 핵심이다. 전율과 창의성, 눈에 보이지 않는 연결이 가득 찬 우리 공동의 삶에서부터 지역사회에서 그리스도를 전하는 일이 시작된다. 우리가 가족으로 함께 엮일 때 특정한 지역에서 그리스도의 치유를 받는다. 그리고 그리스도가 우리 안에서, 우리를 통해 일하시는 동안 그 그리스도의 치유를 지역사회로 확장한다. 하나님 앞에 나아가 함께 예배하고 세상에 생명을 주기 위해 함께 일할 때 우리는 삶과 말과 행동으로 그리스도를 증언하는 것이 어떤 의미인지 경험하기 시작한다.

나는 개인적으로 성경 이야기를 알아 가면서, 말과 행동으로 증언하는 것이 무엇인지는 비교적 빨리 깨달았다. 하지만 삶 자체로 증언하는 것이 무엇인지를 이해하는 데는 몇 년이 걸렸다. 신명기 16장 1-17절에 나오는 고대 절기력을 보면 우리가 하는 증언은 개인적인 사역이 아니라 공동체가 공유하는 삶이라는 사실이 분명하다. 절기 친족 관계, 공동체의 축하와 애도, 약한 자들을 중심에 세우는 일, 그리스도의 이름으로 지역사회의 삶을 위해 살아가는 이들의 공동체를 생각해 보자. 이것이 바로 증언하는 **삶**이다. 성육신적 공동체의 공동의 **삶**이 증언의 출발점이다. 내가 증언의 이런 측면을 이해하기까지는 시간이 가장 오래 걸렸지만, 사실 모든 것은 여기서 시작된다. 우리의 대조적인 **삶**에서 그리스도에 대한 증언이 시작된다(벧전 1:12). 임시 가족으로서 우리는 함께 말하고 먹고 사랑하고 울고 저항하고 춤추고 예배하고 분별하고 받아들이고 기도하고 연구하고 상처를 주고 용서하고 치유한다. 그렇게 하는 동안 사람들은 우리에게 호기심을 보인다.

공동의 삶에 필요한 것

공동의 삶에는 성령 충만한 수고와 상상력(아름다움을 다룬 4장에서 창의성이 필요한 이유를 살펴보았다)이 많이 필요하다. 여기서는 풍성한 공동의 삶을 위한 몇 가지 디딤돌을 제시하려 한다. 첫째, 풍성한 공동의 삶에는 이 책의 각 장 제목이 제시하는 성육신적 공동체의 모든 자질이 필요하다. 기도, 친족 관계, 성경 연구, 폴리리듬의 예배, 대화, 창의성,

리더풀 공동체 등 모든 것이 중요하다. 우리는 구체적인 장소에서 이런 실천을 공유하므로 지역성도 중요하다. 우리는 **바로 이곳에서** 그리스도의 치유를 받고 또 확장한다. 이제부터는 이 책의 다른 장에서 다루지 않은 공동의 삶의 특징을 집중적으로 살펴볼 것이다.

풍성한 공동의 삶을 위해서는 큰 숫자와 대규모 예산이라는 우상에 대해 죽어야 한다 성육신적 공동체는 규모가 작고 겉보기에는 대단치 않은 경우가 많다. 물론 대형 교회도 얼마든지 신실하고 흥미진진할 수 있다. 하지만 성육신적 신실함이라는 느린 작업은 좀 더 작은 공동체에 적합한 경우가 많다. 대개 서양에서는 사람을 많이 모으고 수에 따라 움직이며 역동적인 담임목사를 중심으로 하는 교회를 추구한다. 하지만 우리는 다른 모습으로 부름을 받았다. 우리에게 허락하신 사람들과 우리의 자원과 과제로 우리가 심긴 곳에서 신실하라는 요청을 받고 있다. 대형 교회가 되게 해 달라고 기도하지 말고, 크든 작든 신실한 교회가 되게 해 달라고 기도하자. 당신이 사랑하는 동네에서 그리스도의 온유하심을 드러내는 교회가 되기를 기도하자. 이것이 초기 기독교 시대 가정 교회의 모습이 아니었을까? 이들의 아름다운 삶은 사람들에게 호기심을 불러일으켰고 그 배후의 동기를 궁금하게 만들었다. 서기 130년경 "디오그네투스에게 보내는 편지"에 기록된 초기 교회의 삶을 곰곰이 생각해 보자.

> 그들은 모든 사람을 사랑하고, 모든 사람에게서 박해를 받는다.… 그들은 가난하지만 많은 사람을 부유하게 한다. 모든 것이 부족하면서도 모든 것에 넉넉하다.[6]

---

6 "The Epistle to Diognetus," in Philip Schaff and Henry Wace, eds., *The Ante-Nicene*

풍성한 공동의 삶에는 마음이 넉넉한 리더가 필요하다 여기서 마음이 넉넉하다는 말은 사랑이 많고 정서적으로 건강하며 다른 사람의 의견을 따를 줄 알고 이끌어야 한다는 심리적 부담이 없으며 하나님을 의지한다는 뜻이다. 넉넉한 마음은 관계 지킴이(kin-keeper, 가족을 연결해 주는 사람)가 되는 법을 안다는 뜻이기도 하다. 또한 넉넉한 마음이란 취약한 배경을 가진 사람들에게 임시 가족이 되어 준다는 뜻이다.

예를 들어, (거리에 사는 이웃들을 위해) 목요일 저녁 공동체 식사를 담당하는 시미언 팡(Simion Pang)은 내가 영웅처럼 존경하는 사람이다. 목요일 저녁 식사가 끝나고 밤 10시쯤이면 시미언은 교회 식당 바닥을 청소한다. 또 누군가는 어김없이 늦게까지 남아서 시미언이 청소하는 동안 곁에서 자리를 지키고 말을 건다. 나 같으면, 큰 행사를 치른 후 밤 10시가 되면 정서적으로 소진되어 아무것도 할 수 없는 상태다. 하지만 그 시간쯤 시미언을 만나러 가면, 그는 항상 내 이야기를 잘 들어주고 반응해 주며 대화를 이끌어 간다. 시미언 같은 사람이야말로 공동체의 핵심이라고 할 수 있는 마음 넉넉한 리더다.

풍성한 공동의 삶에는 마음이 넉넉한 제자들이 필요하다 활기찬 공동체가 되려면 신실하게 그리스도를 따르는 사람들이 필요한데, 하나님만이 이들의 은밀한 섬김을 보시고 보상을 약속하신다. 우리 각자의 삶에는 남에게 드러나지 않은 친절과 넉넉한 베풂, 용서, 섬김이 있기 마련이다. 밴드에서 맡은 역할이 무엇이든, 모든 연주자는 돌아가면서 다른 사람의 솔로 연주를 뒷받침해 줄 수 있다.

풍성한 공동의 삶에는 성령의 열매가 필요하다 공동체에서 오랫동안 함께 지내다 보면 어쩔 수 없이 서로 상처를 주고받는다. 공동의 삶

Fathers, vol. 1 (Grand Rapids, MI: Eerdmans, 1991), [V] 23-30, 특히 27.

을 유지하기 위해서는 성령의 열매를 맺는 데 헌신해야 한다. 특히 서로 기꺼이 용서하려는 마음이 중요하다. 사도 바울은 "오직 성령의 열매는 사랑과 희락과 화평과 오래 참음과 자비와 양선과 충성과 온유와 절제니"(갈 5:22-23)라고 말했다. 나는 성경은 굉장히 공동체적인 데 비해 성령의 열매는 너무 개인적인 듯 보여서 오랫동안 혼란스러웠다! 당신도 나와 비슷하게 혼란을 느꼈을지도 모르겠다. 그러다 어느 날 문득 깨달음이 왔다. 이런 성품들은 우리가 **사랑받는 공동체**가 되기 위해 입어야 할 의복인 것이다(골 3:12). 우리 모두는 공동생활에서 이 열매를 드러내야 할 책임이 있다. 던 험프리스가 말한 대로, "기독교 공동체에는 겸손과 성품, 형성, 그리고 많은 식사 나눔이 필요하다."[7]

풍성한 공동의 삶을 위해서는 관대하고 서로 의지해야 한다 사도행전 2장에서 초기 교회를 묘사한 내용은 관대함과 상호 의존을 강조한다. "또 재산과 소유를 팔아 각 사람의 필요를 따라 나눠 주며"(행 2:45). 우리 가족은 넉넉하게 베풀어 준 친구들과 친지들 덕분에 지금까지 살아올 수 있었다. 통장 잔고가 바닥났을 때 하나님은 다른 사람들의 관대함을 통해 우리의 필요를 채워 주셨다. 감사든 우정이든 눈에 보이지 않는 어떤 선물이 됐든, 주는 사람도 기꺼이 받으려는 마음이 있을 때 관대함은 이중 축복이 될 수 있다. 당신이 누군가에게 무언가를 줄 능력이 있다면, 그들에게서 받을 준비도 되어 있어야 한다. 어떻게 그 관계를 통해 하나님이 당신에게 어떻게 복을 주시는지 깨어 살펴야 한다. 이런 식으로 우리가 맺는 관계는 양방향으로 상호 주고받는 진정한 공동의 삶이 될 수 있다.

풍성한 공동의 삶에는 안전한 사역을 위한 지침이 필요하다 이 항목

7 던 험프리스, 2023년 3월 28일 개인적인 대화.

은 의외라고 생각할 수도 있다. 하지만 성적 학대, 영적 학대, 신체적 학대, 심리적 학대 등 거의 모든 기독교 기관에서 때때로 학대가 발생한다. 대부분 그 피해자는 어린이, 청소년, 취약한 성인, 그리고 여성이다. 풍성한 공동의 삶을 통해 서로 가까워지는 축복을 누리게 되면 안전한 사역을 위한 체계를 갖추어야 한다. 이제 막 새로운 리더십 역할을 맡았든 오랫동안 리더의 자리에 있었든, 당신 공동체에 안전한 사역 지침이 아직 마련되어 있지 않다면 우선적으로 작성하는 것을 고려해 보라.[8]

제자 훈련

풍성한 공동의 삶이 **제자 훈련**과 밀접한 관계가 있다는 사실을 독자들이 이제는 알아차렸기를 기대한다. 그런데 복음주의권에는 제자 훈련에 대한 논의가 걱정스러울 만큼 빈약하다. 제자 훈련을 성경 지식과 복음 전도 정도로 축소하고 거기에 성적 순결을 덤으로 얹는 식이다.[9] 이는 그리스도인의 삶과 기독교 공동체를 어이없을 정도로 축소해 버린다. 성경 전체를 고려해 본다면, **우리가 하나님의 환대와 예배, 사역에 함께 참여하는 가운데 제자 훈련을 받고 제공해야 한다**고 제안하고 싶다. 다시 말해, 제자 훈련은 공동의 삶이라는 환경에서 일어나고, 거기

8 진행 과정에서, 캐나다 온타리오에 본부를 둔 플랜 투 프로텍트(Plan to Protect)처럼 보호 지침에 특화된 단체와 협력하는 것이 가장 좋다.

9 제자 훈련을 흔히 개인적인 관점(예. 성경 지식, 결혼 강의)과 제도적인 관점(예. 소그룹 인도법)으로만 보는 경향이 있다. 이런 활동은 그 자체로 좋은 것들이지만, 복음서에 나오는 제자 훈련은 그리스도의 가족이라는 대조적인 삶의 맥락에서 예수님을 따르는 것이다(예. 막 2:13-4; 3:31-5).

에는 우리가 이 책에서 살펴본 거의 모든 것이 포함된다. 이것이 바로 예수님이 제자들과 삶을 공유하면서 그들을 훈련하신 방식이 아니겠는가?

재즈의 역사에는 성경적 제자 훈련이 어떻게 작동하는지를 잘 보여 주는 인상적인 장면이 있다. 1922년, 청년 루이 암스트롱(Louis Armstrong)은 킹 올리버(King Oliver)와 그 밴드의 제자가 되고자 뉴올리언스에서 시카고로 이사했다. 올리버와 암스트롱은 둘 다 코넷 연주자였고, 재즈 즉흥 연주의 새 전통을 선도하던 인물들이었다. 무대에서 두 사람은 서로 멜로디를 주고받으면서 연주했는데, 마치 상대가 다음에 어떤 연주를 할지 미리 알고 있는 듯한 인상을 주었다. 그 시절 시카고에는 악기 연주를 못 하는 사람이 없는 것처럼 보였다. 어느 젊은 연주자는 이렇게 회상했다. "주변이 온통 음악으로 가득해서, 나팔을 들기만 해도 저절로 연주가 될 것만 같았다."[10] 성경적 제자도도 마찬가지다. 하나님 나라의 환대와 예배와 사역에 함께 잠겨 있으면, 우리는 "주변에 가득한 음악"에 의해 변화되지 않을 수 없다.

다양한 문화 공동체

문화 간 역량은 풍성한 공동의 삶에 필요한 마지막 요건인데, 이제부터 이 중요한 주제를 살펴보기로 하자. 내 친구 타마(Tama)는 창의적인 그리스도인 리더다. 언젠가 타마가 내게 이런 말을 한 적이 있다. 카페에 들어갔는데 다양한 구성원이 한자리에 앉아 집중해서 대화하

10 윈튼 마살리스, 〈재즈〉, 2화.

는 모습을 목격하면, 직감적으로 교회 소모임인 것을 알 수 있단다. 그녀는 커피를 사서 그들 옆에 자리를 잡고 대화를 들으면서 자기 직감이 맞는지 확인한다는 것이다! 다양한 배경을 지닌 그리스도의 제자들이 함께 커피를 마시면서 사랑 안에서 하나로 엮이는 모습은 다양성이 우리 유전자에 새겨져 있다는 사실을 일깨워 준다.

하지만 모든 사람이 이에 동의하지는 않는다. 교회성장운동(Church Growth Movement)의 핵심은 동질적인 회중을 모으는 것이었다. 교회가 성장하려면 공통된 취향과 문화적 경험에 호소해야 한다는 것이다. 수많은 기독교 리더는 '동질 집단의 원리'(homogenous-unit principle)라는 현명한 조언을 수용했다. 똑같은 결과를 가져오지만 좀 더 미묘한 접근법은 '표적 집단'에 초점을 맞추어 교회 마케팅과 예배를 조정하는 것이다. 이 모든 내용은 성경에 적합한가? 전혀 아니다.[11]

구약성경에서는 외부인들이 이스라엘 문화와 공동체, 하나님에 대한 경험을 형성하고 풍성하게 만들었다. 예를 들어, 룻기는 모압 사람 룻이 어떻게 다윗의 선조가 되었는지를 보여 준다(룻 4:13-22). 욥기에서 우르 출신 외국인 욥은 극심한 고난 가운데서도 하나님을 어떻게 붙잡을 수 있는지를 이스라엘에게 가르쳐 준다(욥 1:1). 그런가 하면 (내가 좋아하는 이야기다) 복잡한 행정과 관련하여 모세에게 조언을 건넨 미디안 사람 이드로를 기억하는가?(출 18:1-27) 이드로의 말이 모세오경에, 율법과 사법 제도에 포함되어 있다(신 1:8-18). 미디안 사람의 말이 성경 말씀이 된 것이다! 우리가 이미 보았듯이, 외지인들

11 이런 관점에 대한 상세한 성경적 비판으로는 다음을 보라. C. Rene Padilla, *Mission Between the Times: Essays on the Kingdom*, rev. ed. (Carlisle, UK: Langham, 2013), 158-83. '표적 집단' 접근법이 항상 잘못된 것은 아니다. 예를 들어, 교회는 예배와 리더십에 특정한 문화적 미학을 반영함으로써 그 지역사회의 문화적 구성 특성을 반영하려 할 수도 있다.

도 함께 신명기의 절기를 지켰다(신 16:11, 14). 우리는 외지인들이 단순한 수혜자에 불과하지 않고, 그들도 각자의 고유한 문화에서 독특한 향신료와 요리법, 춤사위, 리듬을 가지고 절기에 참여했다고 상상해야 한다.

이런 본문들을 통해 신약성경에서 펼쳐지는 풍성한 다양한 문화 공동체를 미리 엿볼 수 있다. 예를 들어, 요한계시록에서 하나 된 그리스도의 몸은 민족성이나 문화적 표현을 지우지 않는다. 오히려 그 풍성한 다양성이 하나님의 보좌 앞에서 예배로 바쳐진다(계 7:9; 21:24-26). 이런 본문들은 어느 한 문화 집단도 홀로는 복음을 온전히 이해하거나 전하는 법을 알 수 없다는 사실을 일깨워 준다. 각 문화는 나름의 독특한 통찰력을 가지고 있다.

성경 이야기는 우리가 **다양한 문화** 예배 공동체를 길러야 한다고 주장한다. **다문화**(multicultural)라는 용어는 다양한 문화권에서 온 사람들로 구성된 공동체를 가리키지만, **다양한 문화**(intercultural)는 이 다양한 문화가 서로 대화하고 다양한 문화권의 사람들이 돌아가면서 이끌며 각 문화의 독특함이 약화하지 않는 상태를 가리킨다. 다양한 문화 공동체를 추구하는 교회는 그리스도의 몸의 다양성과 겸손을 독특한 방식으로 보여 주면서 더 큰 교회의 본보기가 된다. 내 생각에는 이것이 오늘날 성령의 가장 흥미진진한 움직임이 아닌가 싶다. 하지만 다양한 문화 공동체를 세우는 일은 지난한 작업이다.

다양한 문화 공동체는 지역사회에서 문화적 다양성을 반영하려 애쓴다. 다양한 문화 공동체를 추구하는 이들이 참고할 수 있는 일곱 가지 방향을 간단히 살펴보겠다. 첫 번째 방향은 교회 리더들 사이에서 문화 간 역량을 키우는 것이다. "문화 간 역량은 문화적 차이와 공통점을 인식하고 그에 따라 관점을 바꾸며 행동을 조정할 수 있는 능력이다."[12] 내 친구 엘시 로(Elsie Lo)는 리더들을 대상으로 문화 간 역량을 훈련한다. 나는 엘시에게 모든 백인 목회자가 알았으면 하는 것이 무엇인지 물어보았다.

> 백인 목회자들은 자신들에게도 문화가 있다는 점을 인식해야 합니다. 소수자에게만 문화가 있는 것이 아닙니다. 문화는 사람이 세상을 바라보는 방식, 사람을 형성하는 모든 것을 말합니다. 여기에 큰 맹점이 있습니다. 그들은 "저는 특별한 문화가 없는데요"라고 가정하지만, "당신에게도 문화가 있고, 당신은 그 안에서 헤엄치고 있어요."[13]

(나를 포함한) 백인 리더들은 우리에게도 문화가 있고 적절하게 반응하기 위해서는 외적 변화와 더불어 내적 변화가 필요하다는 것을 깨달아야 한다. 내게는 속도를 늦추고 남들이 어떻게 움직이는지 지켜보고, 소리를 줄이고 다른 사람들의 말을 경청하려는 겸손이 있는가?

둘째, 다른 문화권의 사람들과 깊이 있고 지속적인 관계를 나누는 것은 다양한 문화 공동체를 양육하는 방법이다. 이런 관계가 우리 공동체의 가장 친밀한 교제권과 가까우면 가까울수록 더 좋다. 엘시는 내게 이렇게 말했다. "우리가 가장 신뢰할 수 있는 관계가 다양한 문화적 관계가 될 때 우리 안에 변화가 생긴다." 다른 문화 집단 사람들과 음식을 나누는 것은 좋은 출발점이 될 수 있다.

세 번째 방향은 다양한 리더십이다. 이상적으로는 교회의 최고 리

---

12 *Intercultural Development Inventory* (Mitchell R. Hammer and IDI LLC), "Individual Profile Report," 3.

13 엘시 로, 2023년 6월 19일 개인적인 대화.

더십이 공동체의 문화적 다양성을 반영하면 좋다. 이 말은, 특히 임원이나 설교자 같은 핵심 리더들의 문화적 다양성을 통해 앞으로 그 공동체가 어떤 문화적 다양성을 반영할지 예측할 수 있다는 뜻이다. 열한 살짜리 우리 딸이 아프리카계 캐나다인들이 운영하는 여름 캠프에 참석한 적이 있다. 어느 화창한 오후, 캠프가 끝나기를 기다리고 있는데 대표가 내 옆자리에 앉더니 이렇게 말했다. "따님이 흑인의 멘토링을 받는 일은 이번이 처음이자 마지막일지 모릅니다. 아이의 발달 과정에 매우 중요한 영향을 줄 거예요." 캠프 대표가 즉석에서 한 말이 내 가슴에 콱 박혔다. 그날의 대화 이후로, 나는 가능하면 백인 멘티가 백인이 아닌 리더의 멘토링을 받도록 계획을 세우려 한다.

넷째, 다민족 교회에서 다양한 문화권의 독특성을 지우고 다문화적 표현을 한 가지 양식, 대개는 서양식으로 통합하려는 성향을 경계한다. 숭찬 라(Soong-Chan Rah)는 이렇게 말한다. "문화적 지능에서 우리의 목표는…문화적 차이를 없애는 것이 아니라, 다양한 문화에서 하나님의 임재를 높여 드리는 방법을 찾는 것이다."[14]

다섯째, 다양한 문화적 교제를 위해서는 우리 문화와 기관과 지역의 역사를 배우고 이해해야 한다. 우리가 인식하든 그렇지 못하든, 역사의 흐름이 우리 삶과 관계를 정의한다.[15] 시간을 내서 서로의 문화적 이야기를 배우자.

여섯째, 일부 이민 교회에는 고유한 다문화적 도전이 있다. 이민 교회에서는 흔히 이민 1세대가 고향의 문화를 지키고자 자기 언어와 관습을 보존하려 한다. 2세대(나 1.5세대)는 대체로 새로운 환경에 적응하

14 Soong-Chan Rah, *Many Colors: Cultural Intelligence for a Changing Church* (Chicago: Moody, 2010), 29.

15 더 자세한 내용은 Rah, *Many Colors*, 41-59를 보라.

는 경우가 많다. 2세대는 주변 문화와 비슷하게 협력하고 예배하는 방식을 원한다. 그 결과로 갈등이 불거져서 젊은 세대가 교회를 떠나기도 한다. 이렇게 다양한 문화 환경에서는 복잡한 대화를 중재할 수 있는 감정 지능이 높은 리더가 필요하다(10장 "대화"를 보라). 문화적 다양성 속에서 함께 잘 살아가기 위해서는 우리 삶을 함께 형성하는 문화보다 더 큰 무언가가 필요하다. 그리스도를 우리 중심에 모셔야 한다. 다음은 일곱 번째 방향인 다양한 문화 예배를 살펴보자.

재즈라는 예술 형식은 다양한 문화 공동체의 예를 잘 보여 준다. 처음 만난 다양한 문화권 출신의 재즈 연주자들이 무대에 올라 곡을 정하고 연주를 시작한다. 첫 음부터 마지막 음까지 연주자들은 서로 귀를 기울이며 다른 사람의 리듬에 반응하고 변화무쌍한 만화경 같은 하모니를 함께 만들어 간다. 마살리스의 표현대로, "그게 우리가 하는 예술입니다. 이제 우리는 대화할 수 있어요. 말을 주고받을 수 있어요. 음악이라는 언어로 서로 이야기를 나눌 수 있습니다."[16] 이와 비슷하게, 그리스도는 개인이나 그의 문화를 지우지 않으면서도 우리가 서로 귀를 기울이며 다른 사람의 독특한 리듬에 반응하고 개인의 총합을 넘어서는 무언가(하나님께 바쳐진 영적 공동체)를 만들면서 그분 안에서 공동의 삶을 이루어 갈 때 우리의 중심이 되고자 하신다.

다양한 문화 예배

일곱째, 다양한 문화 공동체는 다문화적으로 예배할 수 있다. 5장에

16 윈튼 마살리스, 〈재즈〉, 1화.

서는 다양한 문화 예배가 예배를 새롭게 하는 폴리리듬에 기여한다고 언급한 바 있다. 하나님 백성의 다양성을 표현하는 예배는 성경에 계시된 하나님의 풍성하심을 온전히 알기 위해 꼭 필요하다(엡 3:9-10). 나는 아프리카인 친구들과 함께 예배하면서 하나님이 환상과 꿈을 통해 말씀하신다는 사실을 깨닫곤 한다. 라틴계 친구들과 예배할 때는 따뜻한 환영과 축하가 얼마나 즐거운지 깨닫는다. 나로 말하자면, 오스트레일리아인 특유의 편안함이 있다. (이 또한 하나님 나라에 분명 자리가 있지 않겠는가!) 다양한 문화 예배는 시대를 앞서가려는 시도라기보다 성경이 요구하는 예배에 응답하는 것이다. 하나 되어 예배하라는, 세상 모든 백성에 울려 퍼지는 부르심 말이다(예를 들어, 시 117편).

어떻게 하면 우리 교회에서 다양한 문화 예배를 드릴 수 있을까? 다양한 언어로 찬양을 부르는 것도 유익하지만, 단순히 그것이 다양한 문화 예배는 아니다. 다양한 문화 예배를 드리려면 지배적인 문화에 속하지 않은 리더를 초대하여 예배를 이끌도록 해야 한다. 샌드라 마리아 반 옵스탈은 이를 파티 준비에 비유한다. 집주인이 어느 한 문화 집단을 대표한다면 파티 장식과 음악, 음식 모두 한 종류일 것이다.[17] 예배도 마찬가지다. "리더라면 누구나 리더십에 대해서조차도 사회적·문화적 위치에 따라 형성된 뚜렷한 선호도가 있다."[18] 따라서 예배를 형성하고 인도하는 리더는 우리 공동체의 다양성을 반영해야 한다. 누군가를 리더로 세울 때는 다양한 배경을 지닌 사람들이 자신의 고유한 모습으로 공동체의 예배 문화를 형성할 수 있도록 자유를 허용해야 한다. 그게 항상 쉽지만은 않다. 다양한 문화 예배로 나아가려면 공동

17 Sandra Maria Van Opstal, *The Next Worship: Glorifying God in a Diverse World* (Downers Grove, IL: InterVarsity Press, 2016), 80.

18 Maria Van Opstal, *The Next Worship*, 81.

체가 개인의 선호를 넘어서서 그리스도의 몸을 위해 영적·정서적으로 성숙해야 한다.

공동의 삶을 형성하는 설교

공동의 삶이라는 관점에서 설교에 대해 몇 가지를 언급하는 것이 유익할 듯하다. 많은 신학교 졸업생이 (이제 막 마친 훈련 덕분에) 설교가 목회의 95퍼센트를 차지한다는 생각으로 사역을 시작한다. 그러나 성육신적 공동체를 돌보는 일은 설교 기술만으로는 결코 감당할 수 없다. 목회자는 관계 지킴이이자 손님, 예배자, 기도자, 중재자, 이웃을 사랑하는 사람, 형제자매, 예술가다. 그럼에도 목회자는 **설교한다**. 따라서 설교는 우리 공동의 삶을 길러 내야 한다.

우리는 특정한 공동체가 특정한 순간에 특정한 지역 안에서 공동체의 증언하는 삶을 양육하기 위해 그리스도를 설교한다. 어느 곳에서나 통용되는 설교, 그런 추상적인 설교는 없다. 우리는 특정한 지역사회에 위치한 특정한 예수 공동체의 공동의 삶이라는 여정에서 어느 특정한 순간에 설교한다. 설교자에게는 함께하는 그 여정에서 하나님이 우리 가운데 하고 계신 일을 분별하고 확인하는 독특하고도 영적인 역할이 있다.

당신이 시도해 볼 수 있는 실험을 한 가지 소개하겠다. 흔히 설교 마지막에 교인들에게 던지는 권면의 말을 생각해 보자. 이를 공동체에게 새로운 상상력을 전달할 수 있는 방향으로 재구성해 보자. 예를 들어, 1인칭 복수 명사 '우리'를 사용하면 이 목표를 더 수월하게 달성할 수 있다. "여기서 우리에게 무엇을 권면하고 있습니까?" "이 본문은 우리가 ~ 하는 가운데 어떻게 우리를 빚어 갈 수 있을까요?"

신명기 절기를 시각적으로 떠올려 보면 도움이 될지 모른다. 교회의 외적 움직임을 일깨울 수 있는 다른 성경적 이미지와 은유는 또 무엇이 있을까? 다음 장에서는 치유, 친족 관계, 모성적 돌봄 이 세 가지 성경적 이미지를 살펴볼 것이다.

7장

치유, 친족 관계, 모성적 돌봄

재즈에서 셋잇단음표는 아주 중요하면서도 난해한 요소다. 셋잇단음표란 두 음표가 들어갈 자리에 세 음표를 묶어서 넣은 리듬이다. '셋잇단음표'는 리듬과 관계가 있다. 우리는 일상의 대화에서 하루에도 몇 번씩 셋잇단음표를 느낄 수 있다. "고 다운 더 스트리트"(Go down the street)라고 말할 때 '고'와 '스트리트'에 강세를 줘 보자. 이 문장의 처음 세 단어로 셋잇단음표를 만들 수 있다. 사실, 음악에 따라 춤추고 싶게 만드는 스윙 재즈의 느낌은 이 셋잇단음표에 달려 있다. 많은 사람이 역사상 최고의 재즈 피아노 교사로 꼽는 배리 해리스(Barry Harris)는 셋잇단음표의 느낌이 성부, 성자, 성령 삼위일체와 연결되어 신성하다고까지 주장한다.

공동체를 새롭게 연주하는 일곱 번째 음은 셋잇단음표로 연주된다. 온유함이라는 주제의 셋잇단음표는 치유, 친족 관계, 모성적 돌봄이다. 그리스도인 공동체에서 이 세 주제를 함께 연주하면, 그리스도 안에서 하나님의 온유하심을 연주하는 아름다운 멜로디가 된다. 하나님이 그들을 특정한 지역사회로 보내셨다고 믿는 공동체가 이 온유함의 셋잇단음표를 가장 강력하게 표현한다. 이런 내용을 담은 장은 대개 "사회 정의" 같은 제목이 붙기 마련이지만, 치유, 친족 관계, 모성적 돌봄이라는 성경적 주제는 시끄러운 이념 논쟁 속에서 정의에 대한 요구가 사라져 버린 시대에 우리에게 긍휼에 대한 신선한 시각을 줄 수 있는 증언의 주제다.

내가 숫자 3이라는 숫자 자체에 특별한 권위를 부여하려는 것이 아님을 확실히 해 두자. 하지만 성경적 치유, 친족 관계, 모성적 돌봄은 거룩한 성경에서 나온 비유가 확실하다. 이 셋을 통해 하나님의 온유하심이 우리가 세상에서 잘 살기 위한 방법임을 엿볼 수 있다.

그런데 이 세 유비를 소개하는 이유는 무엇인가? 최근의 선교적 대화에는 선교적 상상력의 위기가 있다. 지나친 단순화의 위험을 무릅쓰고 말하자면, 20세기 서양 개신교 담론을 지배한 성경적 주제가 언약(개혁주의 전통)과 속죄(복음주의 전통)였다면, 지난 수십 년의 세계적인 선교적 대화를 지배한 유비는 하나님 나라였다.[1] 물론, 하나님 나라 중심의 성경 신학과 증언을 통해 얻은 것이 많다. 하나님 나라라는 주제는 창조 세계를 다스리시는 구원자 그리스도의 주 되심을 강조한다. 우리는 하나님 나라 신학을 활용하고 유지해야 한다. 그렇지만 이 유비는 고대 로마의 제국주의 통치 맥락과 큰 연관성이 있고, 그런 맥락에서는 진정한 왕이 누구이며 그 왕권에 무엇이 수반되는지를 선언하는 수단이 되었다. 탈식민, 후기 기독교 시대에 복음을 이야기할 때 왕권과 통

1 성경 이야기의 핵심이 하나님 나라임을 강조하는 깊이 있는 논의로는 다음을 보라. N. T. Wright, *Scripture and the Authority of God: How to Read the Bible Today* (New York: Harper One, 2013), 28-30. 『성경과 하나님의 권위』(새물결플러스).

치라는 주제는 추가로 설명이 필요하다. 하나님 나라 유비가 그리스도의 주 되심을 강조하는 데는 도움이 되지만, 교회에 익숙하지 않은 사람들에게 그리스도의 온유하심을 보여 주기 전에 확실히 해 둘 점이 있다. 따라서 여기서 기독교 증언에 덜 활용된 성경적 유비, 곧 치유, 친족 관계, 모성적 돌봄을 살펴보는 것은 시의적절하다. 이 유비들은 예수님에 대해 말하고 동시에 교회가 살아가는 여정의 길잡이가 될 수 있다.

치유

오늘날 서양 문화에서는 많은 사람이 잘 살기 위한 방법으로 신체적 건강, 정서적 건강, 영적 건강을 추구한다. 다양한 영적·문화적 전통의 치유 실천을 적극적으로 찾아다니면서 요가나 명상 같은 전인적인 실천에서 유익을 누린다. 과연 치유가 문화와 성경의 연결점이 될 수 있을까? 교회가 자신의 지역사회로 부름받았다고 믿을 때 그 증언에 대한 이미지로 성경적 치유를 활용하는 것이 적절한가? 지난주에 처남 데이비드 그로엔이 자기 교회 청소년부 모임에 참석하여 질의응답 시간을 가졌다. 데이비드는 "신체적으로나 정서적으로 위험한 사람들을 제가 어떻게 사랑할 수 있을까요?"라고 다른 참가자들에게 질문한 어느 열세 살 소녀에게 깊은 인상을 받았다. 신체적·정서적 안전의 중요성을 알아차린 십 대의 영민함에 놀랐다. 그 세대의 특징이 아닌가 싶다. 교회는 이런 좋은 욕구를 지지하고 연결하는 방식으로 말하고 행동해야 한다. 치유는 복음과 마찬가지로 전인적이다.

구약성경에서부터 시작해 보자. 출애굽 사건 직후에 마라에서 목이 마른 이스라엘 백성이 야웨께 불만을 토로하자 야웨는 마실 물을 주신다. 그러고 나서 이렇게 선언하신다.

> 너희가 너희 하나님 나 여호와의 말을 들어 순종하고 내가 보기에 의를 행하며 내 계명에 귀를 기울이며 내 모든 규례를 지키면 내가 애굽 사람에게 내린 모든 질병 중 하나도 너희에게 내리지 아니하리니 **나는 너희를 치료하는 여호와임이라.**(출 15:26)

이 구절에서는 야웨가 이스라엘의 치유자이실 뿐 아니라(놀라운 사실이다) 토라(구약성경 율법)[2]를 지키는 행위 자체가 그 치유의 통로임을 알 수 있다. 이는 꿀보다 더 단 율법의 완전함과 아름다움을 묘사하는 시편 19편을 연상시킨다. 어떻게 율법이 치유할 수 있는가? 야웨의 율법은 창조 세계 자체의 리듬과 하모니에 맞추어져 있다. 따라서 하나님의 율법을 지킴으로써 이스라엘 공동체의 삶은 더는 불협화음을 내지 않고 창조 세계의 '리듬'에 동참한다. 이러한 방식으로 야웨의 율법은 치유를 가져온다.

이 본문의 도덕적 논리를 따르면 그 반대도 사실이다. 이스라엘을 억압한 바로의 계속된 통치는 야웨가 애굽 사람들에게 질병을 내리게 하시는 결과를 낳았다. 이제 야웨는 히브리 백성을 해방하셨고 율법을 통해 그들을 대조적인 공동체, 온유한 공동체로 빚어 가고 계신다. 그렇다면 출애굽기 15장 26절의 치유는 적어도 부분적으로는 비유적이라고 할 수 있다. 치유는 송이꿀보다 더 단 하나님 말씀(시 19:10)의 인도로 삶을 고치고 번성하는 것을 표현한다.

---

2 구약성경에서 세 군데 주요한 율법 모음은 출애굽기 20-23장, 레위기 17-25장, 신명기 12-26장에서 찾아볼 수 있다.

신약성경으로 넘어가면, 예수님은 하나님 나라가 육체를 치유하고 온전하게 하며, 정결과 교제를 회복한다는 것을 가르치고 몸소 보여 주셨다. 하나님 나라는 심지어 죽은 사람을 다시 살리기까지 했다.[3] 예수님이 중풍 병자를 고치신 사건을 생각해 보자(막 2:1-12). 예수님은 이 사람의 몸을 고치셨을 뿐 아니라 그의 죄도 용서하셨다. 1세기 유대교에서는 몸의 치유와 죄 사함을 하나로 보았다. 복음서 저자들이 죄 용서를 말할 때는 단순히 법적 판결만을 뜻하지 않는다. 신약성경의 '용서'에는 더 폭넓은 의미가 있다. 그것은 해방의 개념, 곧 포로, 질병, 반역, 악한 영역의 영향, 사회적 소외, 부정을 비롯하여 온갖 저주의 억압에서 해방되는 것을 가리킨다.[4] 예수님 앞에 실려 온 이 중풍 병자는 죄와 부정, 고립, 질병, 악한 영역에서 온전히 해방되었는데, 이는 하나님 나라가 임한 결과였다.

그렇다면 성경에 나오는 치유는 다면적이라고 할 수 있다. 우선, 다들 알 수 있듯이 몸의 치유가 있다. 신체적 치유는 인간의 사회적·영적 차원의 온전함과 서로 연결되어 있다. 어떤 본문에서는 치유라는 개념이 일반적으로 고난과 깨어짐에서 회복되는 것을 나타내며(예. 시 103:3-5), 심지어는 성경 전체가 말하는 회복의 큰 흐름을 나타내기도 한다(예. 계 22:2). 증언을 위한 주제인 치유는 개인적이고 공동체적인 동시에 우주적이다.

오늘날 치유자인 교회는 먼저 그리스도의 치유를 받아야 한다. 우리

---

3 이 단락은 다음 책에 나오는 더 상세한 논의를 가져와서 요약한 것이다. Mark R. Glanville and Luke Glanville, *Refuge Reimagined: Biblical Kinship in Global Politics* (Downers Grove, IL: IVP Academic, 2021), 84-86.

4 더 상세한 논의를 다음을 보라. Pamela Shellberg, *Cleansed Lepers, Cleansed Hearts: Purity and Healing in Luke–Acts* (Minneapolis: Fortress, 2015), 111-13.

는 기도하고 예배하면서 그리스도 안에서 사랑받는 자의 지위를 되찾고, 우리 가운데 가장 연약한 자들을 치유의 중심에 세운다. 우리는 성경에 깊이 잠길 때 치유를 받는데, 꿀보다 더 단 '율법'이 우리 삶을 통해 흘러나와 모든 것을 덮기 때문이다. 마치 입원한 환자가 옆에 있는 환자에게 물 한잔을 건네듯이 우리는 그리스도의 치유를 전달한다. 우리가 따르는 그리스도는 몸과 영혼, 가족, 결혼, 소명, 재정, 인종의 차원까지 그 모든 영역에서 치유를 베푸신다. 치유는 교회가 이웃을 생명으로 이끌며 사랑할 때 취해야 할 자세다.

치유를 증언으로 살아내는 아름답고도 실제적인 예가 목회 간호사(parish nurse)의 역할이다. 이 역할은 잘 알려져 있지 않지만 공동체에 큰 복이 될 수 있다. 목회 간호사는 목회와 기도와 함께 의료 전문성을 갖추어 돌봄 사역과 전문 지식을 제공한다. 로리 듀크(Laurie Duke)는 목회적 돌봄과 기도에 은사가 있는 공인 간호사다. 그는 우리 공동체에서 시간제로 사역하면서 교회 안팎의 사람들에게 돌봄을 제공한다. 나는 로리만큼 그리스도의 보살핌을 눈에 띄게 보여 주는 사람을 만난 적이 없다.

교회의 치유 사역은 사회적 책임의 형태로도 표현될 수 있다. 곧 교회가 건강한 지역사회를 형성하는 데 역할을 맡는 것이다.[5] 우리 밴쿠버 교회는 교회 사무실 공간에 소규모 사업을 유치하여 지역사회 건강에 기여했다. 이 사회적 기업은 고용에 어려움을 겪는 사람들을 교육하고 일자리를 제공한다. 이 조직은 세 군데 사회적 기업으로 나뉜다. 한 곳은 건물 보수 분야의 훈련과 일자리를 제공하고, 다른 한 곳은 아

5 출애굽기 15장 26절을 보면 치유와 토라 준수가 하나로 엮여 있다. 토라는 노동 관행에서 법정에 이르기까지 고대 이스라엘 사회의 모든 차원을 형성했다. 이런 식으로, 교회의 치유 사역은 건강한 지역사회 형성을 포함할 수 있다.

름답고 실용적인 도자기를 만들어 도시를 섬기며, 마지막 한 곳은 음식 서비스를 제공한다. 교회 지하실에는 도자기 가마 다섯 개가 섭씨 1,000도에서 작동하는 중이다! 이 세 사회적 기업은 우리가 사는 도시에 양질의 서비스를 제공하는 한편, 개인과 그 가족들의 생활에 엄청난 변화를 불러왔다.

건강한 목회자

성경이 제시하는 치유의 과정은 그리스도인 리더들이 자신의 개인적 건강과 영적 건강에 주의를 기울이도록 한다. 나는 지금이 목회자로 살아가기에 매우 흥미로운 시기라고 생각하지만, 교인들의 필요만 돌보는 것이 아니라 목회자 자신의 필요에도 관심을 두어야 한다고 생각한다. 기독교 리더들은 자신도 모르게 공허함과 외로움을 느끼면서 목회할 때가 너무 많다. 운동과 건강한 식습관을 소홀히 한 채 몸을 돌보는 일을 잊기 쉽다. 사회적 관계가 축소되도록 내버려두기도 하고, 사역의 유효 기간이 이미 지났는데도 그 자리에 계속 머물기도 한다. 기독교 리더들이 가장 먼저 할 일은 자신의 삶의 모든 영역에서 그리스도의 치유를 받는 것이다. 그래야 그리스도의 치유를 다른 사람들에게 흘려보낼 수 있다.

피터 스카지로(Peter Scazzero)는 『정서적으로 건강한 리더』(*The Emotionally Healthy Leader*)에서 이렇게 말한다. "누구에게나 그림자가 있다.…그림자는 길들이지 않은 감정들, 그리 순수하지 않은 동기와 생각들의 집합이다. 이는 부지불식간에 우리 행동에 강한 영향을 미친다. 그것은 상처받았지만 대부분 숨겨진 당신의 또 다른 모습이다."[a] 우리 각 사람은 최고의 자질과 그림자 둘 다를 가지고 사람들을 이끈다. 따로 시간을 내서 스스로를 점검해 보는 것은 어떨까? 수련회나 피정도 좋을 것이다. 당신의 개인적·영적·사회적·신체적 건강을 평가해 보자. 이 각각의 영역에서 건강해지기 위해 하나님이 당신에게 요구하고 계시는 작은 변화는 무엇인가?

a Peter Scazzero, *The Emotionally Healthy Leader: How Transforming Your Inner Life Will Deeply Transform Your Church, Team, and the World* (Grand Rapids, MI: Zondervan, 2015), 55.『정서적으로 건강한 리더』(두란노).

치유는 특정한 지역사회에서 살고 증언하라고 부름받았다고 믿는 교회에게 강력한 증언의 모티프가 될 수 있다. 치유의 사회적 차원, 곧 공동체와 소속감에 대한 필요는 우리를 셋잇단음표의 두 번째 음인 친족 관계로 안내한다.

친족 관계

친족 관계는 지역사회에서 교회가 증언하는 방법인 온유함의 셋잇단음표에서 두 번째 주제다. 성경 윤리의 핵심인 친족 관계 윤리에 대해서는 앞에서 이미 살펴보았다. '친족 관계'는 가족 혹은 가족과 같은 관계의 결속을 가리킨다. 여기에는 상호 의존과 정체성의 공유도 (부분적으로나마) 포함된다. 언뜻 보기에는 친족 관계를 창의적으로 재구성한다는 말이 이상할 수도 있다. 친족 관계는 자유 재량권이 별로 없는 안정적인 개념이기 때문이다. 하지만 조금만 생각해 보면 우리는 어떤 관계에는 관심을 더 주고 어떤 관계에는 그렇지 않음을 알 수 있다. 우리는 누구와 가까워질지를 선택하고, 어떤 사람들이 우리 삶을 의미 있게 해 줄지를 결정한다. 더 나아가서, 우리가 맺는 어떤 관계는 우리에게 너무 중요해서 마치 가족처럼 느껴지기도 한다. 어떤 친구들은 평생 친구, 즉 친족처럼 되기도 한다.

하지만 이런 밀접한 관계는 서양 생활방식이 지닌 동질성을 그대로 반영하는 경우가 많다. 대부분 우리는 자신과 비슷한 사람들 혹은 우리가 닮고 싶은 사람들에게 자연스럽게 끌린다. 대개 우리는 친족 관계 맺는 것을 그리스도를 따르는 행위라고 생각하지 않는다. 하지만 성경에 나오는 친족 관계는 복음이 가장 큰 변화를 만드는 자리, 곧 성경 이야기가 가장 아름답고도 부드럽게 세상을 뒤흔드는 지점이다.

많은 성경 본문이 친족 관계라는 장에서 펼쳐지고 있다. (나처럼) 서구화된 문화에서 극도로 개인주의에 빠져 있는 독자들은 쉽게 놓칠 수 있지만 말이다. 6장 "공동의 삶"에서 성경이 하나님 백성을 가족으로 재형성하고 있음을 살펴보았는데, 그 가족의 특징은 온유함이다. 우리는 우리의 거룩한 친족, 하나님 아버지를 함께 모시는 가족이다(마 6:8-9). 그 거룩하신 친족의 본을 따라서 우리는 서로를 가족으로 받아들여 소속감과 연대감과 보호를 제공한다(신 16:11, 14). 우리 가운데서 가장 연약한 자들을 공동체의 중심에 세운다.

성경의 친족 윤리는 오늘날 사회적 관계에 창의성을 가져다줄 잠재력이 있다. 재닛 카스텐(Janet Carsten)은 친족 관계에 대해 중요한 글을 썼다. 그는 친족 관계가 "다른 무엇보다도, 사람들이 자신의 감정과 창의적 에너지, 새로운 상상력을 투자하는 삶의 영역이다"라고 말한다.[6] 성경은 우리가 한 개인과 가족, 교회 공동체로서 성경적 친족 관계를 창의적으로 표현하도록 권면한다. 그리고 우리에게 이렇게 질문하도록 도전한다. 우리가 장기적으로 관계를 맺고 품어야 할 개인이나 가족, 특히 취약하거나 소외된 이들이 있는가? 다음과 같은 질문들도 던

6 Janet Carsten, *After Kinship* (Cambridge: Cambridge University Press, 2004), 9.

질 수 있다. 성경적 친족 관계는 교회가 인종차별에 어떻게 맞서야 한다고 요구하는가? 취약한 이민자들을 환대하려면? 창조 세계에서 잘 살아가려면? 집 없는 사람들 편에 서려면? 직장 동료에게 예수님의 온유하심을 전하려면?

가족 안에는 주고받음이 있다. 일방통행이 아니다. 성경적 친족 관계도 마찬가지다. 성경적 친족 관계의 핵심은 상호성이다. 하나님 나라에서는 환대를 받을 기회와 환대를 베풀 기회가 모든 사람에게 있다. 예를 들어 신명기에 나오는 절기들을 생각해 보자. 토지를 소유한 가족은 객과 고아와 과부와 함께 먹고 마신다(신 16:11, 14). 그들은 함께 추수하고 하나님이 명하신 곳으로 이동하여 음식을 준비한다. 절기를 지키는 이들은 추수를 허락하시는 하나님을 의지하면서 상호성을 경험한다. 혹은 예수님의 환대가 어떻게 상호적이었는지 떠올려 보자. 예수님은 때에 따라 주인도 되고 손님도 되신다. 대접하기도 하고 대접을 받기도 하신다. 주기도 하고 받기도 하신다(예. 눅 7:38). 예수님이 사람들과 맺는 관계는 심오한 상호성을 반영한다.

그리스도인들이 긍휼의 표현을 구제 행위로 축소하는 경우가 너무 많다. 그럴 때는 자원이 한 방향으로만 흘러간다. 무료 급식소 같은 구제 행위는 긴급한 도움을 제공해야 할 때는 가치가 있다. 그러나 구제는 성경이 우리에게 권하는 친족 관계나 상호성과는 거리가 멀다. "고아들을 위한 성탄절"이나 성탄 선물 상자 같은 오래된 일부 기독교 관행은 아무것도 안 하는 것보다는 낫지만, 서로 주고받는 관계를 통해 가족으로 삶을 나누라는 성경의 권면에는 모자란 측면이 있다. (사실 "고아들을 위한 성탄절" 같은 표현은 사용하지 않는 편이 좋을 것 같다.) 우리는 다른 사람과 연대하는 삶을 배워 가면서, 다른 사람에게서 받는 법도, 다른 사람의 초대에 응하는 법도, 함께 슬퍼하는 법도, 다른 사람과의 관계에서 변화되는 법도 배울 필요가 있다. 얼굴을 맞대고 나란히 서서 복음 사역에 함께 참여하며 주고받을 때, '그들'은 '우리'가 된다. 마이클 로즈(Michael Rhodes)와 로비 홀트(Robby Holt)는 성경적 윤리의 상호성을 완벽하게 포착한다. 하나님의 비전은 모든 사람이 줄을 서서 음식을 받는 무료 급식소가 아니라, 모든 사람이 한 접시씩 음식을 들고 오는 포틀럭 파티다![7]

내가 처음 웨스턴 시드니에서 목회를 시작했을 때는 다른 사람을 돕고자 하는 열망이 넘쳐났었다. 하지만 일방적인 도움은 모두를 위축시킨다는 사실을 깨닫지 못했다. 시간이 지나면서, 공짜 나눔을 좋아하는 사람은 거의 없다는 것을 배웠다. 대다수 사람은 진정한 양방향 관계를 원한다. 그래서 나는 저녁 초대나 커피 값을 낸다는 제안, 돕고 싶다는 의사를 가능한 한 받아들인다. 그리고 다른 사람을 위해 기도할 때는 그 사람도 나를 위해 기도해 주기를 기대한다.

앞서 언급한 적 있는 목요일 공동체 식사는 이런 상호 의존성의 훌륭한 예다. 처음에는 참가자들에게 음식을 제공하는 무료 급식소 형태로 운영했다. 그러나 운영팀은 '돕는다'라는 개념이 만들어 내는 일방적인 관계에 점점 불편함을 느끼게 되었다. 그래서 상호성에 기반한 식사로 방향을 바꾸었다. 이 새로운 모델에서는 모든 참가자가 동시에 주인이 되었다. 식당에 들어오는 모든 참가자가 각자 역할을 맡았다. 보행 보조기를 붙잡고 느릿느릿 걷는 한 참가자는 식사가 끝나면 흔쾌히 잔반을 옮겼다. 그는 자신에게 역할이 주어졌다는 것이 얼마나 큰 의미인지 내게 말해 주었다. 상호적 관계는 우리 모두가 서로에게 속해 있

---

7 Michael Rhodes and Robby Holt, *Practicing the King's Economy: Honoring Jesus in How We Work, Earn, Spend, Save, and Give* (Grand Rapids, MI: Baker Books, 2018), 124.

다는 느낌을 갖게 한다. 상호성이 건강한 친족 관계를 길러 낸다.

가정마다 각자 맡은 역할이 있다. 그중 한 가지가 모성적 돌봄이다. 모성적 돌봄은 온유함의 셋잇단음표에서 세 번째로 살펴볼 주제다.

모성적 돌봄

증언을 위한 주제로 모성적 돌봄을 다루다니, 이상하게 들리다 못해 말이 안 된다고 생각할지도 모른다. 어쩌면 모성적 돌봄을 제공한다는 생각이 당신에게는 낯설 수도 있다. 하지만 이렇게 한번 생각해 보자. 우리 중 누구라도 스스로 아버지 역할을 할 수 있는 것처럼, 어떤 면에서는 누구라도 자신이 어머니 역할을 할 수 있다고 생각할 수도 있을 것이다. 내게는 모성적 돌봄은 친족 관계와 온유함을 상징한다. 또한 모성적 돌봄에는 사랑하는 대상을 향한 강력한 보호와 지지가 반드시 포함되어야 한다고 나는 생각한다.

흥미롭게도, 우리는 성경 곳곳에서 하나님의 모성적 돌봄을 찾아볼 수 있다(예. 시 131편). 예를 들어 하나님의 모성적 돌봄은 룻기에 두드러지게 나타나는데, 거기서는 야웨를 새끼를 보호하는 강력한 어미 새로 묘사한다.[8] 이야기가 전개되면서, 모압 이주민 룻은 보아스의 밭에서 이삭을 줍고 있다. 보아스는 굉장히 인상적인 표현으로 룻을 축복한다. "여호와께서 네가 행한 일에 보답하시기를 원하며 이스라엘의 하나님 여호와께서 그의 날개 아래에 보호를 받으러 온 네게 온전한

8 룻기에 나오는 이 주제에 대한 더 상세한 논의는 다음을 보라. Glanville and Glanville, *Refuge Reimagined*, 59-66.

상 주시기를 원하노라!"(룻 2:12) 보호하는 날개라는 야웨의 이미지는 소속감, 생명 유지, 보호를 떠올리게 하는 모성의 이미지다. 날개 아래 보호하시는 야웨의 이미지는 구약성경에 여러 차례 등장한다.[9] 대부분은 이스라엘을 보호하시는 야웨를 가리키지만, 여기서는 외인인 모압 사람 룻을 보호하신다. 룻은 야웨의 어머니 같은 품에 안겨 있다.

룻을 위한 보아스의 기도는 취약한 이민자를 품으시는 야웨의 미쁘신 성품을 암시한다. 야웨는 그분의 날개 아래 연약한 이민자를 품으신다. 이야기가 진행되면서 보아스도 보호하시는 야웨의 도구로 하나님께 쓰임받는다(룻 3:9). 보아스가 룻을 친족으로 인정하면서 펼치는 '옷자락'(룻 3:9)을 뜻하는 히브리어는 보아스가 앞서 사용한 야웨의 '날개'(2:12)를 뜻하는 단어와 같은 단어다. 하나님 백성의 일원인 보아스는 그분의 어머니 같은 돌보심을 대리하는 그분의 도구다.

미국에 거주하는 내 친구 이사벨은 페루 출신의 미등록 이주민이다. 이사벨의 어머니는 이사벨의 할머니를 돌보기 위해 페루로 돌아갔는데 미국으로 다시 돌아올 가능성은 거의 없다. 신분 문제로 이사벨은 페루를 방문할 수도 없다. 이제 이사벨은 어머니가 페루로 떠난 후에 더는 하나님을 어머니처럼 **설명할** 필요가 없게 되었다고 한다. 그분을 어머니로 **알게** 되었던 것이다. 이사벨과 나는 룻기에 대해 이야기를 나누었다. 이사벨은 이렇게 말했다. "보아스는 어머니처럼 의지할 수 있는 야웨의 성품을 보여 주고 있어요. 어머니가 없는 상황에서 어머니 하나님이 저를 받아주셨어요."

9 예. 시 61:4-5; 출 19:4; 시 36:7-9; 57:1; 63:7; 91:4; 말 4:2.

하나님의 성별

이 성경 본문은 하나님의 성별이 무엇인지 궁금증을 불러일으킬 수 있다. 이 질문은 많은 그리스도인에게 개인 신앙생활과 예배 의식, 하나님에 대한 지식과 관련해서 중요한 문제다. 딸과 기독교 신앙의 여정을 함께하면서 내게도 이 질문이 특히나 중요해졌다. 딸은 하나님이 왜 '남성'이냐고 묻는다. 그것이 딸아이에게 근본적인 인간적 차원에서 불편함을 주는 듯 보인다.

복음주의 구약학자 고든 맥콘빌(Gordon McConville)은 구약성경의 관점에서 이 질문을 고찰했다.[a] 맥콘빌은 "인간은 자신의 문화적·정서적·지적 경험과 별개로 하나님에 대해 생각하거나 말하기가 힘들다"라고 말한다.[b] 확실히 구약성경은 하나님을 가리킬 때 남성 대명사를 사용하고, 남성의 은유를 자주 사용한다. 하지만 생물학적 특성에서부터 사소한 것에 대한 지나친 과장에 이르기까지 인간 남성성의 많은 측면이 하나님께 적용되지 않는다. 따라서 하나님께 '남성스러운 면이 있다'(male-ish)고 말하는 것이 최선일 것이다. 그분은 우리가 '남성적'이라고 생각하고 경험하는 성품이나 특징을 일부 드러내신다. 그러나 '남성적'이라는 의미도 문화에 따라 편차가 크기 때문에 하나님이 '남성적'이라는 개념은 더 모호해진다.

더 나아가서, 고대 세계에서 흔히 신을 남녀 한쪽 성으로 묘사한 관습이 구약성경에는 전혀 나타나지 않는 점을 고려해 보자. 신의 배우자를 언급하거나 신을 성별화하여 시각적으로 표현한 형상들은 고대 근동 예배에서는 일반적이었지만 구약성경에서는 철저히 배제되어 있다.[c] 맥콘빌의 표현대로, 야웨의 모성적 돌봄에 대한 은유는 남성적 은유뿐 아니라 여성적 은유도 "야웨가 자신을 표현한 도구"임을 잘 보여 준다.[d] 물론, 하나님을 남성으로 묘사한 은유가 많지만, 그렇다고 해서 여성적 은유를 폄하해도 된다는 것은 아니다. 혹은 에이미 필러(Amy Peeler)가 말한 대로, "성경 본문과 전통이 말하는 내용을 긍정한다고 해서 하나님의 다른 이름들이 세운 경계를 넘어서도 된다는 뜻은 아니다."[e] 구약성경은 하나님을 남성으로도 여성으로도 표현하지만, 그분은 구약성경에서 남성도 여성도 아니시라고 결론을 내려야 한다.

나는 하나님을 남성 명사로 표현한 것이 이스라엘의 사회 규범에 맞춘 '상황화'라고 생각한다. 그 사회에서는 남성이 공적 영역에서 움직이고 일하고 권위를 가진 반면, 여성은 사적 영역에서 움직이고 일하고 권위를 가졌던 사회적 구조 속에서 형성된 표현이라는 것이다.[f]

하나님의 성별에 대한 논의는 그분의 모성적 돌봄과 연결된다. 그리고 동시에, 이 책 전체가 함의하는 가부장제와 하나님 백성 전체의 참여라는 주제와도 맞닿아 있다.

---

a James Gordon McConville, "Neither Male Nor Female: Poetic Imagery and the Nature of God in the Old Testament," Journal for the Study of the Old Testament 44 (2019): 166-181.

b McConville, "Neither Male Nor Female," 177.

c McConville, "Neither Male Nor Female," 178.

d McConville, "Neither Male Nor Female," 176

e Amy Peeler, Women and the Gender of God (Grand Rapids, MI: Eerdmans, 2022), 17.

f 가정에서 여성의 권위에 대해서는 다음을 보라. Carol L. Meyers, "Was Israel a Patriarchal Society?" Journal of Biblical Literature 133 (2014): 8-27, 특히 22.

우리는 성경에 나오는 모성적 돌봄으로서의 증언이 온유함과 보호를 포함한다는 점을 살펴보았다. 프란체스코 교황의 표현을 빌리자면, 이 주제는 "온유의 혁명"을 요구한다.[10] 교회는 그리스도의 온유하심을 드러내면서, 사회에도 이를 요구해야 한다. 온유함이란 다른 사람들의 온갖 문제와 실수까지도 받아들일 수 있도록 우리 마음을 부드럽게 여는 것이다. 속도를 늦추어서 그리스도께서 슬퍼하신 것을 슬퍼하고, 그리스도께서 기뻐하신 것을 기뻐하는 시간을 내는 것이다. 온유

---

10 Laurel Wamsley, "In Surprise TED talk, Pope Francis Asks the Powerful for a 'Revolution of Tenderness,'" *NPR*, April 26, 2017.

함은 우리에게 신뢰를 건네고 희망을 선택하라고 요구한다. 이는 우리의 두려움을 알아차리되 그 두려움에 지배당하지 않는 것이다. 나는 복음서를 보면서 사람들이 예수님을 처음 만날 때 그분의 온유함에 사로잡히는 모습을 자주 목격했다. "예수께서 그[부자 청년]를 보시고 사랑하사"(막 10:21). "귀신 들렸던 사람이 함께 있기를 간구하였으나"(막 5:18).

모성적 돌봄은 강력한 힘을 지니며 종종 강력한 보호를 수반한다. 우리 어머니가 그 본보기다. 치료사인 어머니는 성적 학대 생존자들을 강력하게 옹호하셨다. 비협조적인 목회자나 학교 교장은 준 글랜빌이 그들의 사무실로 당당히 걸어 들어올 때 무슨 일이 벌어질지 알지 못했다. 어머니는 모성적 돌봄이라는 증언이 우리에게 해로운 남성성에 직면하라고 요청한다는 것을 직감적으로 아셨다. 우리는 여성과 남성이 동등하게 리더십을 공유함으로써 건강하고 안전하며 생명을 주는 관계가 특징인 교회 문화를 만들어야 한다.

예수님의 이름으로 행해지는 모성적 돌봄의 훌륭한 예로 리드(REED, Resist Exploitation, Embrace Dignity)를 들 수 있다. 내 친구 미셸 밀러(Michelle Miller)가 시작한 이 단체는 성 산업에 갇혀 있는 밴쿠버 여성들을 후원한다. 미셸이 2005년에 리드를 시작했을 때 캐나다에는 인신매매 관련법이 없어서 인신매매를 당한 여성들은 아무런 보호도 받지 못했다. 학대받는 여성들을 개인적으로 돌보면서 이 사역이 시작되었다. 미셸과 그의 팀은 이 여성들과 시간을 보내면서 그들이 구조적으로 착취당하고 있음을 깨달았다. 인터넷 포르노와 웹캠 매춘 산업은 착취와 인신매매에 의존하고 있다. 남성이 여성의 신체에 접근하는 것이 어느 정도 정상적인 일로 여겨지는 수준에 이른 것이다. 그래서 리드는 이 구조에 개입하는 데까지 사역을 확장하여, 정치적 지지와 교육 활동도 벌였다.

모성적 돌봄이라는 증언에는 다른 차원도 있다. 사도 바울은 모성의 비유로 갈라디아 그리스도인들을 향한 자신의 사도직을 묘사한다(참고. 살전 2:6-8).

> 나의 자녀들아, 너희 속에 그리스도의 형상을 이루기까지 다시 너희를 위하여 해산하는 수고를 하노니….(갈 4:19)

유명한 신약학자 브루스 롱네커(Bruce Longenecker)는 이렇게 말한다. "이는 모성적 은유다. 어머니가 자궁에 새 생명을 키우듯이, 갈라디아 그리스도인들의 공동생활은 그리스도를 키우는 자궁이 되어 그분이 그들 가운데 '탄생하시게' 된다."[11] 교회가 어머니의 헌신과 인내심을 보여 주는 동안 교회의 몸에서 그리스도가 자라나신다.

갈라디아 그리스도인들을 향한 바울의 갈망은 교회를 임신한 어머니로 묘사한 전통적 표현을 이해하는 데 도움이 될 수 있다. 그리스도를 임신한 마리아는 전통적인 동방정교회 성상에서 자주 등장하는 이미지다. 마리아는 그 안에 그리스도를 품고 나중에는 출산의 고통과 기쁨 가운데 그리스도를 세상에 내보내는 교회를 상징한다. 예를 들어, 표상의 성모(Virgin of the Sign) 성상에서 그리스도는 마리아의 태중에서 기도하고 있다. 마리아의 **안에서**, 마리아를 **위해**, 마리아를 **통해** 기도하신다(참고. 롬 8:26).[12]

모성적 돌봄은 온유함과 보호, 그리고 다른 사람들 안에 그리스도

---

11 Bruce Longenecker, "Galatians," in *The Cambridge Companion to St Paul*, James D. G. Dunn ed. (Cambridge: Cambridge University Press, 2003), 64-73, 특히 67.

12 더 자세한 내용은 다음을 보라. Rowan Williams, *Ponder These Things: Praying with Icons of the Virgin* (Norwich, UK: Canterbury, 2002), 44.

가 형성되기를 바라는 열망을 중심에 두는 증언의 자세다. 이 주제는 온유함의 셋잇단음표, 곧 치유, 친족 관계, 모성적 돌봄을 완성한다. 특정한 지역사회에서 이런 자세를 창의적으로 구체화함으로써 우리는 예수님의 치유, 예수님의 소속감, 예수님의 온유함을 보여 준다. 이 세 가지 성경적 은유는 진흙탕 같은 문화 전쟁 속에 빠져 버린 사회 정의를 재구성하는 좋은 도구가 될 수 있다. 이것이 성경적 주제라는 사실에도 불구하고, 어떤 사람들은 이 논쟁이 복음을 흐리게 한다고 반응할 수 있다. 그런 도전에는 어떻게 대응할 수 있을까?

사회 정의는 복음에서 벗어났다?

성경은 긍휼과 정의에 끊임없이 관심을 갖지만, 사회 정의에 너무 큰 관심을 두는 것은 복음을 흐리게 한다는 이야기를 흔히 들을 수 있다.[13] 예를 들어, 이 책을 쓰는 동안 미국 남침례교단(Southern Baptist Convention) 내부에서 발생한 성적 학대에 대한 보고서가 발표되었다.[14] 이 보고서에 따르면, 남침례교단 집행 위원회 한 핵심 리더는 성적 학대 생존자들을 옹호하는 활동을 "복음 전도에서 벗어나게 하려는 사탄의 계략"이라고 표현했다. 그는 내부 이메일에 "그것은 복음이 아니

13 이 부분은 이전에 출간된 내용을 수정하여 사용한 것이다. Mark R. Glanville, "The Old 'Distraction' Slur Against Advocates for Justice," *Christian Century* 139, no. 13 (June 2022), www.christiancentury.org/article/critical-essay/old-distraction-slur-against-advocates-justice.

14 "The Southern Baptist Convention Executive Committee's Response to Sexual Abuse Allegations and an Audit of the Procedures and Actions of the Credentials Committee" (May 15, 2022).

다. 복음의 일부도 아니다. 잘못된 행동이다"라고 썼다.[15] 이와 비슷하게, 인종차별 반대 사역 역시 비슷한 방식으로 기독교인들에게 비난받아 왔다. 예를 들어, 가스펠 코얼리션(The Gospel Coalition)이 주최한 "워크 처치"(woke church)에 대한 공적 대화에서, 한 목사는 "중요한 이론이자 사회 정의 활동인 워크니스(wokeness, 사회적 정의 같은 이슈에 대해 민감한 정도를 가리키는 말—역주)를 복음에 대한 타협"이라며 조롱했다.[16] 다른 비난들은 좀 더 미묘하다. 내가 들은 한 설교에서, 어느 설교자는 처음에는 인종차별이 악이라고 인정했다가, 교회는 복음만 선포해야 한다고 강조했다. 인종차별에 지나치게 관심을 두는 것은 "복음을 흐리게 만든다"는 것이다.

우리는 "초점을 흐린다"라는 주장에 신중하게 접근해야 하는데, 1863년 미국의 노예 해방 선언 이전 수십 년 동안 노예제 폐지를 외친 노예제 반대 운동에 대해서도 유사한 주장이 제기되었기 때문이다. 19세기 초반, 백인 그리스도인들은 노예제도에 대해 다양한 의견이 있었다. 많은 사람이 노예제에 찬성했고, 반대하는 사람도 있었다. 그러나 역사학자 벤 라이트(Ben Wright)에 따르면, "거의 모든 교단 리더들은 노예제 폐지론자들이 미국의 구원을 반대한다며 적극적으로 비난했다."[17] 백인 기독교 리더들은 폐지론자들의 '정화주의'보다 '회심주의'를 선호하는 경향이 있었다. '회심주의'(라이트의 표현)란 노예들과 식민지까지 포함하여 국가 전체를 복음화하는 것이었다. 그는 "회심주의

15 "The Southern Baptist Convention Executive Committee's Response," 6.

16 Sean DeMars and Rebecca McLaughlin, "Is 'Woke Church' a Stepping Stone to Theological Compromise?," *TGC*, May 11, 2022, www.thegospelcoalition.org/video/good-faith-debate-woke-church/.

17 Ben Wright, *Bonds of Salvation: How Christianity Inspired and Limited American Abolitionism* (Baton Rouge, LA: LSU Press, 2020), 83.

가 노예제에 찬성하는 기독교의 핵심이 되었다"라고 말한다.[18] 백인 기독교 리더들은 노예제 폐지론자들이 "기독교의 메시지를 노예제 반대 선전으로 왜곡한다"라고 주장했다.[19] 노예제 폐지에 있어 가장 큰 위협이 19세기판 극우 백인 우월주의자들이 아니었다는 사실은 뼈아프다. 진짜 위협은 중도의 백인 그리스도인들이었다.

"복음을 흐린다"라는 표현은 시대를 초월하여 불편하게 울려 퍼진다. 우리는 그 울림을 어떻게 이해해야 하는가? 복음이 긍휼과 정의의 예리한 날을 무디게 하는 방식으로 높여질 때는 "그렇다면 복음은 무엇인가?"라고 질문해야 한다. 분명히, 복음은 그리스도가 성취하신 죄 사함을 선포한다(막 15:31-32). 하지만 이 책 1장에서 보았듯이, 복음은 죽음과 사탄, 모든 형태의 악을 물리치신 하나님의 승리다(골 2:15). 아이작 왓츠(Isaac Watts)의 표현대로, 그리스도의 복음은 "죄와 슬픔을 몰아내고" 승리한다. 악이 창조 세계를 오염한 곳마다 복음은 치유를 가져온다. 그러한 죄에는 당연히 인종차별, 성적 학대, 노예제를 비롯하여 모든 형태의 불의가 포함된다.

흑인 목사이자 노예제 폐지론자였던 제임스 페닝턴(James Pennington, 1807-1970)은 이렇게 썼다. "제대로 이해하고 배우고 받고 느끼고 실천한 복음은 죄에 반대하듯이 노예제에도 반대한다."[20] 페닝턴의 말

18 Wright, *Bonds of Salvation*, 84.

19 Wright, *Bonds of Salvation*, 84.

20 James Pennington, *The Fugitive Blacksmith; or, Events in the History of James W. C. Pennington, Pastor of Presbyterian Church, New York, Formerly A Slave in the State of Maryland, United States* (London: Charles Gilpin, 1850; Reprint, Westpont, CT: Negro Universities Press, 1971). Cited in Lisa M. Bowens, *African American Readings of Paul: Reception, Resistance, and Transformation* (Grand Rapids, MI: Eerdmans, 2020), 147.

은 인종차별 반대가 됐든지 성적 학대 생존자들을 지지하는 문제가 됐든지 오늘날 정의 옹호와 관련된 논의를 흐리게 만드는 상황을 개선하도록 도와줄 수 있다. 오늘날 많은 백인 복음주의 리더들은 정의 옹호의 상당 부분 성경이 아니라 세속 이데올로기에 기초하고 있다고 주장한다.[21] 그러나 특히 흑인 사상가들을 비롯한 많은 이는 오랜 세월 성경을 근거로 구조적인 인종차별과 불의에 도전해 왔다. 이 중 다수는 그리스도를 열정적으로 전하는 사람들이기도 했다.[22]

이 남침례교단 리더는 성적 학대 생존자를 지지하는 활동이 복음 전도를 방해하는 사탄의 계략이라고 주장함으로써 십자가와 화해, 복음 전도와 제자도, 말과 행동, 사랑과 진리, 온유함과 초대, 창조와 구속처럼 본래 하나인 것들을 갈라놓아 버렸다. 그는 복음과 그리스도의 온유함을 분리해 버렸고, 그 결과 그것은 더는 복음이 아니게 되었다. 복음은 모든 영역을 포괄하며, 따라서 그리스도를 따르는 이들은 삶의 모든 차원에서 하나님의 회복하시는 다스림을 나타내는 표지로 살아야 한다.

이 장은 공동체를 새롭게 연주하는 일곱 번째 음을 살펴보았는데, 이 음은 치유, 친족 관계, 모성적 돌봄이라는 온유함의 셋잇단음표로 연주된다. 그리스도인 공동체에서 함께 연주하는 이 세 주제는 그리스도 안에 있는 하나님의 온유하심을 표현하는 아름답고 창의적인 즉흥 연주 멜로디가 된다. 하나님이 자신들을 특정한 지역사회로 보내셔서 이웃을 사랑하게 하셨다고 확신하는 공동체는 이 셋잇단음표 주제를 가장 강력하게 표현한다.

---

21 예를 들어, 다음을 보라. “The Statement on Social Justice and the Gospel,” *SJ&G* (website), www.statementonsocialjustice.com.

22 Bowens, *African American Readings of Paul*, 64, 69, 148.

우리는 성경적 윤리의 토대가 서로를 향한 우리의 친족 관계임을 살펴보았다. 그런데 성경에 따르면, 이 친족 관계의 유대는 인간관계를 넘어서 창조 세계를 품는 데까지 확장된다. 교회가 인간이 아닌 창조 세계와의 친족 관계를 진지하게 받아들인다면 과연 어떤 모습이 될까? 다음 장에서는 이 질문에 답해 보려 한다.

8장

창조 세계

저 위 가스펠 퍼스트 네이션에서는 고속도로가 구원처럼 느껴지죠…
직접 보면 알아요. 몸과 마음이 건강해져요.
지금 당장 떠난다면 내가 보여 줄게요.
예수님은 우리의 모든 죄와 함께
피셔 베이 매니토바(Fisher Bay Manitoba)에 살고 계실지도 몰라요.

_ 윌리엄 프린스(William Prince), "가스펠 퍼스트 네이션"(Gospel First Nation)

이 경쾌한 컨트리 음악에서 윌리엄 프린스는 우리를 그의 어린 시절 장소인 피셔 베이로 데려간다. 그는·우리를 버려진 교회로 이끌며 "강대상 위 캔맥주들"을 눈여겨본다. 이 노래의 여정은 우리를 이 장의 목적지로 가는 길로 인도한다. 이 노래 전체를 통해, 특히 뮤직비디오를 통해 우리는 피셔 베이의 생태계 안으로 깊이 잠기게 되고, 그곳에서 치유를 경험한다. 이 버려진 장소에서 (3장에서 다룬 마태복음 4장 15-16

절의 예언과 관련하여) 그리스도를 발견한다. 그렇게 시종일관 우리는 유명한 퍼스트 네이션 싱어송라이터 윌리엄 프린스가 노래한 창조 세계를 통해 치유의 여정으로 이끌렸다.

그 목적지란 이곳이다. 나는 후기 기독교 세계에서 창조 세계가 기독교 제자도의 여러 측면을 연결하면서, 번성하는 교회들의 핵심 주제가 될 것이라고 믿는다. 이 창조 세계와의 연대가 공동체를 새롭게 연주하는 여덟 번째 음이다. '모달 재즈'(modal jazz)라는 즉흥 연주법이 기독교 제자도에서 창조 세계의 역할을 잘 보여 준다. 다른 음악 형식처럼 대부분의 재즈 음악도 코드가 계속 바뀌면서 진행하여 화성을 형성한다. 정통 재즈의 조성은 대개 각 마디에 코드가 두 개 정도 들어가지만, 모달 재즈의 조성은 조금 다르다. 톤 센터(tone center)가 일반적인 코드 진행을 대체한다. 모달 화성은 막대그래프에서 매우 들쭉날쭉한 곡선을 부드럽게 다듬어 매끄러운 곡선을 그리는 것과 조금 비슷하다. 시각 미술의 인상주의에서처럼 전반적인 인상만 단순화하여 표현한다. 한 마디에 코드를 두 개씩 넣는 것이 아니라, 톤 센터가 여덟 마디, 혹은 그 이상 지속된다. 모달 재즈는 연주의 조화로운 창의성을 통합하는 특정 음계(예. D 도리안 모드)로 톤 센터를 표현한다. 모달 음계는 재즈 솔로의 중심을 잡아 주는 동시에 창의적인 자유를 펼칠 광활한 무대를 제공한다. 마일즈 데이비스의 〈카인드 오브 블루〉에 수록된 "쏘 왓"은 D 도리안 모드로 연주하는 가장 대표적인 모달 재즈곡이다.

이와 비슷하게, 인류가 창조 세계와 서로 깊이 연결되어 있고 그에 대한 책임을 지고 있다는 자각이 커질수록 이는 후기 기독교 시대에 번성하는 교회들의 핵심 특징이 될 것이다. 창조 세계가 우리의 톤 센터가 될 것이다. 번성하는 교회들은 우리가 모든 창조 세계와 서로 의존하고 있음을 깨닫고 창조 세계와 관계를 맺으며 사려 깊게 살고 가꾸고 일하고 먹는 법을 추구할 것이다. 그들은 그 땅에서 "좋은 방식으로 땅을 걸으려고" 노력하면서 원주민 집단의 협력자로 행동할 수도 있다.[1] 이 은유를 계속 이어 가자면, 신실하고 적극적인 교회들이 감당해야 할 책임은 언제나 많을 것이다. 돌봐야 할 일(이것이 들쭉날쭉한 그래프다)도 항상 많다. 창조 세계는 중심이 되는 현실이자 이 다양한 소명을 하나로 묶어 주는 통합의 음색, 그 모든 것을 잇는 부드러운 곡선이 될 것이다.

이 여정을 시작하는 문으로서, 특별히 중요한 이 문화적 순간에 있는 교회를 일반적으로 관찰해 보자. 서양 문화가 후기 기독교 시대의 현실로 더 깊숙이 들어가면서, 오늘날의 교회는 초기 교회와 비슷한 방식으로 사회 주변부로 밀려나 있다. 초기 교회와 우리 경험은 (다른 것도 많지만 특히) 두 가지 면에서 매우 큰 차이가 있다. 첫째, 오늘날 우리는 기독교 세계 체제에 교회가 공모해 온 역사, 그 관성, 그리고 거짓된 정체성이라는 짐을 함께 짊어지고 있다. 둘째, 우리는 인류가 지구를 되돌릴 수 없을 만큼 변화시키는 주요 행위자가 된 시대, 즉 인류세에 살고 있다.

후기 기독교 시대에 우리가 성경 이야기를 따라 신실한 삶을 추구하고 권력의 중심에서 물러나게 될 때, 번성하는 교회들은 가난한 자들과 창조 세계와 함께 그들의 정체성을 찾을 것이다. 크리소스토모스(Chrysostom)는 4세기 콘스탄티누스 대제 시대에 교회가 권력과 부의 노예가 되어 가면서 기적이 사라져 가는 현상을 한탄했다. 이에 반하는 움직임으로, 오늘날의 교회는 (자발적이든 비자발적이든) 권력의 중심에서

1 "좋은 방식으로 땅을 걷는 것"(walk in a good way on the land)은 인류와 비인간 창조 세계 사이의 유대를 존중하는 방식으로 살아가는 것을 묘사한 퍼스트 네이션의 표현이다.

물러나고, 소외된 이들과 창조 세계 자체와 새로운 연대를 맺으면서 점점 더 하나님을 의지하고 초기 교회와 같은 영적 생명력으로 충만해지기를 기도해야 한다.

파괴의 공동체, 희망의 공동체

2000년에 노벨상 수상 과학자 파울 크뤼첸(Paul J. Crutzen)은 우리가 인류세(Anthropocene), 곧 인류가 모든 창조 세계에 우세한 힘으로 작용하는 시대에 들어섰다고 주장했다. 오늘날 지구상에 인간의 영향이 미치지 않는 장소는 없다. 하지만 인간은 단순히 영향을 미칠 뿐 아니라, 악명 높은 지구 온난화와 멸종 등 돌이킬 수 없는 피해를 낳고 있다.[2] 어디에서나 인간의 영향을 느낄 수 있지만, 인간이 일으킨 환경 악화는 모든 장소와 모든 인간에게 똑같이 영향을 미치지 않는다. 신학자 노먼 워즈바(Norman Wirzba)는 이렇게 썼다.

> 인간에게 자유와 개발을 허용하는 경제는 모든 피조물이 의존하는 지구와 생명계의 악화에도 책임이 있다. 다시 말해, 일부의 통제와 편리, 안락함을 극대화하는 형태의 자유는 다른 많은 사람의 미래의 자유를 위태롭게 만들었다.[3]

궁극적으로, 신자본주의와 그 가장 강력한 행위자들에게 우선순위

2 Norman Wirzba, *This Sacred Life: Humanity's Place in a Wounded World* (Cambridge: Cambridge University Press, 2021), 3.

3 Wirzba, *This Sacred Life*, 5.

와 권력이 쥐어지면서 창조 세계는 부차적인 문제로 강등된다. 워즈바가 언급하듯이, '자본세'(Capitalocene, 인류세의 반대)라는 용어는 창조 세계에 미친 피해의 대부분은 인류 전반이 아니라 힘 있는 소수가 저질렀다는 점을 일깨워 준다.[4] 대개 창조 세계를 희생하여 강력한 산업·정치·재정 체계를 세우고 옹호하고 있기에 경제와 생태계의 파괴적인 관계는 체계적이고 굳건하다.[5]

자본세라는 개념이 추상적으로 들릴 수도 있지만, 전 세계와 지역 모두에서 그 엄청난 힘을 느낄 수 있다. 이를 설명하기 위해 아 로샤(A Rocha)가 지역에서 활동하는 모습을 생각해 보자. 아 로샤는 "창조 세계 돌봄을 위해 함께 활동하는 [기독교] 보존 단체들의 세계적인 연합"이다.[6] 지금 나는 밴쿠버에서 차로 1시간 정도 걸리는 아 로샤 브룩스데일 환경 센터(Brooksdale Environmental Centre)에서 이 장을 쓰고 있다. 브룩스데일은 환경 보존과 연구, 교육, 지속 가능한 농업에 힘쓰는 농장이다.[7]

아 로샤는 지난 20년간 리틀 캠벨강(Little Campbell River, Tatalu)을 회복하기 위해 애썼다. 이곳은 멸종 위기종과 산란하는 연어들의 서식지인 분수령이다. 아 로샤 커뮤니티가 이 생태계를 측정하고 잡초를 제거하고 보호하며 그와 연결되기 위해 세심한 관심을 기울이는 것은 높이 평가받아야 하는데, 말 그대로 수천 명의 어린이와 어른을 농장으로 초대하여 우리와 창조 세계의 연결성을 배우고 경험하게 했다. 세

---

4 Wirzba, *This Sacred Life*, 10.

5 Wirzba, *This Sacred Life*, 10-18.

6 아 로샤에 대해 자세한 내용은 다음을 보라. https://arocha.org/en/.

7 브룩스데일 환경 센터 이야기는 다음을 보라. Leah Kostamo, *Planted: A Story of Creation, Calling, and Community* (Eugene, OR: Cascade, 2013).

미아무 퍼스트 네이션(Semiahmoo First Nation) 공동체는 이 강어귀에 살면서 연어, 게, 조개 같은 전통 식량을 채취하기도 했다.

2011년에 브리티시컬럼비아주 서리시는 리틀 캠벨강 분수령을 대규모 상업 및 산업 개발 구역으로 재조정했다. 강의 이해 당사자들이 동의한 이 움직임은 강을 해치게 될 것이었다.[8] 지역사회에서 10년 넘게 힘을 합쳐 꾸준히 싸웠지만, 산업계의 강력한 로비와 세미아무 퍼스트 네이션과의 소극적 협의 끝에 2022년 2월 구역 재조정이 승인되었다. 아 로샤와 세미아무 사람들은 계속해서 리틀 캠벨강을 보호하고 지키겠지만, 강의 건강한 생태계는 심각하게 망가질 것이다.

이 이야기는 창조 세계의 더 큰 이야기에서 강력한 재정적·정치적 세력이 작동하고 있음을 잘 보여 준다. 리틀 캠벨강의 끝나지 않은 이야기는 우리를 심란하게 하지만, 전염성이 강한 희망이 살아 있는 아 로샤의 생활과 사역은 창조 세계와 함께 살아가는 다른 방식을 잘 보여 준다.

인류가 창조 세계와의 관계를 계속해서 망치고 있는 가운데 교회가 가야 할 길은 무엇인가? 개신교계에서 창조 세계 악화를 다룬 뉴스를 대하는 반응은 대개 이런 식이다. "우리가 망쳤고 우리 잘못이니 이제부터 잘 돌봐야죠!"[9] 이런 반응도 출발점이 될 수는 있겠지만 그 배후에 있는 좋은 의도를 유지하기란 거의 불가능하다. 워즈바가 말하듯이, "우리는 우리가 처한 곤경을 의미 있게 해결하는 것은 고사하고, 그것을 인식하는 데조차 도움이 되지 않는 상상의 문화에 살며 그 기반

---

8 "Saving Wildlife Habitat Land around Surrey, BC," A Rocha (website), https://arocha.ca/south-campbell-heights-lap/ for more information을 보라.

9 레아 코스타모(Leah Kostamo), 아 로샤 캐나다 공동 설립자, 개인적인 대화에서 이 표현을 사용함.

에서 행동한다."[10] 어떻게 하면 우리는 다른 길, 곧 단순한 의지력보다 더 깊이 있는 자극을 찾을 수 있을까? 이제부터 성경을 살펴보면서, 창조 세계와 인간의 친족 관계, 곧 동물과 물고기와 나무 등 인간이 여섯째 날을 공유한 피조물들과의 공유된 삶을 인식하게 될 것이다. 어쩌면 (우리의 관심을 사로잡든 그렇지 않든 언제나 거기에 있는) 창조 세계와의 연결성에 눈을 뜨면 우리의 길을 찾을 수 있지 않을까?

창조 세계와 맺으신 하나님의 언약

창세기 9장에서 하나님은 홍수 이후에 창조 세계와 언약을 맺으신다. 성경의 언약을 언급할 때 목회자와 학자들은 대개 하나님이 역사를 통해 고대 이스라엘과 맺으신 언약과 이후에 그리스도 안에서 맺으신 새 언약을 이야기한다. 그러나 구약성경의 언약은 흔히 사람들이 아는 것보다 훨씬 다채롭고 풍성하다(11장 "우리 친족의 죄"에서는 하나님이 난민과 맺으신 언약을 살펴볼 것이다, 신 10:18-19).

창세기 9장에서 하나님은 피조 세계 전체와 언약을 맺으셔서 창조 세계를 향한 그분의 변함없는 헌신을 보여 주신다(창 9:8-17). 이야기의 서두에서 인간의 폭력으로 선한 창조 세계가 부패했다.

> 그때에 온 땅이 하나님 앞에 부패하여 포악함이 땅에 가득한지라.(창 6:11)

10 Wirzba, *This Sacred Life*, 21.

인간의 죄로 망가진 창조 세계("온 땅")는 홍수 드라마를 창조 세계의 삶과 미래와 깊이 연결된 이야기로 펼쳐 보인다.[11]

하나님은 노아에게 땅에 홍수를 불러와서 모든 생명을 멸하겠다고 말씀하시면서 언약도 함께 주신다. "그러나 너와는 내가 내 언약을 세우리니 너는 네 아들들과 네 아내와 네 며느리들과 함께 그 방주로 들어가고"(창 6:18). 노아와 맺으신 언약을 어렸을 때 들은 유명한 이야기 정도로 치부하고 넘어가기 쉽지만, 그 중요성을 놓쳐서는 안 된다! 창세기 10장에는 나라들의 계보가 나오는데, 노아에서부터 유래한 모든 민족 집단에 대한 일종의 족보라고 할 수 있다. 여기서 하나님은 모든 인류와 하나도 빠짐없이 언약을 맺고 계신다![12]

그런데 노아는 단순히 인류만 대표하지는 않는다. 홍수 이후에 하나님은 땅을 포함하여 모든 생물과 맺으신 거룩한 언약을 확인해 주신다.

> 내가 내 언약을 너희와 너희 후손과 너희와 함께한 모든 생물 곧 너희와 함께한 새와 가축과 땅의 모든 생물에게 세우리니 방주에서 나온 모든 것 곧 땅의 모든 짐승에게니라.(창 9:9-10)

이 사실은 창세기 9장 8-17절에서 여섯 번 반복된다. 하나님은 살아 있는 모든 피조물과 언약을 세우신다. 그 언약의 내용은 무엇인가? "내가 너희와 언약을 세우리니 다시는 모든 생물을 홍수로 멸하지 아

---

11 실제로, 홍수 이야기(창 6-9장)와 창조 이야기(창 1-3장) 문헌 사이에는 상호 연결성이 많다.

12 (고대 지중해 문화권의 사고방식과 성경신학에 따르면) 노아는 모든 인류의 아버지이자 대표자다.

니할 것이라 땅을 멸할 홍수가 다시 있지 아니하리라"(창 9:11). 이는 모든 생명체의 삶과 번성에 관계적이고 변함없는 헌신이다. 창조 세계와 맺으신 하나님의 언약에 대한 증거로 표적을 주신다.

> 내가 내 무지개를 구름 속에 두었나니 이것이 나와 세상[땅] 사이의 언약의 증거니라.(창 9:13)

하나님은 세상과 언약을 맺으면서 피조 세계와의 연대를 비준하신다. 생각해 보자. 하나님은 창조 세계, 곧 그 안의 생물과 무기물, 세포와 구조의 생명, 역사와 소망을 사랑하시며 보호하신다. 언약의 은유는 친족 관계의 은유이기도 해서 창조 세계에 대한 하나님의 가족 같은 사랑, 곧 그분이 창조 세계의 거룩한 친족이심을 드러낸다.[13]

또한 하나님은 창조 세계와 언약을 맺으심으로써 땅이 고유한 삶과 인격체가 있는 것처럼 이 세상과 관계를 맺으신다.[14] 창세기 독자들은 이런 사실에 놀라지 말아야 하는데, 창세기 1장의 창조 이야기는 땅을 하나님의 창조 파트너로, 식물을 내는 생산자로 묘사하기 때문이다. 하나님은 "땅은 풀과 씨 맺는 채소와 각기 종류대로 씨 가진 열매 맺는 나무를 내라"라고 명령하셨다. 그리고 그다음 절에서 땅은 그렇게 반응했다(창 1:11-12). 원주민 학자 대니얼 재커라이어스(H. Daniel

13 언약 관계에서 친족 관계의 차원은 11장 "우리 친족의 죄"에서 더 자세히 다룬다.

14 포타와토미족 작가 로빈 월 키머러(Robin Wall Kimmerer)는 퍼스트 네이션 신화가 비인간 창조 세계에도 인격을 부여한다고 설명한다. 최초의 인간은 "식물과 동물, 즉 인격을 지닌 존재로 가득한 세계 속에 놓였다." Robin Wall Kimmerer, *Braiding Sweetgrass: Indigenous Wisdom, Scientific Knowledge, and the Teachings of Plants* (Minneapolis: Milkweed Editions, 2013), 206. 구약성경에서 비인간 창조 세계의 인격을 분석한 내용으로는 다음을 보라. Mari Joerstad, *The Hebrew Bible and Environmental Ethics* (Cambridge: Cambridge University Press, 2019), 95-98.

Zacharias)는 이렇게 말한다. "대지는 식물을 생산함으로써 적극적으로 명령에 순종한다." 재커라이어스는 하나님과 땅이 "공동 창조자"라고 주장한다.[15]

창조 세계와 인간의 친족 관계

하나님과 창조 세계의 언약은 인류의 충성에도 암시하는 바가 있다. 고대 세계에서 대왕들의 언약은 속국의 왕이 다른 속국의 왕들에게 충성해야 한다고 규정하는 경우가 많았다. "내 친구는 당신들의 친구다"라는 게 이런 언약의 논리였다. (난민을 다루는 11장에서 이런 역학을 보게 될 것이다.) 하나님과 언약 파트너인 인류는 창조 세계에도 의무가 있다. 예를 들어, 창조 세계에 대한 인류의 책임은 같은 장(9:3-6)에 나오는 육류 섭취에 대한 요구 사항에도 분명히 드러난다. 인간은 생물을 죽여서 먹을 수 있지만, 생명체의 생명을 존중해야 한다. "그러나 고기를 그 생명 되는 피째 먹지 말 것이니라"(창 9:4). 피를 먹지 말라는 명령은 창조된 것을 경외하고 하나님이 언약을 맺으신 살아 있는 피조물을 존중하라는 고대의 법규다.

그러나 인류는 창조 세계의 **타자**로서가 아니라 그 **일부**로 창조 세계에 의무가 있다. 인류는 동물, 어류, 관목 등과 창조의 여섯째 날을 공유한다. 우리는 땅의 흙으로 창조되었다. '아담'은 '아다마'('땅';

15 H. Daniel Zacharias, "The Land Takes Care of Us: Recovering Creator's Relational Design," in *Theologies of Land: Contested Land, Spatial Justice, and Identity*, edited by K. K. Yeo, and Gene L. Green (Wipf and Stock Publishers, 2020), 69-97, 특히 73.

창 2:7)에서 왔다. 재커라이어스는 "땅의 흙"이 "꼼지락대는 벌레와 부패한 물질, 균사가 가득한 비옥한 표토"라고 말한다.[16] 캐슬린 오코너(Kathleen O'Connor)는 "[창세기 1장]의 문학 구조 자체가 인류와 다른 존재를 통합하여 서로의 일부로, 서로 의존하는 존재로 만든다"라고 쓴다.[17] 사실, "우리가 다른 어떤 존재든 인간도 땅이다."[18] 사회학자들은 그와 같은 존재의 상호성을 가리켜 '친족 관계'라고 한다. 언뜻 들으면 인간이 창조 세계와 친족 관계라는 개념이 지나치게 낭만적인 묘사 같지만, 친족 관계가 '존재의 상호성',[19] 곧 운명 공동체라는 문화인류학자들의 주장을 인정한다면 친족 관계가 성경이 인간과 비인간 피조물의 관계를 묘사하는 방식임을 알 수 있다.

실제로, 하나님과 창조 세계의 언약이라는 맥락에서 인간과 창조 세계의 친족 관계는 구약성경 윤리의 토대를 이룬다. 이런 정신에 근거하여 레위기는 하나님 백성이 먹을 수 있는 동물을 제한하고(레 11:1-8), 고기를 어떻게 먹어야 하는지도 상세하게 가르친다(레 17:10-16). 학자들은 레위기의 육류 섭취 제한이 살아 있는 모든 피조물을 소중히 여기시는 하나님을 반영한다는 데 대체로 동의한다.[20] 또한 창조 세계의 가치와 번영에 대한 레위기의 관심은 인간의 가치와 번영에 대한 레위기의 관심과 신비롭게 얽혀 있다. 동일한 기반에서, 레위기는

16 Zacharias, "The Land Takes Care of Us," 77.

17 Kathleen M. O'Connor, *Genesis 1-25A* (Macon, GA: Smyth & Helwys, 2018), 40.

18 Loren Wilkinson, ed., *Earthkeeping in the Nineties: Stewardship of Creation* (Grand Rapids, MI: Eerdmans, 1991), 284.

19 Marshall Sahlins, *What Kinship Is—and Is Not* (Chicago: University of Chicago Press, 2013), 23.

20 Ellen Davis, *Scripture, Culture, and Agriculture: An Agrarian Reading of the Bible* (Cambridge: Cambridge University Press, 2009), 95; Jacob Milgrom, *Leviticus 1–16*, The Anchor Bible 3 (New York: Doubleday, 1991), 733-36을 보라.

딸을 매춘에 내주는 끔찍한 관습을 땅의 매춘과 연관 짓는다. 엘렌 데이비스(Ellen Davis)의 표현대로, 이런 식으로 인류와 대지는 "피조물 됨과 취약함이라는 면에서 연결되어 있다."[21] 데이비스는 성결법의 약속을 다음과 같이 요약한다. "그 지향점의 핵심은 대지 공동체의 다양한 구성원, 곧 땅과 동물과 인간을 연합하는 관계의 연결망이다."[22]

일부 사상가들은 인간이 창조 세계에 의존하고 있다는 사실 때문에 '창조 세계 돌봄'이 언제나 적절한 표현인지를 의심해 보아야 한다고도 주장했다. '창조 세계 돌봄'이라는 문구는 이 관계가 일방적이라거나 창조 세계를 돌보는 청지기 역할이 교회가 관여해야 할 많은 일 중 하나에 불과하다는 인상을 줄 수도 있다. 우리는 고대 이스라엘 농부들이 절대 간과할 수 없었던 사실, 곧 우리가 대지와 끈질기게 상호 연결되어 있다는 사실을 간과할 수 있다. 물론 인류는 창조 세계를 돌보라는 요청을 받고 있지만, 이는 우리도 매 순간 창조 세계의 돌봄을 받고 있다는 현실과 조화를 이루어야 한다. 북미 퍼스트 네이션 전통에서 말하듯이, 창조 세계는 우리 어머니다. 크리(Cree)족 원로이자 밴쿠버 신학자인 레이 앨드리드(Ray Aldred)의 표현대로, "우리가 창조 세계를 돌보는 것이 아니라, 창조 세계가 우리를 돌본다!"[23] 재커라이어스가 예리하게 지적하듯이, "인류가 창조 세계에게 주는 것보다 창조 세계가 우리에게 주는 것이 더 많은 시기는 과거에도 미래에도 없을 것이다."[24]

인간과 비인간 피조물의 친족 관계는 퍼스트 네이션 세계관과 실천

21 Davis, *Scripture, Culture, and Agriculture*, 91.

22 Davis, *Scripture, Culture, and Agriculture*, 90.

23 레이 앨드리드, 2021년 리젠트 대학의 강연.

24 Zacharias, "The Land Takes Care of Us," 70.

의 핵심이다. 예를 들어, 앨드리드는 형과 함께 무스를 사냥한 이야기를 들려준다. 앨드리와 그의 형은 총으로 무스를 쏘자마자 가까이 다가가서 그 위에 손을 얹고 이렇게 말한다고 한다. "형제여, 네 생명을 희생해서 우리가 먹을 수 있어 고맙네."[25] 이런 친족 관계의 표현은 피를 먹지 말라는 윤리적 명령과 일맥상통한다. 인류는 하나님의 언약 파트너로서 창조 세계와 가족 같은 연대감을 품고 살아가야 한다.

인식하든 인식하지 못하든 우리와 비인간 피조물과의 친족 관계는 항상 존재한다. 숨을 쉬는 한 우리는 나무에 이산화탄소를 배출하고 나무는 우리에게 산소를 공급해 준다. 미시적 차원에서도 동일한 이야기를 할 수 있다. 인간의 소화계에 100조 개의 박테리아가 있다는 점을 생각해 보자.[26] 인간의 몸 위아래와 안팎에는 수조 개가 넘는 박테리아가 더 있다. "인체는 하나의 거대한 생태계다."[27] 우리 생명과 운명은 이 미세한 피조물 박테리아와 밀접하게 얽혀 있어서 그것들이 없으면 인간으로 존재하기가 거의 불가능하다!

이 땅에 대한 하나님의 헌신은 창세기 9장의 언약이 우리에게 복음의 포괄적인 범위를 보여 준다는 사실을 드러냈다. 성경의 서사는 창조 세계의 소멸이 아니라 그 회복을 향해, 인간 삶이 구체화되고 유기적이며 관계적이고 예술적인 온전함을 회복하는 방향으로 움직이고 있다. 다시 말해, 저명한 오스트레일리아 구약학자 윌리엄 덤브렐(William Dumbrell)이 주장하듯이, 창조 세계는 단순히 언약의 전제 조건

25 앨드리드, 강연, 2021.

26 Wirzba, *This Sacred Life*, 72-73.

27 David R. Montgomery and Anne Bikle, *The Hidden Half of Nature: The Microbial Roots of Life and Health* (New York: Norton and Company, 2016), 126. Norman Wirzba, *This Sacred Life*, 73에 인용됨.

이나 언약이 이루어지는 영역이 아니라, 언약의 온전한 참여자다.[28]

이런 이유로 키투와 체로키(Keetoowah Cherokee)족 학자 랜디 우들리(Randy S. Woodley)는 '창조 세계의 공동체'라는 은유를 하나님이 구속하시는 영역을 가리키는 단축어 표현으로 추천한다. '창조 세계의 공동체'는 창조 세계의 화해와 치유라는 성경의 움직임을 강조한다고 우들리는 주장한다.[29]

재통합

아 로샤 캐나다의 공동 설립자 레아 코스타모(Leah Kostamo)는 오타와대학교에서 강연 초청을 받았다. 코스타모는 "캐나다에서 종교의 미래: 유토피아와 디스토피아?"라는 주제로 이야기했다.[30] 캐나다 출신 유명 소설가 마가렛 애트우드(Margaret Atwood)도 함께 강연했다. 코스타모는 강연에서 브룩스데일에서 일한 어느 인턴 이야기를 들려주었다. 어느 날 아침, 이 인턴은 하나님이 그날 깜짝 놀랄 일을 보여 주시리라는 확신이 들었다. (코스타모가 이렇게 말하자 "청중 가운데서 회의적인 분위기를 느낄 수 있었다"라고 어떤 사람이 말했다.) 그날 오후에 캠벨강에서 평

28 William J. Dumbrell, *Covenant and Creation: An Old Testament Covenant Theology* (Flemington Markets, Australia: Paternoster, 1984), 41.

29 Randy S. Woodley, *Shalom and the Community of Creation: An Indigenous Vision* (Grand Rapids, MI: Eerdmans, 2012), 38-40. 여기서 우들리는 하나님 나라 은유가 식민주의 프로젝트를 고려할 때 오늘날 서구 사회에 도움이 되지 않는다고 주장한다.

30 이 이야기의 출처는 다음과 같다. Rev. Dr. Kara Mandryk and Dr. J. Keith Hyde, "Leah Kostamo and Margaret Atwood in Ottawa," A Rocha (website), https://arocha.ca/his-eye-is-on-the-sucker/.

소처럼 어류 숫자를 헤아리는데, 이 인턴이 멸종 위기종으로 확인된 물고기 세일리시 서커(Salish sucker)를 발견했다. 이 종은 이 부근에서 오랫동안 발견된 적이 없었다! 레아는 이 이야기에서 하나님의 역할을 이렇게 표현했다. 오래된 찬송가 가사를 개사하여 "그분의 시선은 서커에도 머무시니"('서커'라는 영어 단어는 잘 속는 사람이나 호구를 뜻한다—역주)라고 말이다. 애트우드와 코스타모는 행사 내내 이 문구를 되풀이해서 언급했다. "그분의 시선은 서커에도 머무시니." 캐나다 대학의 인문학 분야는 기독교에 굉장히 적대적인 경우가 많다. 그럼에도 레아의 증언은 진정성뿐 아니라 설득력까지 갖추었다.

레아가 오타와에서 돌아와 자신의 사연을 나누었을 때 주변 친구들은 흥분을 감추지 못했다. 하나님은 레아의 본보기를 통해 그리스도의 길을 따라 살면서 거기에서부터 신실하게 말하는 삶이 참으로 아름답고 따뜻한 환영을 받기도 한다는 것을(도전과 불안도 없진 않지만) 우리에게 다시 한번 보여 주셨다. 이런 이야기들을 들으면 궁금증이 든다. 언젠가는 많은 기독교 공동체가 아 로샤 공동체의 모습과 비슷한 사연을 갖게 되지 않을까.

레아의 증언은 이 장의 핵심 논거를 설명하는 데 도움이 된다. **후기 기독교 시대로 접어들수록 창조 세계는 번성하는 기독교 공동체 내에서 기독교 제자도의 여러 측면을 연결하는 핵심 현실이 될 것이다. 우리가 창조 세계와의 연결성을 점점 더 의식할수록 교회의 활력과 증언은 되살아날 것이다.** 기독교 제자도의 거의 모든 측면이 창조 세계와 연결되어 있어서, 어떤 식으로든 인류와 다른 피조물의 유대를 표현한다. 창조 세계와 환경 문제는 우리 삶의 사회적·정서적·영적·경제적·신체적 차원과 밀접하게 연관되어 있다. 창조 세계가 제자도의 다양한 측면과 연결되는 몇 가지 방식을 열거해 보려 한다.

우선, 코스타모의 경험은 어떻게 창조 세계와의 친밀감이 예수님을 전할 기회의 문을 열어 주는지 보여 주었다. 둘째, 희망이라는 주제를 고려해 보자. 많은 젊은이가 미래에 대한 희망이 없다. 인류에 대한 폭력이 Z세대가 과거를 이해한 주요한 방식이라면, 이들이 미래를 예측하는 방식은 창조 세계에 대한 폭력이라고 할 수 있다.[31] 어쩌면 뜻밖에도, 코스타모는 강연 중에 반복해서 희망이라는 주제로 돌아갔다. 그는 "기독교 메시지는 희망의 메시지다"라고 말했다. 코스타모는 희망을 '극단적 낙천주의'로 생각할 사람들이 있다고 인정했다. 그럼에도 그리스도의 부활은 기독교의 희망의 근거다. 그리고 오타와에서는 아로샤라는 기독교 공동체가 창조 세계와의 두텁고 눈에 보이는 연결성을 통해 기독교의 희망에 개연성과 형식을 부여했다.

셋째, 믿음이 연약하고 조심스러운 보살핌이 필요한 시대에, 우리는 창조 세계와의 연결성과 창조 세계를 돌볼 책임, 창조 세계의 돌봄을 받는 특권을 의식함으로써 하나님에 대한 믿음을 굳건히 할 수 있다. 예를 들어, 성경 인물 욥에게서 이 점을 확인할 수 있다. 욥은 캄캄한 암흑 가운데서, 창조의 웅장함과 경이로움을 생각함으로써 하나님과의 관계를 재설정한다(욥 38-41장). 시편 기자가 창조 세계를 통해 하나님을 찬양하게 되는 창조 시편들에서도 믿음과 창조 세계의 연관성을 볼 수 있다(시 104; 148편).[32] 예배 인도자를 위한 한마디: 창조 시편을 글자 그대로 반복하는 데 만족해서는 안 되는데, 그것이 시리아-팔레스타인의 생태계에서 나온 내용이기 때문이다. 오히려 우리는 **우리** 생태계가 하나님을 드러내는 독특한 방식을 탐색할 때 새로이 그분을 만

31 Z세대는 1990년대 중반부터 2010년대 초 사이에 태어난 세대를 가리킨다.

32 시편 19편은 창조 세계에 드러난 하나님의 경이로운 계시와 성경에 드러난 하나님의 경이로운 계시를 하나로 엮어 낸다.

날 수 있다. 이렇게 해서 우리는 시편 기자의 표현뿐 아니라 그들의 본을 따르게 된다.[33]

넷째, 창조 세계는 기도와 관련이 있다. 우리는 기도가 사람들의 삶에 변화를 가져온다고 생각할 때가 많지만 구약성경을 보면 적어도 일부 장소와 사물에 선과 악, 기도와 회개에 반응하는 영적 역학이 있다.[34] 기도가 어떤 장소에 '출몰한다'라고 말할 수 있겠다.

다섯째, 창조 세계는 성경과 관련이 있다. 성경을 '야외에서 읽어야 할 책'(outdoor book)[35]이라고 한 웬델 베리(Wendell Berry)의 말이 옳다면(나도 동의한다), 창조 세계와의 연결성을 점점 더 많이 의식할수록 우리는 성경과 더 깊이 연결될 것이다.

여섯째, 나는 창조 세계에 대해 배우고 싶어 하는 사람들이 자연스럽게 원주민들에 대해서도 배우려는 자세를 취하는 경향이 있음을 알게 되었다. "좋은 방식으로 땅을 걷는다"라는 퍼스트 네이션의 지혜는 그들이 대지를 **소유한** 것이 아니라 거기에 **속했다**는 확신에서 출발한다. 구약성경도 이를 확인해 준다. 하나님은 "토지를 영구히 팔지 말 것은 토지는 다 내 것임이니라 너희는 거류민이요 동거하는 자로서 나와 함께 있느니라"(레 25:23)라고 말씀하신다.

일곱째, 여기 레위기 25장 23절의 거류민(난민)에 대한 언급은 땅에

33 시편 기자들에게, 시편을 노래하는 것은 땅에 대한 그들의 경험과 밀접하게 연결되어 있었다. 시편 137편은 이를 부정적으로 표현하는데, 거기서 시편 기자는 땅으로부터의 소외감을 표현한다: "우리가 이방 땅에서 어찌 여호와의 노래를 부를까?"라고 바벨론 포로들은 노래했다(시 137:4).

34 예를 들어, 신 21:1-9; 막 5:9-17을 보고, Mari Joerstad, *The Hebrew Bible and Environmental Ethics*, 83-87도 보라.

35 Wendell Berry, *Sex, Economy, Freedom & Community* (New York: Pantheon, 1993), 103. 『나에게 컴퓨터는 필요없다』(양문).

대한 이해와 강제 이동을 연관 짓는다. 우리가 토지를 소유하지 않고 땅과 연결되어 있다는 인식은 취약한 이민자들을 기꺼이 환대해야 할 근거가 되어야 한다(레 19:33-34).

여덟째이자 가장 중요한 점은 우리가 창조 세계에서 그리스도를 만난다는 것이다. 이레나이우스(Irenaeus)의 표현대로, 성육신은 "창조의 총괄갱신"(recapitulation of creation)이다. 워즈바는 이레나이우스의 사상을 요약하여 예수님이 "인간과 온 창조 세계의 삶으로 온전히 [들어가셔서] 거기에서부터 치유하고 변화시키셨다"라고 언급한다.[36]

창조 세계가 기독교 제자도의 다양한 측면을 어떻게 통합하고 활력을 불어넣는지 탐색하면서 이 연관성을 하나씩 살펴보는 것만으로도 한 장을 다 채울 수 있을 것이다. 요약하자면, 내 생각에 우리가 대지와의 관계를 회복할 때까지 교회는 깊이 있고 활력 있는 믿음을 회복하지 못할 것이다. 식민주의의 폭력성을 고려할 때 특히 그렇다. 강제 이주, 노예 소유, 창조 세계 파괴, 인종차별, 집단 학살 같은 전쟁이 우리 영적 경험과 가정을 형성했고(지금도 형성하고 있는) 방식은 드러나지 않게 존재해 왔다.

여덟 가지 연관성 목록은 후기 기독교 시대에 우리가 참여하고 새로이 상상해야 할 기독교 제자도의 다양한 측면을 보여 준다. 잠시 책 읽기를 멈추고 마일즈 데이비스의 모달 재즈곡 "쏘 왓"을 들어보면 어떨까? 곡을 감상하면서, 그래프에 부드러운 곡선을 따라가듯이 모달 재즈가 화성 진행을 얼마나 부드럽게 끌어가는지 주목해 보자. 그러면서 어떻게 창조 세계가 그리스도인의 책임을 둘러싸는 중심 현실, 통

36 워즈바는 다음 책에서 창조의 총괄갱신이라는 이레나이우스의 개념을 논의한다. *From Nature to Creation: A Christian Vision for Understanding and Loving Our World* (Grand Rapids, MI: Baker, 2015), 23.

합하는 조성, 부드러운 곡선이 될 수 있는지도 곰곰이 생각해 보자.

성육신적 공동체의 창조 세계

어떻게 하면 비인간 창조 세계와의 친족 관계에 더 주의를 기울일 수 있을까? 인간이 초래한 환경 재앙을 새로이 인식하게 될 때 우리는 위협으로 반응할 때가 많은 것 같다. “그동안 너무 잘못했으니 이제부터라도 잘해 봅시다!”라는 식이다. 하지만 내 생활을 돌아보건대, 이렇게 스스로 격려하는 말 배후에 있는 에너지는 쉽게 사그라드는 경향이 있다. 혹은, 아무리 유망해 보일지라도 다음 창조 세계 돌봄 프로젝트로 억지로 나아가는 것은, 우리에게 필요한 더 깊은 변화를 이끌어 내기보다는 인간의 지배욕을 반복하게 될지도 모른다.

대신에, 시간이 흐르면서 연결성을 통해 깊은 뿌리가 형성한다. 우리는 여섯째 날에 창조된 동료 피조물들과 상호 의존하고 있다는 인식을 키워야 한다. 나무에서 박테리아까지 다른 피조물들과의 유대는 항상 거기 있지만, 우리는 그것을 볼 수 있는가? 우리 삶에 통합할 수 있는가? 브룩스데일의 안드레아 라모스 산토스(Andrea Ramos Santos)는 “다른 피조물들과 함께 잘 사는 것, 그것이 교회가 잃어버린 한 조각”이라고 내게 말했다.

안드레아 라모스 산토스는 아 로샤 브룩스데일에 거주하며 일한다. 언젠가 안드레아에게 교회 어디에서 희망을 볼 수 있느냐고 물은 적이 있다. 그녀는 사람들이 정원을 가꾸고 이웃을 돌보며 작은 긍휼을 실천하고 풀뿌리 계획에 참여하는 모습을 볼 때 희망이 생긴다고 말해 주었다. 안드레아는 “거기에 영적 에너지가 있어요. 그게 변화를 낳기 때문이죠. 큰 숫자나 큰 증거가 아니라 변화요"라고 말했다.

성육신적 공동체는 그들이 지역사회에서 살아가는 방식을 통해 창조 세계와 연결될 수 있다. 예를 들어, 지역 농장에서 식재료를 공동 구매함으로써 지속 가능한 건강한 식품 체계의 일부가 될 수 있다. (우리는 운이 좋은 편이다. 옆집 이웃이 우리 공동체를 위해 지역 농장에서 식재료를 공동으로 구매한다.) 자연 서식지 보호에 앞장서는 원주민 집단과 연대하여 파트너가 될 수 있다. 퍼스트 네이션에서 대지 보호 모임을 할 때 우리 교회 건물을 사용한다. 나는 이 모임들에서 뒤쪽에 가만히 앉아만 있어도 제대로 교육을 받는다. 교회는 아 로샤 같은 비영리기구와 파트너가 되어 함께 교육하고 지속 가능성을 위해 노력할 수 있다.

우리 교회에서는 텃밭 상자를 제작하여 창조 세계와의 친족 관계를 인식하고 이웃들의 참여를 유도했다. 온타리오주 해밀턴에 있는 다른 교회는 토양 침식을 막기 위해 통행이 많은 지역 숲 일부 구간에 계단을 설치하는 책임을 맡았다. 워싱턴주 벨링햄에 있는 또 다른 교회는 숲길 산책 교육 프로그램을 운영했다. 이 숲길 산책이 입소문이 나서 동네 학교에서 이 교회를 초청하여 난민 전학생들의 교육을 맡겼다. 교회에서는 이 기회를 잘 살려서 아이들에게 그들의 새로운 고향인 태평양 연안 북서부의 생태계를 자세히 소개했다.

교회가 창조 세계와 연결될 수 있는 다른 방법도 많다. 시편 기자들의 본을 따라서, 우리의 예전과 찬양도 하나님이 우리 지역성에 드러나시는 방식을 섬세하게 반영할 수 있다. 내 친구 찰리 버흘러(Charlie Buhler)는 부활주일을 위해 "살아 계신 주"(He's Alive)라는 곡을 썼는데, 우리는 이 곡을 통해 캐스캐디아의 생태계에 푹 잠길 수 있다. "삼나무 가지를 흔들며, 우리 하나님은 살아 계시네!" 그다음으로는 장인들의 작품이 있다. 지역사회에서 (손으로 직접 빻은 밀로?) 성만찬 빵을 굽는다.

교회 주차장에 서 있던 나무로 공동 식사를 위한 식탁도 만든다. 그러고 나서는 교육 시간이 있다. 예를 들어, 우리 교회는 동네 분수령에 대해 배울 수 있는 도보 여행을 떠났다.

산업사회 이전의 유목 시대로 돌아갈 필요도 없고, 돌아갈 수도 없지만, 우리는 신자유주의의 기준과 전제에 대한 근시안적 관점에서 해방될 수 있다. 또한 로빈 월 키머러(Robin Wall Kimmerer)의 표현처럼, "이 땅이 당신을 먹이는 땅인 것처럼, 이 냇가가 당신이 마시는 물인 것처럼, 이것들이 당신의 몸과 영혼을 채우는 것처럼"[37] 살아가는 법을 배울 수 있다. 창조 세계와 관련하여 교회의 가장 주요한 과제는 기억하는 것, 창조 세계와의 연결성에 눈을 뜨는 것, "좋은 방식으로 사는 것"이다. 강제 이주와 분리, 외로움의 문화에서 교회는 치유하는 장소가 될 수 있다. 거기서 우리와 창조 세계의 연결성을 기억하는 실천이 겸손과 경이와 기쁨을 낳을 것이다.

37 Robin Wall Kimmerer, *Braiding Sweetgrass*, 214. 『향모를 땋으며』(에이도스).

3부에서는 우리 증언을 표현하는 네 가지 음, **소울**을 살펴본다. 재즈가 굉장히 복잡한 예술 형식이라는 사실은 잘 알려져 있다. 재즈를 제대로 연주하려면 얼마나 많은 이론 지식과 능력이 필요한지 모른다. 그러나 재즈가 인간의 영혼에 닿으려면 연주 실력과 이론만으로는 부족하다. 소울이 필요하다. 연주할 때는 기술적인 연습과 이론 구성에서 한 걸음 물러나서 그 순간 마음 깊이 '들리는' 것을 온전히 담아 연주해야 한다. 그렇게 할 때 우리는 동료 연주자들에게 열린 마음을 유지하면서 그들이 기여하는 바를 받고 반응할 준비가 된다.

제3부 소울은 영혼이 가득 담긴 즉흥 연주 교회에 네 음을 제시한다. 이것들은 강요할 수 없고, 우리 존재에 대한 진정한 표현으로 연주되어야 한다. 그렇게 연주할 때 이 네 음은 영혼에 말을 건네고 인간의 정신에 빛을 비추어 준다. 이 네 음은 바로 목소리, 대화, 친족의 죄, 기도다.

제3부

소울

9장

목소리

우리는 삶과 **말**과 행동으로 증언한다. 예수님에 대한 이야기는 대개 중립적이기 힘든 주제지만, 성육신적 공동체라는 주제와 밀접하게 연관되어 있다. 성육신적 공동체는 예수님에 대한 이야기를 개인적이고 눈에 띄게 만들 수 있는 따스한 가정과 같다. 말의 중요한 역할을 이해하기 위해서 음악에 관한 다음 예화가 도움이 될 것이다. 밴드가 소울 음악을 연주한다고 하면, 그 밴드에서 어떤 악기가 가장 중요하다고 생각하는가? 탁월한 연주자들이 함께 리듬을 연주할 때 음악의 중심을 잡아 주는 것은 베이스다. (일렉트릭 베이스든 더블베이스든) 베이스는 전반적인 소리에서 리듬 요소와 화성 요소를 연결해 준다. 이는 킥 드럼과 밀접한 합주를 통해 가능하다. 킥 드럼을 밴드의 맥박, 즉 심장박동으로 생각해 볼 수 있다. 킥 드럼과 밀착한 연주를 통해 베이스는 타악기 역할도 하게 된다. 또한 베이스는 화성 구조에서 가장 낮은 음을 제공한다. 본질적으로, 베이스는 **킥 드럼 위에 음을 얹**

는 것이다.

예수님을 이야기하는 것은 밴드에서 베이스가 하는 역할과 비슷하다. 예수님은 우리 공동체의 심장박동이다. 킥 드럼은 예수님의 길을 반향하는, 공동체의 매력적인 행위를 나타낸다. 이런 식으로 우리는 그것을 마음에서 느낄 수 있다. 킥 드럼에 음을 얹어 주는 베이스처럼, 우리가 하는 말은 공동체의 공동의 삶에 '음'을 얹어 준다. 우리는 말로 우리 아름다운 삶의 근원이신 예수님을 가리킨다. 다시 말해, 우리가 하는 말은 우리 삶과 행위에 내용과 인격을 부여한다. 그리고 우리가 하는 행위는 그 말의 진실과 의미를 드러낸다. 멋진 밴드의 베이스처럼 예수님에 대한 이야기에는 혼이 담겨 있다.

우리가 연주할 혼이 담긴 음의 첫 번째는 목소리, 곧 예수님을 알지 못하는 사람들에게 예수님에 대해 말하는 것이다. 목소리는 공동체를 새롭게 연주하는 아홉 번째 음이다. 레슬리 뉴비긴은 거의 40년 전에 이렇게 썼다.

> 이 문화에 그 나름의 방식으로 도전할 수 있는 목소리, 자신의 언어로 말하면서도 십자가에서 죽으시고 살아 계신 그리스도의 참된 모습과 대면하여 그 발걸음을 멈추고 죽음의 길에서 돌이키게 하는 목소리는 어디에서 오는가?[1]

뉴비긴은 이 내용을 통해 말로 그리스도를 전하는 신선한 방식이 긴급하게 필요하다고 지적하는데, 이는 우리 문화를 수용하는 동시

1 Lesslie Newbigin, *Foolishness to the Greeks: The Gospel and Western Culture* (Grand Rapids, MI: Eerdmans, 1986), 9. 『헬라인에게는 미련한 것이요』(IVP).

에 거기에 도전한다. 뉴비긴이 1980년대에 설득력 있는 증언이 긴급하게 필요하다고 느꼈다면, 오늘날에는 이 긴급함을 얼마나 더 많이 느끼겠는가? 하지만 그사이에 급격하게 후기 기독교 시대로 진입했음에도 불구하고, 과거와 비교해서 예수님을 전하는 창의적인 방식에는 별다른 진전이 없는 것 같다. 대다수 설교자가 복음 전도에 대한 전통적 접근 방식을 존중하지만, 그것을 실천하려는 교인은 거의 없다.

더군다나, (모든 사람은 아니더라도) 많은 사람이 예수님 이야기라고 하면 곧바로 반감을 느끼는데, 거기에는 그럴 만한 이유가 있다. 어떤 사람들은 복음 전도에 좋지 않은 기억이 있다. 어떤 사람들은 교회가 저지른 죄가 너무 부끄러워서 다른 사람을 교회에 초대할 마음이 생기지 않는다. 나는 그리스도인들을 대상으로 이 주제를 이야기할 때면 항상 복음 전도에 대한 불편한 이야기를 털어놓는 것부터 시작한다. 전통적인 의미의 복음 전도에 대한 불편함을 표현하기 전까지는 예수님을 전하는 것에 대해 생산적으로 생각하기가 쉽지 않기 때문이다.

그러나 사람들은 복음 전도를 굉장히 다양하게 경험한다. 지난주에, 백인 오스트레일리아 여성 사업가와 이 주제로 대화를 나누었다. 그는 이렇게 말했다. "교회의 엄청난 악영향이 온갖 머리기사를 장식하고 있잖아요. 도대체 어떻게 그리스도인이 될 수 있는지 이해를 못 하겠어요!" 그런가 하면, 이번 주에 만난 어느 한국계 캐나다인 목회자는 예수님을 전할 때마다 너무 기쁘다고 내게 말했다. 그는 자신이 순종하고 있다는 것을 알기에 심지어 비판을 받더라도 기쁘다고 했다. 흥미롭게도, 많은 Y2K(Z세대) 그리스도인은 그들의 부모인 X세대와 달리 복음에 대해 나누기를 주저하지 않는다. Z세대는 다른 사람에게서 배우고 대화할 준비가 되어 있다. 실제로 좀 더 폭넓은 문화에서는

사람들의 이야기를 들으려는 새로운 관심이 부상하고 있다.[2]

복음 전도에 대한 주저함은 중요하다. 당신이 품고 있는 비판을 버리지 말고, 잠시만 생각해 보자. 누군가가 예수님에 대해 아름답고도 진심으로 이야기하는 것을 들은 때를 떠올릴 수 있는가?

우리 어머니는 자연스럽고도 아름답게 예수님을 이야기한 분이셨다. 어머니는 4년 전에 돌아가셨다. 심리 치료사였던 어머니는 사람들의 이야기를 들어주고 그들을 사랑한 비범한 능력의 소유자셨다. 상담실에서든 동네에서든, 어머니와 대화를 시작한 사람은 남자든 여자든 결국 자기 인생 이야기와 고통을 털어놓곤 했다. 어머니는 예수님과 깊이 동행하셨다. 예수님은 어머니의 삶에서 매우 중요한 분이셨기에 대화 중에 자주, 자연스럽게 예수님이 등장했다. 상대가 예수님을 알든 모르든 상관없었다. 어머니는 어느 쪽이든 예수님에 대해 말씀하셨는데 그만큼 그분이 어머니의 중요한 일부였기 때문이다.

심리 치료사로 일하면서 어머니는 일관성에 대해 많이 생각하셨다. 일관성이란 치료사의 말과 마음과 생각이 일치하는 것이다. 좋은 상담사는 내담자와 자신에게 온전히 집중하면서, 마음과 표정, 생각과 말이 하나로 조화를 이루어야 한다. 우리가 하는 말이 마음속 생각과 일치하지 않는다면 사람들은 우리가 그들이나 우리 자신에게 온전히 집중하지 못하고 있음을 눈치챈다. 나는 일관성이라는 개념이 예수님에 대해 말하는 데서 중요한 렌즈라고 생각한다. 어머니는 예수님을 말씀할 때 철저한 일관성이 있었고, 사람들은 그 점을 알아차렸다. 그들이

2 'X세대'는 1960년대 중반부터 1970년대 후반 사이에 태어난 세대를 가리키고, 'Z세대'는 1990년대 중반부터 2010년대 초반 사이에 태어난 이들을 가리킨다.

어머니가 경험한 예수님 이야기에 공감하지 못했을 수는 있지만, 어머니의 경험을 의심한 사람은 아무도 없었다. 어머니의 이야기가 사실이라는 것을 알았고, 그 순간에 어머니가 경험한 예수님 이야기가 그들의 삶을 어루만지고 있었다.

이런 종류의 예수님 이야기를 '진정한 발언'이라고 부를 수 있을 것 같다. 예수님을 만난 사람이라면 누구라도 그 안에 진정한 발언이 있기 마련이다. 사람마다 내용은 다르겠지만, (이 책을 읽고 있는 독자라면) 우리 모두는 예수님을 체험했다. 그래서 우리는 교회에 가거나 소그룹에 참석하거나 기도하거나 이 책을 읽고 있는 것이다. 모든 사람의 내면에는 진정한 발언이 있다.

우리에게 예수님에 대해 말하는 새로운 상상력이 필요하다는 가정하에, '복음 전도'라는 말이 많은 사람에게 부정적인 느낌을 준다면, 예수님에 대해 말하는 행위를 가리키는 새로운 표현이 필요하지 않을까 제안해 본다. '진정한 발언'은 내가 사용하는 표현이다. '진정한 목소리'와 '진정한 말'이라는 표현도 사용한다. '하나님 나라 전하기'라는 표현도 도움이 된다.

초대교회

초대교회 당시에 사람들이 어떻게 그리스도께 나아오게 되었는지를 생각해 보면서 이 여정을 시작하려 한다. 콘스탄티누스 대제의 통치기인 서기 313년에 교회가 로마제국 인구의 10퍼센트를 차지했다는 사실을 알면 놀랄지도 모르겠다. 대략 600만 명이 그리스도인인 셈이었다. 서기 40년에 그리스도인 인구가 1천 명 정도였다고 추정한다면, 10년마다 40퍼센트의 성장률을 보인 것이다.[3] 대단하지 않은가! 이런 성장의 원동력은 무엇이었을까?

역사학자 앨런 크라이더(Alan Kreider)는 초대교회가 하지 **않은** 일이 한 일 만큼이나 우리의 목적에 유익한 정보를 준다고 제안한다. 당시 설교들은 전도하라고 권면하지 않았다. (대신 신앙을 변호하는 **변증학**이라는 양식으로 신자들이 지적으로 엄밀하게 예수님에 대해 이야기할 수 있도록 훈련했다.) 복음 전도 프로그램도 없었다. 공공 광장에서 설교하는 일도 없었는데, 그랬다가는 금세 저지당했을 것이다. 초대교회 예배는 추구자들을 세심하게 배려할 일도 없었다. 믿지 않는 사람은 박해의 위험 때문에 로마 가정교회 문으로 들어오지도 못했을 것이다![4] 게다가 콘스탄티누스 시대 전에는 기독교로 회심하려면 상당한 불이익이 따랐을 것이다.[5]

그렇다면 어떻게 해서 교회는 그렇게 빨리 성장했을까? 간단히 말해서, 이방인들의 생활방식과 대조되는 신자들 공동의 삶이 사람들을 끌어들였다. 크라이더에 따르면, 초대교회의 매력 중 하나는 공동체에 드러난 영적 능력이었다. 특히 순교자들의 죽음 그리고 치유와 축사를 통해서 생명을 주시는 그리스도의 능력이 초기 그리스도인들 가운데 나타났다(참고. 롬 15:18-19).[6]

크라이더는 그리스도를 따르는 공동체가 사람들을 끌어들인 두 번

---

3 Rodney Stark, *The Rise of Christianity* (Princeton, NJ: Princeton University Press, 1996), 5-6. 『기독교의 발흥』(좋은씨앗).

4 Alan Kreider, "They Alone Know the Right Way to Live," in *Ancient Faith for the Church's Future*, ed. Mark Husbands and Jeffrey P. Greenman (Downers Grove, IL: IVP Academic, 2008), 69-70.

5 Kreider, "They Alone Know," 170.

6 Kreider, "They Alone Know," 171-72.

째 이유로 그들의 남다른 행위를 꼽는다. 모든 면에서 인간의 생명을 수호했던 그리스도인들은 영아들의 체온 저하,[7] 전쟁, 낙태, 사형, 검투사 대결 등을 거부했다. 이들은 돈이 없는 자들의 장례를 치러 줄 정도로 재산을 나누었고(사실상의 소득 재분배), 전염병이 창궐하는 도시에 남아 환자들을 돌보았으며, 과부들을 돕고, 아무도 원치 않는 아이들을 입양했으며, 결혼 생활에 충실했다.[8]

더 나아가서, 부족 중심주의 사회에서 교회는 민족의 경계를 넘어서서 서로 가족처럼 대했다. 교회 자체가 다양한 이들을 포용해서, 가난한 사람과 부자가 함께 먹고 마시며 여성을 공동체의 핵심 참여자와 지도자로 존중했다.[9] 그리스도를 따르는 이들의 공동의 삶은 사람들에게 궁금증과 질문을 불러일으켰다. 크라이더는 이렇게 요약한다. "그리스도인들은 지적인 공식을 세상에 제공하지 않았다. 그리스도 안에 뿌리내린 생활방식을 제시했다."[10]

크라이더의 표현을 빌리자면, 당연히 초기 그리스도인들은 "입을 닫고 있지 않았다."[11] 일하는 곳에서, "집 안에 여인들이 머무는 구역이나 건물 계단이나 길거리에서" 초기 그리스도인들은 자신이 믿는 이유를 설명했고 교회는 극적으로 성장했다. 하지만 초기 그리스도인들이 하는 말은 그들의 독특한 생활방식과 그에 따른 사람들의 호기심에서 비롯되었다. 요약해 보면, 초대교회에서 그리스도를 따른 이들은 (1) 우정 관계에서, (2) 많은 사람에게 매력적으로 비친 대조적인 공

7 영유아를 유기하는 로마 사회의 흔한 관습. 이렇게 버려진 아이들은 체온 저하로 죽는 경우가 대부분이었다.

8 Kreider, "They Alone Know," 171-74.

9 Kreider, "They Alone Know," 174-75.

10 Kreider, "They Alone Know," 177.

11 Kreider, "They Alone Know," 178.

동의 삶을 통해(참고. 롬 15:18-19) 예수님에 대해 이야기했다.[12] 그래서 서기 200년경에 미누키우스 펠릭스(Minucius Felilx)는 이렇게 말했다. "그들의 아름다운 삶이 낯선 사람들을 끌어들였다.…우리는 위대한 사상을 설교하는 것이 아니라 살아 낸다."[13]

뉴비긴은 다음과 같이 수사적으로 묻는다. "이 문화에 그 나름의 방식으로 도전할 수 있는 목소리…는 어디에서 오는가?" 이 목소리의 위치는 이 질문이 암시하는 것과 달리 그리 이해하기 어렵지 않다. 이 목소리는 그리스도의 이름으로 이웃을 사랑하는 지역 공동체 내부에서부터 온다.[14]

저물어 가는 기독교 시대에 우리는 어떤 자세를 취해야 하는가?

서기 306년에 콘스탄티누스 대제가 즉위하면서, 그리스도인이 되는 것이 허용되었을 뿐 아니라 특권이 되기 시작했다. 그리스도인들이 부와 권력을 손에 쥘 새로운 기회가 생기면서 교회의 영적 활력은 눈에 띄게 쇠퇴했다. 요하네스 크

12 남미 신학자들이 복음을 이해하고 표현하는 방식이 초대교회와 비슷하다는 점은 주목할 만하다. 그들은 복음의 진리와 그것이 가져오는 변화를 모두 강조한다. 예를 들어, 올란도 코스타스(Orlando E. Costas)는 다음과 같이 말한다. "복음 전도는 복음을 듣고 삶에서 그것이 살아 움직이는 모습을 본 이들이 복음의 적절성을 깨닫고 믿음으로 받아들이며 그 길을 따르도록 하나님의 영의 능력을 소망하는 것이다." Orlando E. Costas, *Liberating News: A Theology of Contextual Evangelization* (Grand Rapids, MI: Eerdmans, 1989), 19.

13 Minucius Felix, *Octavius* 31.7, 38.5. Alan Kreider, "They Alone Know," 178에 인용됨.

14 레슬리 뉴비긴은 이를 잘 알았다. Lesslie Newbigin, *The Gospel in a Pluralist Society* (Grand Rapids, MI: Eerdmans, 1989), 229를 보라.

리소스토모스 같은 4세기 후반의 경건한 지도자들은 기적이 사라지고 있다고 탄식했으며, 한때는 많은 그리스도인이 순교를 앞두고도 당당했지만 이제는 죽음을 두려워했다.[a]

초대교회의 성장이라는 놀라운 이야기는, 어떤 의미에서 오늘날 서양 교회의 이야기가 시작되는 지점에서 끝이 난다.[b] 오늘날 교회는 사회 주변부로 다시 밀려나고 있다. 어떤 사회에서는 그 과정이 거의 완료되었고, 다른 사회에서는 교회가 통제력을 잃지 않으려고 간신히 버티고 있다. 4세기 교회처럼 오늘날의 교회와 교인들은 자신들의 유익을 위해 권력에 굴복하고, 부와 명예를 찾으며, 공공의 대화를 장악하고, 심지어 기독교 시대가 저물어 가는 중에도 '기독교' 국가를 주장하려는 유혹을 받고 있는지도 모른다. 그러나 초대교회 이야기는 교회가 권력과 부를 손에 쥘 때 얼마나 많은 것을 잃게 되는지를 보여 준다. 따라서 오늘날 그리스도를 따르는 이들은 권력을 붙잡기보다 넉넉히 베풀고, 무대 중앙으로 나아가기보다 주변화를 받아들이며, 저물어 가는 기독교 시대의 종말을 재촉하고, 궁극적으로는 이웃들이 우리를 지켜보는 가운데 아름답고 온유하게 살아가도록 힘써야 한다. 그럴 때 이웃과 맺은 우정의 자세로부터, 온유함의 명성을 지닌 공동체의 공동의 삶으로부터, 우리는 진정한 발언을 제시할 수 있다.

a Alan Kreider, "They Alone Know," 182.
b 여기서 나는 서구 교회를 이야기하고 있다. 페르시아 제국, 중국, 북아프리카 등의 교회는 다르지만 똑같이 중요한 이야기를 가지고 있다.

말의 능력

사도들은 말 곧 복음에 하나님의 능력이 임하시며, 이 말씀을 전하는 것은 성령을 통해 하나님의 능력을 교회와 세상에 불어넣는 일임을 알았다.[15] N. T. 라이트는 "이 말은 주권적인 부르심으로 선포되었고, 우리 존재에 새로운 상황과 새로운 가능성, 삶을 변화시키는 새로운 능력을 가져다주었다"라고 말한다.[16] 이런 까닭에 사도 바울은 "내가 복음을 부끄러워하지 아니하노니 이 복음은 모든 믿는 자에게 구원을 주시는 하나님의 능력이 됨이라"(롬 1:16)라고 기록했다.

나는 기독교 시대가 저물어 가고 교회가 또다시 주변으로 밀려나면서 우리가 더는 자신의 힘을 의지하지 않고 하나님의 능력을 의지할 수밖에 없게 되리라고 믿는다. 우리는 하나님 말씀이 구원에 이르는 능력이 있다는 깊은 확신을 다시 선물로 받고, 하나님이 우리 가운데 다시 한번 강력하게 임하실 것이다. 어쩌면 기적이 다시 나타날지도 모른다![17]

복음이란 무엇인가?

이 강력한 말의 내용은 무엇인가? 이십 대 때 나는 다른 그리스도인들이 예수님에 대해 이야기하도록 훈련했다. 집마다 문을 두드렸고, 다른 사람들도 그렇게 하도록 훈련했다! 그때의 내게 복음을 설명한다는 것은 인간의 죄와 하나님의 심판, 그리스도의 권위와 속죄의 죽음, 구원하는 믿음, 죄 사함에 대해 말한다는 뜻이었다. 다시 말해, 복음주의 전통에서의 전형적인 복음 제시였다. 당신이라면 예수님을 알

15 N. T. Wright, *The Last Word: Beyond the Bible Wars to a New Understanding of the Authority of Scripture* (New York: HarperSanFrancisco, 2005), 49.

16 Wright, *The Last Word*, 49.

17 초대교회에 나타난 영적 능력이 오늘날 일부 비서구 세계에도 나타나고 있다.

지 못하는 친구에게 복음을 어떻게 설명하겠는지 잠시 생각해 보자.

서른 번째 생일 무렵부터 나는 복음을 깊이 이해하기 시작했다. 콜린 건튼(Colin Gunton)의 *Triune Creator*(삼위일체 창조주)와 올리버 오도노반(Oliver O'Donovan)의 *Resurrection and Moral Order*(부활과 도덕적 질서) 두 책을 통해 창조 세계와 인간 삶의 모든 측면이 하나님께 중요하다는 사실을 깨닫게 되었다.[18] 이 책 1장에서 말한 것처럼, **태초**에 하나님이 신중하면서도 즐거이 선한 세상을 창조하셨음을 알게 되었다(창 1-2장). 복음서 서사들에서 하나님의 아들이 창조 세계 주변을 거니시고 치유하시며 사랑으로 세상에 생명을 주시는 모습을 볼 수 있음도 깨달았다. 콜린 건튼의 표현을 빌리자면, 복음서에서 하나님의 아들 예수님은 "악에 사로잡힌 창조 세계"를 새롭게 하고 계신다.[19] 하나님은 창조 세계를 폐기하시는 것이 아니라 구속하고 회복하고 계신다. **이것이 내가 복음을 이해하는 방식에 어떤 함의가 분명히 있으리라**고 나는 생각했다.

(이 책 1장에서 논의했듯이) 복음서 저자들과 바울이 **복음**이라는 단어를 사용한 방식에 근거하여[20] 다음과 같이 복음을 표현할 수 있다. **이제, 드디어, 오랫동안 고대한 하나님의 구원의 때가 그분의 아들 예수 그리스도 안에 임했다. 인간의 반역으로 창조 세계가 악으로 물들었지만, 예**

18 Colin Gunton, *The Triune Creator: An Historical and Systematic Study* (Grand Rapids, MI: Eerdmans, 1998); Oliver O'Donovan, *Resurrection and Moral Order: An Outline for Evangelical Ethics*, 2nd ed. (Grand Rapids, MI: Eerdmans, 1994). 둘 다 읽기 쉬운 책은 아니다. 이 주제를 다룬 똑같이 중요한 책이지만 좀 더 읽기 쉬운 책으로 다음을 추천한다. Albert M. Wolters, *Creation Regained: Biblical Basics for a Reformational Worldview* (Grand Rapids, MI: Eerdmans, 1985).

19 콜린 건튼은 예수님의 기적에 관해서 이 문구를 사용한다(*Christ and Creation: The Didsbury Lectures, 1990* [Eugene, OR: Wipf & Stock, 1992], 18).

20 예를 들어, 막 1:1-2, 14-15; 롬 1:1-2; 고전 15:1-5; 딤후 2:8을 보라.

수님의 삶과 죽음과 부활을 통해 하나님은 만물을 회복하시고, 인류를 하나님 그리고 다른 사람들과 화해시키시며, 창조 세계를 회복하고 계신다. 복음은 모든 사람에게 죄 사함[21]을 위해 회개하라고 요청하며, 그리스도께서 세상에서 분주하게 하고 계신 일에 동참하라고 초대한다.

우리는 무엇에 대해 이야기하는가?

우리가 복음의 풍성함을 온전히 이해하면 그것이 우리 삶의 다양한 측면과 연결되는 것을 알게 되었을 것이다. 그래서 복음을 이야기하는 한 가지 방법은 없다. 내 친구 짐 멀린스(Jim Mullins)는 피닉스주에 사는 목회자다. 짐은 누구와도 쉽게 관계를 맺는 그런 사람 중 하나다. 언젠가 짐에게, 복음을 개인적이고 내세의 일로만 보지 않고 그 포괄성을 이해하게 된 것이 예수님에 대해 말하는 방식에 어떤 변화를 가져왔는지 물어보았다. 짐은 이렇게 답했다. "복음을 이해하니 사람들이 정말로 궁금해하는 질문들에 대답하는 데 도움이 되었습니다." 다시 말해, 지구 온난화가 대화 주제라면 하나님도 거기에 관심이 있으시다. 누군가의 질병이 관심사라면 하나님은 거기에도 관심이 있으시며, 언젠가는 복음의 능력으로 모든 질병이 치유될 것이다. 예술을 중심으로 모인다면, 예술이 기도라는 주제로 이야기할 수도 있다. 복음은 삶의 모든 측면과 연결되어 거기서 그리스도의 구속을 선포한다.

---

21 복음서에서 '죄 사함'은 해방, 곧 질병과 포로 됨, 반란, 악령의 영향력, 부정, 죄의 저주에서 놓이는 것을 가리킨다. 다음 항목을 보라. "ἀφίημι" in *A Greek-English Lexicon of the New Testament and Other Early Christian Literature*, revised and edited by Frederick W. Danker, 3rd ed. (Chicago: University of Chicago Press, 2000), 156.

하지만 복음이 창조 세계만큼 광범위하다면, 우리가 친구와 대화할 때는 무슨 이야기를 해야 할까? 어떤 면에 집중해야 할까? 우리는 그리스도 안에서 성취된 성경 이야기를 매우 다양한 각도에서 볼 수 있는데, 그것은 당신이 친구나 동료와 공유하는 관심사나 열정과 연결되는 이야기의 측면에 집중하는 데 도움이 된다. 때로 나는 성경 이야기를 축구공으로 상상한다. 축구공의 여러 분할 면은 성경 이야기의 많은 인물, 사건, 이미지를 포함하는 다양한 측면을 나타낸다. 누군가와 대화할 때면 나는 축구공의 한 면에 손전등을 비추고 이야기의 한 부분만을 열고 있다고 상상한다. (이 책에서 살펴본 본문들을 자세히 묵상하고 나서 그리스도를 알지 못하는 친구에게 그중에 한두 본문을 간단하면서도 아름답게 설명해 줄 수 있다.)

대화하면서 우리는 성경 이야기의 한 측면에 빛을 비추어 줄 수 있다.

예를 들어, 당신이 축구 팀에서 뛰는 선수라고 상상해 보자. 어느 날, 훈련을 마치고 생태학을 전공하는 팀 동료와 이야기를 나누게 된다. 알고 보니 당신과 같은 고향 출신이다. 서로 즐겁게 대화를 주고받다가 상대는 당신이 교회에 다닌다는 사실을 알게 된다. 호기심이 동한 그녀는 이렇게 묻는다. "당신들은 도대체 뭘 믿는 거죠?" 당신은 간략하게 핵심만 짚어야겠다는 생각이 든다. 어떻게 말해야 할까? '축구공'(성경 이야기)의 어느 부분에 손전등을 비추어야 할까? 상대의 애정과 관심사를 고려할 때 어떻게 해야 그것을 좋은 소식으로 들을 수 있을까?

진정한 표현들

당신은 이렇게 생각할지도 모른다. '옛날에는 복음 전도가 훨씬 간단했는데…. "모든 사람이 죄를 지었고" "그리스도께서 대가를 치르셨다"라는 것만 설명해 주면 됐으니.' 이 말씀이 더 단순하고 진리인 것은 틀림없지만, 이야기의 전체는 아니다. 우리는 성경 이야기의 그 모든 풍성함을 내면화해서 그것이 우리 안에서 자연스럽게 흘러나오게 해야 한다. 이렇게 진리를 말하려면 우리에게 더 많은 것이 요구된다. 성경 이야기를 알고 그 이야기를 다시 들려줄 수 있어야 한다. 넓은 마음으로, 우리 발에 빛을 비추는 것과 같은 창의성이 필요하다.

예수님을 모르는 친구들과 대화하는 중에든지 설교하는 중에든지, 복음이 모든 창조 세계를 포용한다는 것을 처음 인식하게 될 때 많은 사람이 지나치게 복잡한 표현을 무심코 사용한다. 무언가를 처음 배울 때 흔히 있는 일이다. 하지만 "복음의 총체적인 범위" 같은 말을 반복하고 싶은 욕구가 크겠지만, 그런 표현은 신학에 정통한 친구들이 아닌 사람들에게는 잘 먹히지 않을 것이다! 복음을 설명할 새로운 표현과 은유, 우리도 이해할 수 있고 우리 자신의 삶에서 떠오른 그런 문구를 찾아야 한다. 여기서 내가 사용하는 표현을 몇 가지 나누겠지만, 시간이 흐르면서 당신 나름의 문구와 은유를 찾고 싶은 마음이 들 것이다.

내가 그리스도의 십자가를 이야기할 때 자주 사용하는 짧은 표현은 이렇다. "세상을 치유하시기 위해 예수님이 십자가에서 돌아가셨어요." 처음에는 우리 아이들에게 이 문구를 사용하기 시작했는데, 이제는 어른들과 대화할 때나 설교 중에도 이 표현을 사용한다. 아이나 어른이나 이 세상에 치유가 필요하고 그 치유 사역은 손쉬운 해결책이 아니라 대가가 따른다는 사실을 강하게 느끼기 때문에 사람들이 이 문장에 공감하는 것 같다. 예수님의 가장 어둡고 끔찍한 시간이 사실은 치료제요 수술이라는 이야기를 들은 사람 중에 일부는 호기심을 품고 이야기를 더 듣고 싶어 한다.

때로는 예수님을 가리켜 "만물을 고치시는 자"라고 하기도 한다. 이 문구는 앞서 언급한 적 있는 음악가 탐 우스트에게서 빌려 왔다. 그의 노래 〈만물을 고치시는 자〉(*Mender of All Things*)는 주님을 기다리며 묵상하는 찬양이다.[22] 이 찬양은 "오 하나님 우리가 어두운 밤 중에 주님을 기다립니다"라고 시작한다. 고친다는 은유를 생각하면 세심하게 옷을 바느질하는 장인의 작업이 마음속에 떠오른다. 수선하는 사람은 옷 한 점에 다시 한번 기회를 부여하여 그 의복의 목적을 존중한다. 그런가 하면 예수님을 "세상을 고치시는 분"으로 소개하면서, 그분이 세상을 고치시는 동안 우리가 동역한다고도 말한다.

하지만 그리스도를 알지 못하는 사람들에게 내가 가장 자주 사용하는 표현은 "예수님이 전부다"라는 문구다. 사실대로 말하자면, 친구와 믿음에 대해 이야기하면서 예수님을 **빼고** 이야기하기가 너무 쉽다! 대화가 삼천포로 빠지는 경우가 얼마나 많은지 모른다. 그래서 생각의 방향을 잃지 않도록 나 스스로 먼저 "예수님이 전부다"라고 말한다. 그런 다음에 거기서부터 설명을 풀어 나간다. 내가 말하는 대상보다 오히려 나 자신이 잊지 않도록 하려고 "예수님이 전부다"라는 문구를 항상 준비하고 있다.

후기 기독교 시대에 우리 믿음을 표현하는 신선한 문구와 은유를 찾는 것은 거룩한 작업이다. 우리는 설교를 포함하여 우리가 하는 모든 말에서 사용할 새로운 표현을 찾을 수 있다. 성경 저자들을 우리 본

---

22 Tom Wuest, *Mender of All Things*, copyright 2016; 허락을 받고 사용함.

보기로 삼아 창의성을 발휘하여 이 프로젝트에 담대하게 참여할 수 있다. 성경 저자들은 다양한 맥락에서, 특히 심각한 도전에 직면해서도 생명의 말씀을 전하려 애쓰면서 탁월한 창의성을 보여 주었다.

예를 들어, 구약성경 서기관들은 글을 쓰면서 언약과 선택 같은 고대 근동 왕가의 개념을 빌려 왔다. 언약은 대제국들이 속국의 왕들을 굴복시키기 위해 채택한 무장 도구였다. 이스라엘 서기관들은 야웨의 새롭고 자비로운 성품을 나타내기 위해 언약의 은유를 가져다 쓰는 위험을 감수했다. 언약 개념을 처음 야웨에게 사용했을 때 분명 사람들의 눈초리가 올라갔을 것이다! 이와 비슷하게, 신약성경 저자들도 (예를 들면) "그리스도의 평안"(참고. '팍스 로마나')을 선포하기 위해 로마제국의 주제를 가져다가 적용했다.

수천 년간 소중히 전해져 내려온 기독교 신학과 전례의 이런 핵심 문구들이 대제국의 수사법을 가져다 사용했다고 생각하면 얼마나 놀라운지 모르겠다. 성경 저자들이 자기 세대를 위해 복음을 재맥락화한 그런 대담한 창의성은 우리가 하는 말뿐 아니라 공동체 생활의 모든 면에서 우리에게도 놀라운 창의성을 불어넣어 주어야 한다. 우리가 계속해서 이런 고대의 은유를 사용하겠지만, 그렇다고 해서 우리 시대에 성경 이야기를 다시 들려주는 수고를 면제해 주지는 않는다. 오늘날 우리에게도 동일한 창의적 작업이 필요하지 않겠는가? 우리 시대의 명문장가들, 곧 우리 시대에 걸맞은 신선한 복음의 표현을 찾는 위험을 감수할 그리스도인 예술가와 젊은 지도자들을 열심히 찾아야 한다. 새로운 세대에 생명의 말씀을 전하려 노력하는 과정에서 서로 실수할 여지를 충분히 주어야 한다.

진정한 대화

사람들과 일대일로 대화할 때 예수님에 대한 우리의 진정한 발언은 진정한 대화의 맥락에서 나와야 한다. 반짝이는 진정한 대화의 예로 예수님과 사마리아 여인이 우물가에서 만난 사건을 들 수 있다(요 4:1-42). 우물에 도착한 예수님 일행은 몹시 목이 말랐다. 평소와 같은 상황이었다면, 제자들은 그 여인에게 물 길을 그릇과 줄을 빌리려고 흥정했을 것이다. 예수님은 달랐다. 그분은 자신의 갈증을 이 하나님의 딸과 관계를 맺을 기회로 사용하신다. 예수님과 여인의 대화는 그 시작만큼이나 흥미롭게 전개되는데 기이함과 이중 의미로 가득 차 있다.

예수님과 우물가 여인의 만남처럼, 오늘날 진정한 대화는 점점 더 흥미진진해지고 있다. 사람들은 다른 사람의 이야기를 듣고 자신의 이야기를 나누고 싶어 한다. 그 모든 고통에도 불구하고, 문화 전쟁의 이념적 분열은 반대하는 사람들에게 귀 기울이는 일에 높은 가치를 부여하게 만들었다. 사람들은 양방향으로 경청이 이루어지는 대화를 소중히 여기고, 이런 만남을 선물로 받는다.

사회가 변하면서 나 스스로도 이전에 예수님에 대해 말하면서 느끼던 불안감이 사라지고 있음을 알아차리고 있다. 많은 사람이 영성, 이념, 개인의 경험에 대해 간절히 대화하기 원하기 때문이다. 돌이켜 보면, 불과 수년 전만 해도 예수님에 대해 말할 때 느꼈던 그 불안감은 사람들이 여전히 교회를 의식하고 있던 기독교 시대의 잔재에서 비롯된 부산물이었던 것 같다. 그때에는 세속주의나 기독교 외에는 선택의 여지가 없었다. 하지만 지금과 같은 후기 기독교와 다원주의 사회에서는 영성에 대한 대화가 수용 가능할 뿐 아니라 많은 사람이 원하기까지 한다. 내가 사는 곳과 같은 다원주의 도시에서 사람들은 있는 모습 그대로 자연스럽고 편하게 대화를 시작할 수 있다.

믿음에 대해 대화하다 보면 진정성의 두 특징이 두드러지는데, 경청과 복음에 대한 확신이 그것이다. 우선, 듣기다. 사람들은 대화에 열려 있는 경우가 많지만, 경청하는 기술은 배워야 한다. 몇 해 전에 아내가 대학원에 진학했을 때 대학의 인문학 환경에서 어떻게 그리스도인으로 살아갈지 고민이 많았다. 그때 막 박사 과정을 마친 어느 그리스도인 여성이 "진심으로 잘 들어주라"라고 조언해 주었다고 한다. 현명한 조언이다.

최소한의 의미에서 듣기란 상대방이 하는 말을 듣고 이해하려 애쓰는 것이다. 하지만 깊이 있는 경청은 그 이상이 필요하다. 경청에는 대가가 따른다. 다른 사람이 진정으로 존재할 여지를 주기 위해 얼마간은 우리 자신에 대해 죽어야 한다. 대니얼 콜먼(Daniel Coleman)은 그 점을 이렇게 표현했다. "자신을 열어 보이는 것, 다른 사람들에게 취약해지는 것…이것은 다른 사람을 자신의 틀에 억지로 끌어들이지 않으면서 상대의 마음을 이해하려는 노력에 헌신한 결과다. 타인을 **타인**으로서 치열하고도 관대한 관심을 기울이고 그들이 우리 예상과는 다른 사람이 될 수 있도록 허용한 결과다."[23]

다른 사람과 믿음에 대해 대화할 때 고려해야 할 또 다른 특징은 복음에 대한 확신이다. 우리는 대화를 나누면서 최고의 논증을 펼치지 않아도 되고 결정적 발언을 하지 않아도 된다. 오히려 예수님의 복음이 구원을 위한 하나님의 능력이라고 확신할 수 있다. 사도 바울이 기록하듯이, "내가 복음을 부끄러워하지 아니하노니 이 복음은 모든 믿

23 Daniel Coleman, *In Bed with the Word: Reading, Spirituality, and Cultural Politics* (Edmonton, AB: University of Alberta Press, 2009), 70.

는 자에게 구원을 주시는 하나님의 능력이 됨이라"(롬 1:16). 우리가 예수님을 전하는 약하고 부족한 말이 능력을 나타내는 것은 그것이 우리가 한 말이기 때문이 아니라 예수님에 관한 말이기 때문이다. 그래서 우리는 대화 가운데 예수님의 온유하심을 말하고 (성경 전체의 틀로 이해한) 그분의 삶의 이야기를 전할 수 있다. 그러면 성령을 통해 그리스도께서 친히 임하신다. 궁극적으로, 성경 이야기는 어떤 식으로든 모든 사람의 삶과 열정을 어루만지고 반영하고 치유하며 완성한다.

마지막으로, 예수님을 전하는 우리 말은 다른 신앙 전통과 이야기에도 아름다움과 진실이 있음을 부정하지 않는다.[24] 모든 신앙 전통은 하나님의 위대하심을 드러낸다(롬 1:19).[25] 한편으로, 성경 이야기는 다른 신앙 전통의 갈망과 아픔, 아름다움을 충족시킨다. 다른 한편으로, 다른 신앙 전통의 미학과 윤리는 우리가 간과한 성경 이야기의 맥락을 깨닫도록 도와줄 수도 있다. 우리는 이런 실재들을 함께 조화롭게 받아들일 수 있다.

그리스도에 대한 회심의 언약적 배경

내가 경험한 바로는, 한 사람이 예수님께 돌아올 때 '복음 전도'는 이야기의 일부에 불과하며 대개 가장 중요한 일부도 아닌 듯하다. 대부

24 스테판 파스(Stefan Paas)는 기독교를 '배우는 종교'라고 말한다. 많은 문화권에서 기독교를 수용하고 설명하면서, 신자들은 필연적으로 자신들의 맥락을 배우고 복음을 자국 문화의 범주와 의미 체계 속에서 설명하게 되었다(*Pilgrims and Priests: Christian Mission in a Post-Christian Society* [London: SCM Press, 2019], 17).

25 다음 책에 나오는 윌리 J. 제닝스의 논의를 보라. *The Christian Imagination: Theology and the Origins of Race* (New Haven, CT: Yale University Press, 2010), 258.

분의 경우에 사람들은 언약 공동체에 참여하는 과정에서(아주 가장자리라 하더라도) 그리스도께 회심한다. 사람들은 우리의 대조적인 생활방식에 호기심을 품고 우리와 함께하게 된다. 그리고 결국에는 그중 일부가 믿음의 선물을 받는다. 그리스도에 대한 회심의 언약적 배경은 이렇다. 우리는 공동의 실천을 통해 신자에게든 아직 신자가 아닌 사람에게든 서로 항상 증언하고 있다. 여기서 '언약적'이라는 말은 교회 공동체와 그리스도의 연합과 교제를 가리킨다.

모든 사람에게 그리스도께로 회심하는 것은 평생에 걸친 과정이다. 따라서 그리스도에 대한 회심의 언약적 배경은 온 일생에 걸쳐 지속적이다. 그리스도를 알아 가는 세월 내내, 우리는 예배, 성경 읽기, 금식, 기도, 헌금 같은 공동의 실천을 통해 그분께 이끌린다. 성령의 능력으로 우리는 언약 공동체의 예배와 실천 가운데 휩쓸려 그리스도께 나아간다.

진정한 발언을 격려하기

어떻게 하면 우리 사람들이 예수님을 알지 못하는 친구와 동료에게 그분에 대해 진정성 있게 이야기하도록 격려할 수 있을까? 여기에 네 가지 실용적인 제안이 있다. 첫째, 예배 중에 사람들이 복음 전도에 대한 불만을 토로하는 시간을 마련한다. 많은 사람, 심지어 일부 성숙한 그리스도의 제자들까지도 그렇게 하기 전까지는 건설적인 대화를 꺼린다는 사실을 알게 될 것이다. 나는 성도들이 불만을 이야기하는 동안, 회중 앞에서 바로 그 자리에서 그 내용을 글자 그대로 적는다.

둘째, 사람들에게 성경 이야기를 다시 들려주어서 복음이 얼마나 포괄적인지 이해하도록 도와준다. 마이클 고힌의 『열방에 빛을』(*A Light to the Nations: The Missional Church and the Biblical Story*, 복 있는 사람) 같은 책을 읽고 성경 이야기의 풍부함이 당신의 생각과 가르침, 기도와 설교에 스며들게 할 수 있다. 피닉스에서 목회하는 내 친구는 이렇게 말했다. "이건 매우 지난한 작업입니다. 복음은 가르침을 통해서, 특히 오랜 시간에 걸친 삶과 실천을 통해서 사람들에게 서서히 더 넓게 다가옵니다." 많은 성도가 의심이 가득하며 어린 시절의 신앙을 받아들이려고 고군분투하고 있음을 기억하자. 성경 이야기를 다시 들려줌으로써 당신은 사람들에게 복음을 전하여 그들이 그리스도와 성경을 사랑하도록 돕고 있는 셈이다.

셋째, 사람들이 서로 예수님에 대해 말할 수 있는 편안한 환경을 조성한다. 예를 들어, 나는 최근 설교 도중에 교인들이 옆에 앉은 사람과 예수님에 대해 가장 소중하게 생각하는 한 가지를 나누도록 했다. 소그룹에서도 이런 나눔이 가능하다.

넷째, 이 책의 2장에서 논의한 것처럼 자신의 소명 가운데 그리스도를 따르는 것에 대한 대화를 격려하는 것이 중요하다. 비슷한 직업군의 사람들이 함께 대화하게 계획해 보자. 자신의 분야에서 그리스도를 따르는 사람으로서 어떻게 일하고 말할 수 있는지 이야기해 보자. 예수님에 대해 말할 때 엔지니어는 다른 엔지니어들과, 재즈 연주자는 다른 재즈 연주자들과 말이 통하는 경우가 자주 있다.

이 장에서는 공동체를 새롭게 연주하는 아홉 번째 음인 진정한 목소리를 살펴보았다. 이는 예수님에 대한 말을 진정성 있게, 일관성 있게 전하며, 친구의 열정과 지금 나누고 있는 대화와 연결되는 성경 이야기의 측면을 드러내 준다.

예수님을 알지 못하는 사람들과 대화하는 능력과 밀접하게 연결되는 것이 교회 내에서 건전한 대화를 나누는 능력이다. 이제부터는 이 주제를 살펴보려 한다. 건전하고 주기적인 공동체 대화는 성육신적 공동체의 특징이라고 할 수 있다. 우리 대화는 성령님이 교회를 어디로 이끌고 계시는지 분별하는 자리이자, 공동체가 직면한 시급한 문제들을 논의하는 곳이다.

10장

대화

재즈 음악은 연주자들 사이에서 이루어지는 일종의 대화다. 재즈 연주자라고 하면 고음을 쏘아 올리는 색소폰 연주자를 상상할지도 모르겠다. 하지만 실제로 재즈 연주자들은 독불장군처럼 연주하지 않고 서로 연결되어 있고 서로 대화한다. 재즈 음악가들은 항상 귀 기울이고 반응하면서, 어느 한 연주자의 능력을 넘어서는 새로운 음악을 창조한다. 재즈 음악은 좋은 대화의 가능성과 복잡다단함을 모두 보여준다. 윈튼 마살리스는 미국 사회의 맥락에서 재즈를 다음과 같이 표현한다.

> 미국 생활에는 온갖 다양한 의제가 있습니다. 항상 갈등이 있죠. 그리고 우리는 갈등을 통해 조화를 이루려고 애씁니다.…하지만 그건 마치 말싸움하려는 의도를 가진 논쟁이 아니라, 무언가를 함께 풀어 가야 하는 논쟁과 같습니다. 그게 바로 재즈 음악입니다.

> 연주자들이 모두 연주대에 서 있습니다. 각자에게는 자기만의 성격과 의제가 있습니다. 예외 없이 그들은 당신이라면 연주하지 않을 무언가를 연주할 겁니다. 그러니 당신은 무언가를 말해야 할 때와 비켜서야 할 때를 배워야 하죠. 그래서 진정성과 의도, 함께 연주하려는 의지의 문제가 있습니다. 그게 바로 재즈 음악입니다. 당신에게는 자아가 있고, 개인적 표현이 있으며, 그룹의 맥락에서 그 표현을 타협하는 방식이 있습니다. 민주주의와 똑같죠.[1]

재즈 음악가들은 대화할 준비를 하고 무대에 선다. 연주를 시작하기 전에 숫자를 세는 순간부터, 우리는 듣고, 다른 사람을 위한 여지를 남기고, 생각을 제공하고, 다른 사람들에 반응하여 진로를 수정하며, 함께 무언가를 창조할 준비가 되어 있다.

마찬가지로, 건전하고 주기적인 공동체 대화가 성육신적 공동체의 특징이라고 할 수 있다. 이 장은 공동체를 새롭게 연주하기 위한 열 번째 음, 곧 공동체의 대화에 초점을 맞추려 한다. 성육신적 교회는 대화하는 문화와 공동체로서 대화하는 능력을 키우려는 욕구를 특징으로 한다. 건전하고 주기적인 공동체 대화는 성령님이 교회를 어디로 이끌고 계시는지 분별하는 자리이자, 공동체가 직면한 시급한 문제들을 논의하는 곳이 될 수 있다. 우리 대화는 그리스도의 몸이요 하나님의 가족으로서 공동의 삶을 드러내는 핵심 표현이 될 수 있다.

크리스토퍼 스미스(Christopher Smith)는 자신의 책 *How the Body of Christ Talks*(그리스도의 몸은 어떻게 말하는가)에서, 어떻게 인디애나폴리스의 이글우드 기독교회(Englewood Christian Church)가 20년 넘게 주일

1 윈튼 마살리스, 벤 번즈가 연출한 다큐멘터리 〈재즈〉, 10화, 5:45—7:00.

마다 주기적으로 대화를 나누어 왔는지 설명한다.[2] 이글우드 교회의 대화는 예산을 승인하고 회의록을 작성하는 공식 교인 모임이 아니다. 오히려 주일 설교에서부터 공동체를 분열하려고 위협하는 감정적인 주제에 이르기까지 온갖 종류의 이야기가 오가는 저녁 식탁 대화에 더 가깝다. 대화하는 법을 배우는 과정 자체가 대화만큼이나 이글우드 교회에 강한 영향을 미쳤다. 밴쿠버에 있는 우리 교회도 비슷한 학습 과정을 거치고 있다. 우리는 매주는 아니지만 정기적으로 대화 시간을 갖는데, 때로는 가정 모임 같은 다른 형식을 통해 문제를 다루고 나서 이를 다시 전체 교회의 대화에서 반영한다.

얼마나 자주 모이는지와 상관없이, 건전한 대화 방식을 배울 수 있다. 아이들은 말하는 능력을 갖추고 태어나지는 않지만, 시간이 흘러 자라고 성숙하면서 말하는 법을 배운다. 이와 비슷하게, 시간이 흐르면서 교회의 대화 능력도 자라고 성숙할 수 있다.

그러나 성숙으로 가는 성장에는 고통이 따르기 마련이다. 친밀한 공동체라면 으레 그렇듯, 교회도 갈등을 겪고 빠져나오기를 반복한다. 언젠가 우리 교회에서 어떤 주제를 두고 의견이 분분하여 이대로는 견뎌 내기 어렵겠다는 생각까지 들었던 적이 있다. 이 시기에는 대화하려고 모일 때마다 모욕과 분노가 폭발하곤 했다. 교회 리더들은 어떻게 해야 할지 몰라 혼란스러웠다. 그런데 동료 목회자 조이 뱅크스가 조금씩 계획을 짜기 시작했다. 조이는 공동체 구성원 열네 명을 따로 데리고 2박 3일 수련회를 진행했다. 수련회 참가자는 우리 공동체가 맞닥뜨린 힘든 문제의 양편에 고르게 나뉘어 있었다. 그들은 함께 경

2 C. Christopher Smith, *How the Body of Christ Talks: Recovering the Practice of Conversation in the Church* (Grand Rapids, MI: Brazos, 2019).

청하는 시간을 가졌다. 상대를 이해하기 위해 서로 질문을 던지고, 각자의 동기를 존중해 주었다. 설득하는 것이 아니라 듣고 이해하는 것이 수련회의 목적이었다. 이들은 돌아와서 전 교인 앞에서 자신들의 경험을 나누어 주었다. 이들이 함께 서 있을 때 분열을 넘어서서 서로를 향한 사랑과 감사가 확연히 눈에 띄었다. 양편을 대표하는 참가자들은 자신이 반대하는 사람들에게 존중을 표현했다.

이 경험은 어떻게 대화가 신뢰와 이해를 돈독히 하는지 잘 보여 준다. 그와 동시에, 대화는 상당한 감정 노동을 요구할 때가 많다. 이런 수련회의 필요성은 공동체의 대화가 얼마나 고통스러워질 수 있는지를 보여 준다. 게다가 인종차별 같은 주제들은 일부 참가자들의 경험이 남들과 다를 수 있기에 감정 노동에 불균형이 생긴다. 건강한 대화에는 용기와 민감함, 창의성이 필요하다. 성령님이 우리를 한 가족으로 엮어 주실 때 그 보상은 풍성할 것이다.

독자들은 공동체의 대화에 일정한 리더십이 필요하다는 것을 이미 느끼고 있을지도 모른다. 핵심 리더들이 공동체가 건전한 대화를 나눌 수 있다고 믿을 때 핵심 리더들과 성도의 관계는 상호 존중이라는 새로운 특징을 띠게 된다. 마치 가정에서 자녀들이 자라 어른이 될 때의 느낌과 비슷해서, 이제는 회중과 리더가 동등하게 책임을 지게 된다. 리더들이 회중의 대화를 돕는 건강한 도관이 되어 줄 때 사람들은 공동체와 그 비전에 충성하게 된다. 또한 리더들이 쉽지 않은 문제를 다루는 대화와 새로운 기회를 격려할 때 우리 공동의 삶은 풍성해지고 성령님이 주시는 새로운 가능성이 드러난다. 대화를 통해 모든 사람이 공동 창조자가 되고 진정한 리더풀 공동체가 된다.

같은 마음을 품고

건전한 대화 문화를 형성하려는 노력에는 강력한 문화적 방해물이 존재한다. 우리는 두려운 마음에 공동체의 대화에 참여하기를 주저한다. 그 두려움은 권력의 역학 혹은 인종차별이나 성차별을 통해 경험한 트라우마에서 비롯되기도 한다. 어떤 핵심 리더들은 회중의 대화 참여가 손쓰기 힘든 갈등으로 번질까 봐 두려워서, 그들이 대화하도록 '풀어 주기'를 두려워할지도 모른다. 교회가 위험한 신학 영역으로 빠질까 봐 염려하는 리더들도 있다. 이런 주저함은 합당하고 이해할 만하다. 오늘날 많은 교회가 분열되고 정치적으로 격앙된 문화 환경에서, 사태가 진정되리라는 기대를 품고 차이점을 그저 무시하는 경우가 많다.

이 모두를 감안하더라도 우리는 한번 고려해 보아야 한다. 교회가 아니라면, 우리는 어디에서 문화적 경계를 넘어서 대화하는 법을 배울 수 있을까? 크리스토퍼 스미스는 "나는 우리가 다른 어디도 아닌 교회에서 타인과 말하는 법을 배운다고 믿는다"라고 말한다.[3] 전통적인 경계선을 넘어선 대화 가운데 표현되는 사랑으로 엮인 우리의 공동의 삶에서, 우리는 지역사회에서 대비되는 공동체로 존재할 수 있다. 대화는 증언의 일부다.

우리가 대화를 두려워하는 이유는 전혀 달라 보이는 두 가치를 동시에 지닌 긴장 상태 때문이기도 하다. 그 두 가치란 바로 진리의 가치와 관계의 가치다. 우리의 관계를 존중하면서도 진실하게 말하고 살 수 있는가? 에베소서 4장에는 그 둘을 모두 붙잡는 지혜가 담겨 있다. 사도 바울은 서로 존중하고 한 가족의 정체성을 잃지 않으면서도 진리

3 Smith, *How the Body of Christ Talks*, 8.

를 추구하는 균형을 유지한다. 그는 에베소 그리스도인들에게 "사랑으로 진리를 말하고 살"라고 권면한다(엡 4:15, 새번역). 그들은 "사랑 가운데서 서로 용납하[면서]" 겸손하고 온유한 태도로, 오래 참음으로 그렇게 해야 한다(엡 4:2). 에베소서 4장에서 바울이 말하는 핵심 주제는 연합이다. 그러나 바울에게 진리는 전혀 모호하지 않아서, 마치 공동체가 무엇을 믿을지 투표하기를 기다리고 있는 것과는 거리가 멀다. 교회가 할 일은 하나님의 아들을 아는 지식에서 성장하여 성숙에 이르는 것이기 때문이다. 그리고 그리스도 안에서 성도들을 양육하도록 리더들이 세워졌다(엡 4:11-12). 그래서 바울은 갈등을 유지하면서 우리에게도 똑같이 하라고 권면한다. 린 코힉(Lynn Cohick)의 표현대로, "바울은 **사랑 안에서** 진리를 강조하는데, 이는 그리스도를 얻으려고 애쓰는 겸손한 영혼을 암시한다."[4]

에베소서 4장에서 놀라운 점은 바울이 **강한 의견**을 피력한다는 것이다. 예를 들어, 에베소서 전체는 이방인과 유대교의 관계라는 골치 아픈 문제를 다룬다.[5] 따라서 에베소서 4장은 말하는 내용만큼이나 말하지 **않는** 내용에도 주목할 만하다. 바울은 자신의 논증은 제쳐두고, 일부 성도는 그가 동의하지 않는 말을 할 줄 알면서도 교회가 말하도록 촉구한다. 그들은 그리스도 안에서 서로를 추구하는 가운데 그리스도를 추구하면서, 사랑으로 진리를 말해야 한다.

사랑으로 진리를 말하면서 우리는 서로 의견이 다르더라도 같은 마

4 Lynn H. Cohick, *Ephesians*, New Covenant Commentary Series (Eugene, OR: Cascade, 2010), 113.

5 바울은 (다양한 형태의) 유대교가 그리스도와 이방인들을 잇는 통로로 계속 남아 있는 한, 유대인과 이방인 모두의 믿음이 왜곡될 뿐 아니라, 그리스도가 약화된다고 보았다.

음을 품을 수 있다. 장기적인 관계에서 서로 곁을 지켜 주기로 동의함으로써 같은 마음을 품을 수 있다. 특정 지역사회에서 오래도록 그리스도의 빛을 서로 비추기로 함께 헌신함으로써 같은 마음을 품을 수 있다. 스미스가 언급하듯이, '같은 마음을 품는 것'이 '같은 생각을 품는 것'보다 우리의 공통성을 더 잘 반영한다.[6] 우리는 거짓 만장일치가 아니라 한마음으로 부르심을 받았다. 이는 재즈 음악가들에게 "진정성과 의도, 함께 연주하려는 의지"가 있다는 마살리스의 말을 떠올리게 한다. 이 진정성이란 열린 마음과 귀로 다른 사람의 곁을 지켜 주는 능력이다.

교회의 대화들

구체적으로 공동체의 대화는 어떤 모습을 띠는가? 복잡한 대화가 다 그렇듯, 교회의 대화도 세심한 준비를 통해 사려 깊게 접근할 때 가장 잘 이루어지는 경향이 있다.

모이는 장소가 중요하다. 이상적으로는 전 교회가 하나의 방에 모일 수 있으면 좋다. 교회 규모가 크다면, 소집단으로 나누는 편이 더 도움이 될 수 있다. 어떤 좌석 배치가 서로 경청하고 배려하는 분위기를 심어 줄지 고려해 본다. 온도는 몇 도쯤 되어야 사람들이 편안하게 느낄 것인가? 커피나 다과가 있다면 가족 같은 유대감을 조성할 수 있을까? 십자가나 그리스도 촛불처럼 시각을 집중할 수 있는 도구는 그리스도 중심으로 대화를 이끌어 가는 데 도움이 될 수 있다. 우리 교회에

6 Smith, *How the Body of Christ Talks*, 153.

서 논란이 분분한 주제를 토론했을 때는 대화를 위해 모일 때마다 성만찬으로 마무리하자고 의견을 모았다.

침묵과 경청 기도는 공동체 대화의 특징이기도 하다. 하고 싶은 말을 하려는 욕심으로 공동체의 대화 자리에 나오기가 쉽다. 관상 기도로 시작하면 겸손하게 받고자 하는 마음을 심어 주어 속도를 줄일 수 있다. 침묵 가운데 하나님은 우리가 공동체를 향한 그분의 마음을 함께 찾기 위해 여기 와 있음을 깨닫게 해 주신다. 대화의 중요한 순간마다 멈춰서 성령님께 귀 기울임으로써 우리가 함께하는 시간 내내 경청 기도에 참여할 수 있다. 대화 시간의 일부는 모임 장소 내에서 흩어져서 소그룹으로 모일 수도 있다. 인도자는 경청 기도로 시작하라고 소그룹에 권할 수 있다. 참가자들이 기도 가운데 하나님이 소그룹에 주시고자 하는 이미지를 '귀 기울여 듣도록' 초대하는 것이다.

내 친구 브렌든은 여러 해 동안 우리 교회에서 대화를 이끌었다. 브렌든은 대학교에서 고위 관리자로 일하고 있다. 짐작할 수 있듯이, 브렌든은 수많은 모임을 운영하고 있다. 그는 대학교 업무 회의를 관상 침묵으로 시작하는 관습을 마련했다! 동료들은 침묵 시간으로 모임을 시작하는 지혜를 높이 평가하면서, 이 시간을 선물로 받아들인다.

마지막으로, 무슨 내용을 이야기하느냐의 문제가 있다. 우리 밴쿠버 교회에서는 대화해야 할 일이 생겼을 때 모이는 편이다. 이와 대조적으로, 크리스토퍼 스미스는 적어도 한 달에 한 번은 교회가 모여서 대화하기를 추천한다.[7] 지역사회에서 봉사할 기회나 이전 주일 설교 말씀 등 부담이 적은 주제로 대화하는 것이 바람직하다. 공동체가 더 심각한 주제를 두고 대화할 때는 준비와 중재가 훨씬 더 중요해진다.

7 Smith, *How the Body of Christ Talks*, 36.

소극적 수용력

논란이 많은 주제든 그렇지 않든, 긴장을 피하지 않고 견디는 능력을 키우는 것은 타인과의 대화에서 내면의 중심을 잡는 데 도움이 된다. 어느 해엔가 우리 교회의 건강과 장단점, 기회를 평가하기 위해 외부 진단을 받았다. 외부 평가자 중 한 분이 우리가 "대개는 분리되어 있는 것들을 함께 붙들어 내는 능력이 있다"라고 평가해 주었다. 시인 존 키츠(John Keats)가 시인과 예술가들에게서 볼 수 있는 그런 능력을 "소극적 수용력"(negative capability)이라고 불렀다고도 알려 주었다.[8] 소극적 수용력이라는 문구가 내 마음에 남았다.

몇 년 뒤에 나는 로널드 롤하이저(Ronald Rolheiser)가 똑같은 개념을 조금 달리 표현한 것을 알게 되었다. 롤하이저는 긴장을 견디는 이 능력을 일종의 기도, 곧 "숙고하는 기도"(prayer as pondering)로 언급한다.[9] 그는 아들의 사역과 죽음에 직면하여 자신이 해결할 수 없는 긴장을 견디는 마리아의 예를 든다. 롤하이저는 이렇게 말한다. "아들을 살리는 것은 고사하고 그의 무죄와 선함을 주장하기 위해 마리아가 할 수 있는 일은 아무것도 없었다. 마리아는 성경적 의미에서 숙고하고 있다."[10] "성경적인 숙고는 십자가를 포함하여 예수님 생애의 여러 다양한 사건 앞에 선 마리아처럼 삶의 큰 신비들 앞에 서는 것이다." 그러나 "마리아는 이 모든 말을 마음에 새기어 생각하니라"(눅 2:19). 소극

8 키츠의 소극적 수용력 개념에 대해서는 다음을 보라. Stephen Hebron, "John Keats and 'Negative Capability,'" British Library online, 2014, www.bl.uk/romantics-and-victorians/articles/john-keats-and-negative-capability.

9 Ronald Rolheiser, *The Holy Longing: The Search for a Christian Spirituality* (New York: Doubleday, 1999), 219.『성과 성의 영성』(절판).

10 Rolheiser, *Holy Longing*, 220.

적 수용력은 너무 이른 해결책에 저항하며 긴장을 견디는 예수님의 놀라운 능력에 대한 적절한 표현일 수 있겠다. 예수님은 십자가에서 분노나 미움, 보복에 굴복하지 않으셨다. "오히려 혐오와 분노, 질투와 상처를 오래도록 품은 끝에 마침내 용서와 긍휼, 사랑으로 변화시키실 수 있었다."[11] 롤하이저는 우리가 섣부른 해결책을 강요하지 않고 긴장을 견뎌 낸다면 하나님을 하나님 되시게, 타인을 타인 되게 할 수 있다고 말한다.[12]

언뜻 보면 긴장을 견디는 것은 진리 추구와는 정반대인 것 같다. 나를 잘 아는 사람은 내가 성경 해석가, 곧 교회의 증언과 세상의 생명을 위해 성경에서 하나님의 음성을 (때로는 집착에 가까울 정도로) 찾는 사람으로서 글을 쓴다는 것을 알고 있다. 그러나 하나님 말씀을 끊임없이 연구하는 사람으로서 나는 우리가 사역 중에 만나는 수많은 긴장이 성경에도 고스란히 담겨 있다고 확신한다. 나는 양극단을 만날 때 어느 한쪽을 택하느라 나머지 한쪽을 완전히 배제하면 결국에는 옳은 선택이 아닐 때가 많다는 것을 알게 되었다.

언젠가 내가 소극적 수용력을 발휘한 때가 있었다. 장로교 목회자인 내게 침례교 교회에서 사역해 달라는 요청이 들어왔다. 이 요청에 대한 반응은 내 평생에 가장 힘든 결정이었다. 가장 먼저 맞닥뜨린 문제는 세례와 관련된 교단 간의 차이였다. 나는 유아세례를 믿었고 그 주제로 책도 쓴 적이 있다. '침례교회에서 사역하면서 유아세례 없이 헌아식만 해도 괜찮을까?' 이런 고민을 하던 시기에, 요한복음 17장에 나오는 그리스도의 대제사장적 기도가 열쇠가 되어 주었다. 예수님은

11 Rolheiser, *Holy Longing*, 224.

12 Rolheiser, *Holy Longing*, 223.

배신당하시던 날 밤에 이 기도를 드리셨다. 그리스도는 교회가 하나 되게 해 달라고 하나님 아버지께 세 번이나 기도하셨다. "그들도 다 하나가 되어…세상으로 아버지께서 나를 보내신 것을 믿게 하옵소서"(요 17:21; 요 17:22-23도 보라). 나는 그리스도의 기도를 통해 교회의 하나 됨이 그리스도를 증언하는 데 중요함을 깨닫게 되었다. 세례에 대한 내 확신이 새 교회로의 부르심을 수용하는 데 결정적인 장벽이 되어서는 안 된다는 것을 서서히 알게 되었다. 얼마 안 있어 나는 요청을 수락했다. 이 분별 과정을 통해 나와 우리 교회는 소극적 수용력을 발휘해야 했다. 내 편에서는 헌아식에 동의했다. 그리고 새 교회에서는 그리스도의 대제사장적 기도를 근거로 교회가 **우리** 아이들을 세례하는 데 동의했다.

대화 기술

소극적 수용력이 다른 사람들과 진정으로 함께하는 데 도움이 된다면, 개인적·공동체적 대화 기술은 건강한 대화에 도움이 된다. 공동체의 대화를 촉진하는 기술은 겉으로는 화려해 보이지 않을 수도 있지만, 성숙한 리더라면 이런 기술을 익혀야 한다. 여기에는 경청, 조력, 까다로운 문제를 논의할 때 소그룹 지도, 고통스러운 대화 이후의 치유 과정 등이 포함된다.

함께 대화하는 공동체에서 각 사람은 대화에 잘 참여할 능력을 키워야 할 책임을 진다. 좋은 소통은 중요한데, 모든 대화가 우리 관계에 영향을 미치기 때문이다. 전문 퍼실리테이터(facilitator, 대화 촉진자) 팀 워켄틴(Tim Warkentin)이 언젠가 내게 말해 준 것처럼, 모든 대화는 신뢰와 위협 사이의 연속선 어디쯤으로 우리를 이끌어 간다.[13] 소통의 중요성을 보여 주는 한 예로, 최고의 과학자들이 탁월한 대인관계 능력을 갖추고 있다는 사실을 알고 깜짝 놀란 적이 있다. 과학이 발전하려면 협력이 필수다. 과학 논문은 공동으로 저술하는 경우가 많다. 그래서 크게 성공한 과학자들은 "사람에 대한 진정한 관심, 엄청난 인내심과 관대함, 팀을 세우고 유지하는 능력이 있어서 매일의 힘든 연구를 견뎌 낼 수" 있다고 한다.[14] 최고의 과학자들은 결국 인사가 만사라는 것을 안다. 그러니 당신이 과학자든 성도든 성도이자 과학자이든, 좋은 대화 상대가 되는 가장 중요한 첫걸음은 잘 듣는 능력을 키우는 것이다.

한 친구가 얼마 전에 이런 이야기를 했다. "대화를 독점하는 사람은 항상 대화가 잘 이루어지고 있다고 생각한다." 맞는 말이다. 세련된 언변이 아니라 세심한 경청이 상대방의 신뢰를 얻는 경우가 대부분이다. 귀뿐만 아니라 마음과 가슴을 열어 더 잘 들을수록, 대화 상대는 우리를 더 신뢰할 것이다. 사람들을 바꾸려 하기보다 그들에 대해 더 알고자 하는 마음으로 귀 기울일 때 신뢰가 쌓인다. 우리가 상대에게 집중할 때는 수학 문제를 풀 듯이 하지 않고 최애 가수의 최신곡을 들을 때의 마음가짐으로 해야 한다. 이렇게 경청할 때 우리 사이에 있을지도 모를 의구심이 서서히 걷히게 된다. 그래서 야고보는 "듣기는 속히 하고 말하기는 더디 하며 성내기도 더디 하라"라고 말한다(약 1:19). 우리 중에 야고보의 이 말씀을 깊이 묵상할 필요가 없는 사람이 누가 있겠

---

13 팀 워켄틴은 밴쿠버에서 활동하는 조직 컨설턴트다. https://timwarkentin.com을 보라.

14 Andy Crouch, "What I Wish My Pastor Knew About The Life of a Scientist," Biologos, September 12, 2018, https://biologos.org/articles/what-i-wish-my-pastor-knew-about-the-life-of-a-scientist.

는가?

하지만 나도 이렇게 하지 못할 때가 너무나 많다! (안타깝게도) 내가 진정으로 경청하고 대화하지 못할 때는 내 안의 깨짐과 두려움이 원인인 것 같다. 마르틴 부버(Martin Buber)는 우리 대화의 대부분은 사실상 "대화로 위장한 독백"이라고 했다![15] 겉으로 보면 대화 중이지만, 실제로는 자기 내면의 과정에서 벗어나지 못하고 있다. 우리가 상처를 주려는 목적으로 서로 주고받는 논쟁도 마찬가지다. 남들에게 잘 보이려고 하는 말도 마찬가지다. 그런 상황에서 베티 프리스(Betty Pries)는 이렇게 말한다. "우리가 주고받는 말의 층을 벗겨 보면 실제로는 대부분이 상처 입은 내적 상황과의 대화라는 것을 알 수 있다."[16] 정말 그렇다. 집단 대화 혹은 다른 어떤 대화에라도 참여하는 능력이 성장하기 위해서는, 자신의 두려움과 깨짐을 알아차리고 그것을 해결해 나가는 힘들고도 희망찬 과제가 뒤따른다.

자신의 두려움과 깨짐을 알아차리는 작업은 대화 속 권력관계를 알아차리는 일과 맞물려 있다. 우리가 대화에서 상대적 우위에 있을 때 자신의 두려움과 깨짐이 진정한 대화를 방해하고 있다는 사실을 깨달을 수 있을 정도로 잠잠할 수 있는가? 다른 사람들이 대화를 이끌어 가고 결과를 도출하도록 허용할 수 있는가?

마지막으로, 여러 문화권의 사람들이 공동체 대화에 참여할 때(정말 그랬으면 좋겠다) 대화가 효과적으로 이루어지려면 문화적 차이에 대한

---

15 Martin Buber, *Between Man and Man*, trans. Ronald Gregor-Smith (London: Routledge Classics, 2002), 22. Betty Pries, *The Space Between Us: Conversations About Transforming Conflict* (Harrisonburg, VA: Herald, 2021), 102에 인용됨. 『관계 공간』(비공).

16 Pries, *The Space Between Us*, 102.

공감과 호기심이 필요하다. 공동체적·개인적 기대와 위계에 대한 문화적 차이는 굉장히 다른 종류의 대화를 낳을 수 있다! 예를 들어, 나 같은 유럽 중심의 오스트레일리아 사람은 모든 목소리를 존중하고 모든 생각을 환영하는 교회 대화에 금세 적응할 것이다. 또한 그런 환경에서는 사람들이 목회자의 의견에 반대하는 것도 편안하게 느낄 것이다. 하지만 공동체적 정체성을 중요시하는 한국 문화권의 교인은 다르게 반응할 수 있다. 한국 문화권의 형제라면 집단과 다른 의견을 제시하는 것을 불편하게 느낄 수도 있다. 장로들과 영적 권위를 존중하는 마음 때문에 목회자와 장로들에게 반대하는 일을 주저할 수 있다. 이런 문화적 차이는 진정으로 잘 듣기 위해서는 다른 문화에 대한 민감성을 개발해야 한다는 점을 잘 보여 준다. 대화 중에 잠시 멈춰서 문화적 차이가 대화에 어떤 영향을 미치는지 질문하는 것은 아름다운 사랑의 표현이다.[17]

퍼실리테이션 기술

경청 기술을 아무리 잘 갖추었다 하더라도 집단 대화는 복잡하고 통제하기 힘들 수밖에 없기에 유능한 퍼실리테이션은 굉장히 큰 자산이다. 퍼실리테이터는 대화를 통해 한 장소에서 다른 장소로 가기 원하는 사람들을 지도한다. 퍼실리테이터는 집단 구성원이 서로 배우고 좋은 질문을 던질 기회를 제공하면서 과정에 집중한다.

퍼실리테이션은 20년 전의 리더십 매뉴얼에서는 찾아볼 수 없었던

17 우리 대화에 영향을 미치는 문화적 차이점에 대한 유용한 논의로는 다음을 보라. David A. Livermore, *Cultural Intelligence: Improving Your CQ to Engage Our Multicultural World* (Grand Rapids, MI: Baker Academic, 2009), 121-42.

'가벼운' 기술이다. 교회를 통제하기 위해서는 직분자들의 권위면 충분했고 의사결정 과정에 진정한 참여를 거의 기대하기 힘들었던 기독교 사회에서는 퍼실리테이션 기술이 별로 필요하지 않았다. 그러나 함께 비전을 찾아 가는 성육신적 공동체에는 좋은 대화가 필수다. 그리고 의미 있는 집단 대화를 위해서는 유능한 퍼실리테이션이 꼭 필요하다. 핵심 리더들이 집단 대화를 돕는 다양한 전략을 공구 벨트에 모아 둔다면, 리더풀 공동체를 세울 수 있는 역량도 늘어날 것이다.

퍼실리테이션 전략

30명 이하 소집단을 위한 한 가지 전략을 소개한다. 우선, 사람들을 (가능하다면 무작위로) 두 명씩 짝을 짓는다. 조마다 포스트잇 두 장과 펜 한 개를 받아서 착석한다. 그다음에는 각자 차례대로 하나님이 어떤 일에 관심을 집중시키시는지를 짝과 함께 나눈다. 대개 한 사람당 3분씩(총 6분) 시간을 준다. 듣는 사람은 포스트잇에 내용을 적는다. 마지막으로, 화이트보드나 빈 벽 주위로 전체가 다 모인다. 한 사람씩 벽에 포스트잇을 붙이면서 상대가 말한 내용을 나눈다. 아주 단순한 전략이지만, 퍼실리테이터가 모임에 기여할 수 있는 사려 깊은 준비를 잘 보여 준다. 퍼실리테이션에 대한 자세한 안내는 로저 슈워츠(Roger Schwarz)의 *The Skilled Facilitator*와 샘 케이너(Sam Kaner)의 『민주적 결정방법론: 퍼실리테이션 가이드』(*Facilitator's Guide to Participatory Decision-Making*)를 참고하라.[a]

---

a Roger Schwarz, *The Skilled Facilitator: A Comprehensive Resource for Consultants, Facilitators, Coaches, and Trainers*, 3rd ed. (Hoboken, NJ: Jossey-Bass, 2017); Sam Kaner, *Facilitator's Guide to Participatory Decision-Making*, 3rd ed. (Hoboken, NJ: Jossey-Bass, 2014). 『민주적 결정방법론: 퍼실리테이션 가이드』(쿠퍼북스).

의심과 대화

대화는 우리가 의심할 때 서로 지지해 줄 수 있는 중요한 방법이다. 후기 기독교 사회의 교회들에 의심이 만연한 현상은 이미 살펴보았다. 다문화 지역사회에서 그리스도를 따르는 이들은 종교적 신념과 미학의 다양성 가운데 헤엄치고 있다. 그 속에서 그리스도에 대한 믿음은 대안적 가능성의 물결이 끊임없이 밀려드는 바다에서 간신히 물 밖으로 솟아 있는 바위처럼 느껴질 수 있다.

나는 처음 목회를 시작하면서, 사람들을 다시 신앙으로 돌아오게 설득할 수 있다고 확신했다. 하지만 의심하는 사람들과 함께하는 여정에서는 내 편에서 대체로 듣기만 하는 대화가 더 유익함을 시행착오를 통해 배웠다. 어느 해엔가 동료 목회자와 함께 주중 저녁에 의심이라는 주제로 설교한 적이 있다. 이 시리즈에서 가장 괄목할 만한 부분은 우리가 전한 내용(물론 이것도 유익하기는 했다)이 아니라, 사람들이 자신의 의심에 대해 공개적으로 말하고 서로 대화할 장을 마련해 준 것이었다. 사람들은 교회 건물에서 자신의 가장 큰 의심을 입 밖으로 꺼내면서 안도했다.

비슷한 시기에 주일에도 의심에 대해 설교했다. 이번에도 교인들에게 자신의 가장 큰 의심을 말하게 했다. 사람들이 자신의 의심을 고백하는 동안 우리는 큰 칠판을 가져다가 그 내용을 적었다. 처음에는 얼마나 어색했는지 모른다. 하지만 계속 해 나가다 보니 누가 압력솥의 밸브를 열어 준 듯한 느낌이 들었다. 예배 중에 그리스도의 임재 가운데 우리의 의심을 고백하면 의심도 믿음의 여정의 일부라는 사실을 깨닫는 데 도움이 되었다. 이런 대화를 통해 우리는 예수님이 우리의 의심을 넉넉히 품으실 정도로 강하고 자비로운 분임을 알 수 있다.

결론

이 장과 리더풀 공동체를 다룬 2장은 소속감과 리더십에 대한 새로운 길을 보여 주었다. 우리는 공동체 대화를 배우는 것이 리더풀 공동체가 되는 중요한 길임을 알게 되었다. 이 두 장은 20년 전의 리더십 훈련에서는 찾아볼 수 없었던 새로운 리더십 기술들이다. 여기서 다룬 '가벼운' 기술은 관계와 이런 관계를 유지하는 감정 지능과 타 문화 민감성에 큰 가치를 부여한다. 여기에는 유대감 유지, 갈등 해결, 회복적 정의, 퍼실리테이션, 경청, 힘든 대화를 풀어 가는 능력, 협력적 의사 결정 과정, 의사소통 기술 등이 포함된다. 리더십의 위치에 있다면 이런 기술을 훈련할 기회를 찾아봐도 좋을 것이다.

특정한 장소에 있는 우리 교회 앞에 놓인 기회에 대해 대화할 때는 우리가 있는 곳의 역사, 이곳 사람들의 이야기와 환경에 대해 배우는 것이 중요하다. 그래서 다음 장에서는 사람들과 땅의 역사에 주목해 보려 한다. 교회가 식민주의에 가담한 역사에 집중하고, 그 역사에 대해 우리가 취해야 할 적절한 대응 방안을 찾아보려 한다. 우리 친족의 죄라는 이 슬픈 주제가 바로 공동체를 새롭게 연주하는 열한 번째 음이다.

11장

우리 친족의 죄

블루스와 재즈는 흑인들이 경험한 억압과 영성, 공동체로부터 탄생했다. 이 음악은 아프리카계 미국인들의 고통과 기쁨을 표현한다. "블루스는 신음하고 가스펠은 외친다."[1] 20세기 후반의 가장 유명한 흑인 미국인 신학자라고 할 만한 제임스 콘(James Cone)은 자신의 책 *The Cross and the Lynching Tree*(십자가와 폭력적인 나무)에서 이렇게 묻는다. "남부 시골 지역 흑인들은 린치라는 공포의 시대(1880-1940)를 어떻게 견뎌 냈는가?" 콘은 이렇게 말한다.

> 자기방어와 시위는 꿈도 꿀 수 없었지만, 다른 형태의 저항이 있었다. 대다수 흑인에게 블루스와 종교가 저항의 무기를 제공했다. 금

1 Otis Moss III, *Blue Note Preaching in a Post-Soul World: Finding Hope in an Age of Despair* (Louisville: Westminster John Knox, 2015), 2.

요일과 토요일 밤마다 선술집에서, 일요일 아침과 주중 저녁에는 교회에서, 흑인들은 자신의 인간성을 확인하고 비인간화에 맞서 싸웠다. 흑인들의 종교와 블루스는 백인 세계에서 날마다 마주치는 현실 너머에 무언가가 더 있다는 희망의 근원을 제공했다.[2]

천재성과 고통, 남부 흑인 공동체의 힘을 통해 현대 음악에서 가장 강력한 음악, 블루스가 탄생했다. 소위 말하는 블루노트는 블루스 음악에 독특한 소리를 제공한다. 음악에 관심 있는 독자라면 어떤 조에서든 블루노트가 세 개, 곧 단3도, 단5도, 단7도가 있다는 사실을 흥미롭게 받아들일 것이다. C조를 예로 들면, E♭, G♭, B♭가 된다. 블루노트에는 특별한 힘이 있어서 기쁨과 힘뿐만 아니라 슬픔과 분노도 표현할 수 있다. 블루스는 언제나 슬픔과 기쁨을 긴장 가운데 담아내는데, 펑크에서 브로드웨이에 이르는 현대 서양 음악 양식은 이 예술 형식 덕분에 존재할 수 있었다.

공동체를 새롭게 연주하는 열한 번째 음은 블루노트다. 열한 번째 음인 우리 친족의 죄는 사람과 대지를 둘러싼 폭력을 노래한다. 블루스는 그 노래를 부르는 이들에게 존엄성을 회복하고 회복력을 제공한다. 마찬가지로, 하나님 백성이 우리 이야기로 블루스를 노래하는 법을 배우면서 치유와 소망이 시작될 수 있다.

우리 교회 몇몇 사람들이 이전에 퍼스트 네이션 기숙학교였던 버려진 건물을 찾았다. 세인트 매리 학교는 브리티시컬럼비아주 미션 지역에 있었다. 우리는 빙 둘러앉아서 나이 든 두 여성의 추억과 고통, 회상에 귀를 기울였다. 한 사람은 그 학교 출신이었고, 다른 한 사람은 거기

2 Moss III, *Blue Note Preaching*, 12.

서 가까운 다른 기숙학교 출신이었다. 두 여성 모두 다섯 살 때 가족과 헤어져야 했다. 자신들의 전통 언어로 말하는 것이 금지되었고, 같은 학교에 다니는 형제자매들과도 대화할 수 없었다. 그들은 눈물을 흘리면서 배고픔과 슬픔, 전통문화에 대한 금지를 이야기해 주었다. 우리는 이들의 힘, 형언하기 힘든 상실과 학대 속에서도 유머와 우정을 발견한 능력, 우리를 만나 자신들의 이야기를 들려준 강하고 자비로운 마음에 감동받았다. 이야기를 나눈 후에는 식당에서부터 아이들이 잠을 자던 기숙사까지 이어진 어두컴컴한 학교 복도를 걸어보았다. 하늘색이 칠해진 어느 길쭉한 기숙사 방에는 양 끝에 문이 있었다. 문 옆에는 사제의 침실이 있었다. 우리를 안내한 퍼스트 네이션은 사제의 방에서 성적 학대가 있었다고 설명해 주었다.

우리는 우리 친족의 죄를 어떻게 해야 할까? 교회에서 운영하는 캐나다 미션스쿨에서 벌어진 끔찍한 역사를 어떻게 해야 할까? 교회가 제국주의 역사, 노예제, 토지 착취, 집단 학살, 지속적인 인종차별, 환경 파괴, 가부장제 등에 가담한 일에 대해서는 어떻게 해야 할까? 우리 친족의 죄를 마주하고도 계속해서 교회로 존재할 수 있는가? 이런 비밀과 학대, 오만함이 우리 이야기의 일부다. 느헤미야 9장과 다니엘 9장 세대의 고백은 우리 조상과 공동체의 죄가 우리에게도 중요함을 보여 준다.[3] 영적 영역에서 우리는 그 죄를 피할 수 없다. 그 죄는 우리 자신의 몫이다.

식민주의 이야기를 다시 생각할 때 성경이 안내자가 되어 준다. 이 장의 목표는 성경 이야기의 관점에서 식민주의 이야기를 이해함으로

3 다니엘과 느헤미야 시대의 공동체는 모두 하나님 백성의 죄를 공동체 전체의 책임으로 보았고, 과거와 현재를 아우르며 회개 기도를 드린다.

써 성경 이야기에서 우리가 맡은 역할을 충실하게 감당하는 것이다. 너무나 중요한 주제들을 간략하게나마 다루어 볼 것이다. 표면적으로는 전혀 달라 보이는 퍼스트 네이션 집단의 강제 이주와 이민 같은 주제가 우리의 문화적 역사, 문화적 정신, 죄악된 본성과 깊이 연관되어 있음을 알게 될 것이다. 우리 역사의 어두운 측면과 그리스도 안에서 사랑받은 존재라는 긴장 가운데 살아가는 교회의 비전을 생각해 볼 수 있다.

그리스도를 증거하기 위해서도 우리는 기쁨과 슬픔이라는 이 긴장을 함께 붙들어야 한다. (다는 아니지만) 많은 사람이 그리스도라는 이름으로 대지와 사람들에게 가해진 폭력이라는 렌즈로 후기 기독교 사회의 교회를 바라본다는 사실을 깨닫는 것이 중요하다. 예를 들어, 밴쿠버 사람들이 교회에 대해 아는 것이 있다면, 기숙학교들에서 기독교의 역사적 역할이다. 다른 맥락에서는, 교회가 맨 처음 표면으로 드러난 체계적 인종차별에 도전하기를 지속적으로 거부한 것이다. 많은 사람이 식민주의의 렌즈로 교회를 바라보기 때문에 이 필터를 통해 우리가 하는 말을 '들려주지' 않는다면 이들에게 복음을 전할 수 없다.

내 친구 조디 스파거(Jodi Spargur)는 캐나다 퍼스트 네이션 정착자들과의 관계를 교회들에게 교육한다. 조디는 자신의 사역을 '상처 준 땅의 치유'(Healing at the Wounding Place)라고 부른다. 조디가 처음 그 이름을 알려 주었을 때 나는 내가 잘못 들은 줄 알았다. "상처받은 땅의 치유라는 말이지?" 하고 묻자, 조디가 "아니, 상처 준 땅의 치유야"라고 바로잡아 주었다. "교회는 스스로 치유하는 존재로 생각하는 데 익숙해져 있어. 하지만 원주민들과의 관계에서는 우리가 끊임없이 해를 끼쳤다는 사실을 이해하고 받아들일 필요가 있지." 조디는 계속해서 말하기를 단체의 이름을 이렇게 지은 데는 확실한 의도가 있다고 했다.

나 같은 사람들이 듣고 의아한 기색을 내비치면, 백인 정착 공동체가 그리스도 안에서 자신들의 치유를 간구해야 한다는 점을 다시 한번 설명할 기회가 생긴다는 것이다.[4]

우리는 회개가 담대하게 나서서 망가진 것을 고치려 애쓴다는 뜻이라고 가정할 수도 있다. 하지만 그 대신에 (우리 백인들을 위한) 백인 구원자라는 진부한 방식을 피하고 우리 자신의 치유에 집중한다면 어떨까? 역사적·구조적 불의에 대한 탐색의 결과로 우리는 이 불의(무엇이 되었든)에 동참한 사실을 인식하고 탄식하며 그리스도의 치유와 초청을 받아야 한다. 이 장에서는 집중적이고 깊이 있는 논의를 위해 특히 퍼스트 네이션의 경험에 주목하려 한다. 신명기에서 잘 알려지지 않은 하나님의 언약을 살펴보면서 시작해 보자.

신명기 10장 18-19절에 나타난 하나님과 난민들의 언약

신명기 10장은 언약이라는 주제를 통해 하나님의 충성에 대한 통찰을 제공한다. 우리는 하나님이 권력을 가진 사람들보다 취약한 사람들을 귀히 여기시는 것을 보게 된다. 신명기 10장은 오만함과 민족주의, 파괴적인 국가 이익 추구에 도전한다.

신명기 10장 18절은 나그네들과 맺은 야웨의 지속적인 언약적 헌신을 선언한다.[5]

---

4 비백인 정착민들은 식민주의 이야기와의 관계가 더 간접적이고 복잡할 수 있다.

5 나는 다음 책에서 신명기 10장 18-19절을 철저하게 분석했다. Mark Glanville, *Adopting the Stranger as Kindred in Deuteronomy* (Atlanta: SBL, 2018), 214-21. 다음 글에서도 이 본문을 논의했다. Mark R. Glanville and Luke Glanville, *Refuge Re-*

[야웨께서] 고아와 과부를 위하여 정의를 행하시며 나그네를 사랑하여 그에게 떡과 옷을 주시나니.

잠시 후에 살펴보겠지만, 이 본문에서 '사랑하다'라는 단어는 변함없는 언약의 충성을 가리킨다. 그러나 신명기 10장에서 '사랑하다'라는 단어는 여기에서만 쓰이지는 않는다. 바로 다음 절은 '하나님의 형상'(image Dei)대로 지음받은 하나님 백성에게 나그네를 사랑하라고 명령한다.

너희는 나그네를 사랑하라 전에 너희도 애굽 땅에서 나그네 되었음이니라.(신 10:19)

그리고 두어 절 앞에서는 이스라엘을 향한 야웨의 사랑을 확인해준다.

여호와께서 오직 네 조상들을 기뻐하시고 그들을 사랑하사 그들의 후손인 너희를 만민 중에서 택하셨음이 오늘과 같으니라.(신 10:15)

여기에는 세 가지 사랑이 나온다. 하나님은 이스라엘을 사랑하시고, 나그네를 사랑하시며, 이스라엘은 나그네를 사랑해야 한다.

---

imagined: Biblical Kinship in Global Politics (Downers Grove, IL: IVP Academic, 2021), 41-50 and Mark R. Glanville, "'Festive Kinship': Solidarity, Responsibility, and Identity Formation in Deuteronomy," *Journal for the Study of the Old Testament* 44 (2019): 133-52, 특히 138-41.

신명기에서 사랑은 무슨 의미인가? '사랑'은 고대 정치 언약에서 핵심 주제다. 예를 들어, 엣살하돈의 신앗수르 왕위 계승 조약(Neo-Assyrian Succession Treaty of Esasrhaddon, EST)에서 엣살하돈은 자신의 사후를 준비하면서 속국의 왕들이 아들 아슈르바니팔에게 전적으로 충성을 맹세하는 언약을 요구한다. 조약은 이렇게 경고한다. "너희 주군 앗수르의 왕 엣살하돈의 아들이요, 황태자로 지명된 아슈르바니팔을 너희 목숨처럼 사랑하지 않으면…."[6] 유다의 므낫세 왕도 엣살하돈과 이 조약을 맺었을 가능성이 있지만, 확실히는 알 수 없다.

현대 뮤지컬 〈해밀턴〉은 **사랑**이라는 단어의 이런 제국주의적 맥락을 희극 효과로 사용한다. 조지 왕이 혁명가들에게 이런 노래를 부른다.

> 넌 다시 돌아오게 될 거야, 예전처럼
> 난 싸워서 전쟁에서 이길 거야
> 너의 사랑을 위해, 너의 찬사를 위해
> 그리고 죽는 날까지 너를 사랑할 거야[7]

〈해밀턴〉의 조지 왕의 입에서 나오는 '사랑'은 소름 끼칠 정도의 아이러니로 정치적 충성을 상징한다.

(언약 문서 같은 구조를 지닌) 신명기는 언약이라는 이 제국주의 주제를 가져다가 아름답게 변화시켜 이스라엘과 그 백성에 대한 야웨의 절대적 충성을 묘사한다. **사랑**이라는 단어도 그 일부에 해당한다.

사랑은 친족 관계를 선언하기도 한다. 고대 세계에서 언약을 맺은

6 James Bennett Pritchard, ed., *The Ancient Near Eastern Texts Relating to the Old Testament*, 3rd ed. (Princeton: Princeton University Press, 1969), 537, (24).

7 "You'll Be Back," in Lin-Manuel Miranda, *Hamilton: An American Musical* (2015).

사람들은 서로를 가족 간의 호칭으로 불렀다.[8] 이렇게 해서 신명기 10장 15절은 야웨를 이스라엘의 친족으로 나타낸다. 또한 신명기 10장 18절에서 야웨는 집이 필요한 취약한 이주민들의 친족이시다. 과거나 지금이나 추방된 난민들은 보호와 소속감이 필요하다. 하나님 백성은 그분의 인도하심을 따라 그 틈을 메우고 그들을 가족으로 포용해야 한다. 사랑에는 정서적 차원도 있다. 앞에 나온 왕위 계승 조약에서 **사랑**은 (공포의 감정을 제외하고는) 감정과는 거리가 멀지만, 신명기에서 우리는 오늘날 우리에게 익숙한 사랑의 정서적 측면을 볼 수 있다(예. 신 10:15). 따라서 하나님 백성은 집을 찾고 있는 취약한 사람들에게 애정을 느껴야 한다. 이런 **사랑**의 세 측면, 곧 언약, 친족 관계, 감정은 나그네들을 우리 사람으로 품을 수 있는 안식처를 제공하는데, 그곳에서 우리도 그들에게 속한 존재로 받아들여질 수 있다.

이 세 가지 사랑을 다음과 같은 삼각형 그림으로 표현해 볼 수 있다. 소속감의 네트워크에 있는 세 행위자의 관계는 삼각형의 세 면으로 표현했고, **사랑**이라는 단어의 세 차원은 삼각형의 중심에 위치해 있다.

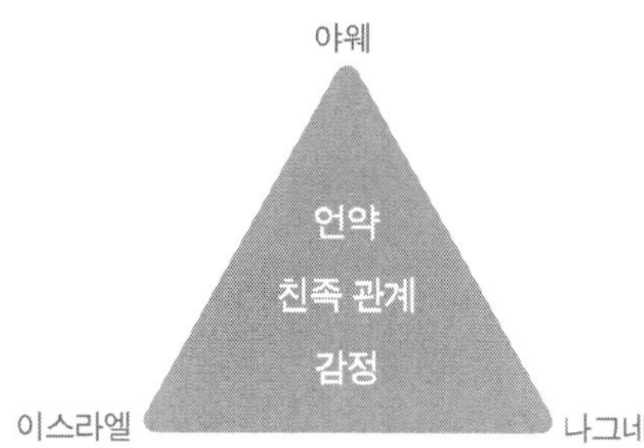

〈신명기 10장 15-19절에 나오는 사랑의 삼각형〉

---

8 D. J. McCarthy, "Notes on the Love of God in Deuteronomy and the Father-Son Relationship Between Yahweh and Israel," *Catholic Biblical Quarterly* 27 (1965): 144-47, 특히 145를 보라. 신 1:31; 8:5; 14:1도 보라.

이 소속감의 네트워크가 얼마나 아름다운지 모른다. 난민들을 보호하고 사랑하시는 일에 끊임없이 헌신하시는 하나님의 은혜와 온유하심을 얼마나 놀랍게 표현했는가! 하나님은 하나님 백성이 그분이 언약을 맺으신 사람들과 언약을 맺도록, 취약한 사람들에게 그들의 연대와 친족 관계를 확대하라고 요구하신다(신 10:19). 당신도 하나님을 이런 분으로 생각하는가? 난민들과 언약을 맺으시는 하나님 말이다. 어쩌면 이를 통해 당신은 국가의 난민과 이주민 정책에 신선한 상상력을 얻었을지도 모르겠다. 동생과 함께 쓴 *Refuge Reimagined*에서, 우리는 성경의 친족 윤리가 우리가 교회와 국가로서 취약한 이주민과 난민에 반응하는 상상력과 온유함을 제공할 수 있는지 설명했다.[9]

신명기 10장 15-19절이 사람들과 땅의 역사에 어떤 의의가 있는지 살펴볼 때 이 책의 8장 "창조 세계"에서 자세히 다룬, 창세기 9장에 나오는 하나님의 언약을 떠올려 보는 것도 도움이 된다. 하나님은 대홍수 이후에 모든 살아 있는 피조물과 언약을 세우신다(창 9:8-17). 이 언약을 통해 하나님은 모든 사람의 생명과 번영에 대한 거룩한 헌신을 보여 주신다. 창세기 10장은 열방의 계보, 곧 모든 민족 집단을 수록한 일종의 가계도다. 이 거대한 족보가 마치 고사리 이파리처럼 펼쳐지면서, 곧 열방이 온 땅에 퍼져 나가면서, 우리는 하나님이 다양한 민족 집단과 맺으신 언약적 헌신이 구체적으로 어떻게 이루어지는지 보게 된다. 창세기 9장에서 10장으로의 이동은 모든 인간 공동체의 진정한 존엄성을 드러낸다. 그리고 창세기 9-10장은 고대 이스라엘(창 15장)과의 언약을 하나님이 모든 생명과 맺으신 언약이라는 더 큰 이야기 내에 자리 잡게 한다.

9 Glanville and Glanville, *Refuge Reimagined*, 13-15.

신명기 10장에서 하나님이 난민과 맺으신 언약을 창세기 9-10장에서 하나님이 땅과 모든 민족과 맺으신 언약과 나란히 놓으면, 식민주의 역사와 탈식민 시대를 바라보는 집중적이고 비판적인 렌즈가 된다. 하나님의 충성은 자기 이익을 위하지 않는다. 그분의 언약은 국가주의, 문화적 패권주의, 추출 정책, 인종차별을 거부한다. 오히려 하나님의 언약은 인류를 모든 민족 가운데 공유된 친족 관계, 곧 가장 연약한 이들을 중심에 세우는 가족 같은 연대로 부르신다. 하나님의 언약이라는 이 렌즈를 가지고 이제부터 식민주의 이야기를 들여다보자.

식민주의의 역사

다음에 나오는 풍자적인 말은 흔히 남아프리카공화국의 데스몬드 투투(Desmond Tutu) 주교의 말로 잘못 알려져 있다.

> 아프리카에 온 선교사들 손에는 성경이 있었고 우리에게는 땅이 있었다. "기도합시다"라는 말에 우리는 눈을 감았다. 눈을 떠 보니 우리 손에 성경이 있고 땅은 그들 차지가 되었다.[10]

소위 대항해시대(혹은 유럽 확장 시대)는 현대 유럽 식민주의를 촉발했다. 벨기에, 영국, 프랑스, 독일, 네덜란드, 포르투갈, 스페인 같은 유럽 열강은 15세기부터 땅과 민족을 식민지 삼기 시작하면서 고대 생태계

---

10 Steven D. Gish, *Desmond Tutu: A Biography* (Westport, CT: Greenwood Press, 2004), 101.

를 영구히 망가뜨렸다. 식민지 개척은 거침없었고, 1914년 제1차 세계대전이 발발하면서 세계 대륙의 80퍼센트를 장악한 유럽인들이 기독교를 도입했다. 어떤 경우에는, 식민지 개척자들이 원주민들의 초대 없이 강제로 정착하여 원주민 공동체를 파괴하는 결과를 초래하기도 했다. 또 어떤 경우에는, 식민주의자들이 지역의 사람들과 경제 자원을 착취하여 인신매매와 노예 소유로 이어지기도 했다.

땅을 빼앗든 노동력을 빼앗든 둘 다를 빼앗든, 식민주의는 외국 통치자들이 국가적 이익과 특히 경제적 장악을 위해 자기들 것이 아닌 영토를 장악한 과정이었다. 식민주의는 거의 언제나 오래된 생태계를 초토화했다. 예를 들어, 스페인은 페루의 안데스를 정복하면서 양과 소, 질병과 페스트를 들여왔다. 엘리너 멜빌(Elinor Melville)은 원주민 인구의 대량 학살과 비옥한 땅의 파괴가 유럽인들을 '거의 천하무적'으로 만들어서 유럽의 성공에 얼마나 결정적 역할을 했는지 보여 준다.[11]

기독교의 역할

기독교가 식민주의의 직접적인 원인은 아니었지만, 종종 식민주의 프로젝트를 정당화하고 활기를 불어넣었다. 수많은 교황의 칙서가 식민지 프로젝트를 인가했는데, 그중에는 포르투갈 알폰소 5세에게 "사라센인과 이교도, 그밖에 신앙이 없는 자들과 그리스도의 원수들을 침략하고 정복하고 싸우고 지배하도록" 권리를 부여하여 그들

11 Elinor G. K. Melville, *A Plague of Sheep: Environmental Consequences of the Conquest of Mexico* (Cambridge: Cambridge University Press, 1997), 2. 『양 떼의 재앙』(한울엠플러스).

을 “종신 노예 상태”로 만든 둠 디베르사스(Dum Diversas)도 있다.[12] 정복과 선교는 한 배를 탔고, 선교사들은 병사들과 같은 배에서 내렸다. *The Christian Imagination: Theology and the Origins of Race*(그리스도인의 상상력: 신학과 인종의 기원)에서 신학자 윌리 제닝스(Willie J. Jennings)는 정복사들과 함께 페루까지 여행한 예수회 사제 호세 아코스타(José Acosta)의 이야기를 들려준다. 아코스타는 지금의 페루 정복을 통해 스페인과 교회가 손에 넣은 부가 “그들을 통해 하나님이 일하심을 보여주는 확실한 표징”이라고 썼다.[13] 제닝스에 따르면, 일부 사람들에게 소위 식민지 발견은 창세기 1-2장에 기록된 창조 사건 바로 아래 수준에 해당하는 일이었다고 한다. 그래서 미국을 ‘신세계’라고 불렀던 것이다.[14]

북미의 예를 들어보자. 1637년에 코네티컷주 청교도들은 피쿼트족 남녀노소를 500명이나 학살했다. 피쿼트족 대학살로 알려진 사건이다. 학살에서 살아남은 사람은 대부분 노예로 끌려갔다. 존 언더힐(John Underhill) 대위는 여호수아서의 정복 전쟁을 언급하면서 그들의 잔혹 행위를 정당화했다. “때때로 성경은 여성과 어린아이는 그들의 부모와 같이 죽어야 한다고 분명히 말한다.”[15]

---

12 다음에 번역되어 있다. *Unam Sanctam Catholicam* website: https://unamsanctamcatholicam.blogspot .com/search?q=dum+diversas. 더 자세한 내용은 Gene L. Green, “The Death of Mission: Rethinking the Great Commission,” *North American Institute for Indigenous Theological Studies* 12 (2014): 81-110을 보라.

13 Willie J. Jennings, *The Christian Imagination: Theology and the Origins of Race* (New Haven, CT: Yale University Press, 2010), 93.

14 Jennings, *The Christian Imagination*, 122.

15 George Madison Bodge, *Soldiers in King Philip's War: Being a Critical Account of That War, with a Concise History of the Indian Wars of New England from 1620–1677* (Baltimore, MD: Genealogical, 1967)에 인용됨. Randy S. Woodley,

윌리 제닝스는 어떻게 식민 제국들이 의미와 정체성의 근원인 원주민의 땅과 지역 이야기라는 전통을 단절했는지를 추적한다. 사람들을 그들의 땅에서 몰아내고 폭력, 강간, 강제 노동을 강압함으로써 식민주의자들은 원주민의 터전에 긴밀하게 엮여 있던 삶을 인종화된 정체성으로 바꾸어 버렸다. 제닝스의 설명에 따르면, 기존의 의미를 나타내던 표지들이 해체되고 파괴되면서 새로이 명시된 인종 부류인 '백인성'(Whiteness)이 무대 중심을 차지했다.[16] 오늘날 우리가 경험하는 인종과 소속감은 역사적 이야기, 곧 민족과 땅에 대한 세계적 이야기와 유럽 중심 문화의 지속적 지배라는 맥락에서 비롯된다.

우리가 식민주의 이야기를 이해하려 할 때 아프리카의 기독교 이야기가 식민주의 프로젝트에서부터 시작되지 않았다는 사실을 인식하는 것이 중요하다. 오히려 그 반대로, 초기 기독교 시대에 가장 영향력 있는 리더들의 다수는 아프리카인이었다. 그중에는 알렉산드리아의 오리게네스(Origen of Alexandria, 185-253년)와 알렉산드리아의 아타나시우스(Athanasius of Alexandria, 296년경-373년)도 있다. 실제로, 빈스 반투(Vince L. Bantu)가 보여 주었듯이, 로마제국이 4세기에 한동안 동방정교회를 금지했을 때 에티오피아 교회는 삼위일체 정통을 주장했다.[17]

그리고 현대에 와서 기독교의 영향은 긍정적이면서도 부정적이었다. 감비아 학자 라민 사네(Lamin Sanneh)는 기독교 선교를 단순히 종교적 편견과 서양의 오만함으로만 보는 단조로운 서사에 예리하게 도

Indigenous Theology and the Western Worldview: A Decolonized Approach to Christian Doctrine (Grand Rapids, MI: Baker Academic, 2022)에 인용됨.

16 Jennings, *The Christian Imagination*, 58.

17 Vince L. Bantu, *A Multitude of All Peoples: Engaging Ancient Christianity's Global Identity* (Downers Grove, IL: IVP Academic, 2020), 72-118.

전한다.[18] 그는 식민지 시대가 끝난 이후로 아프리카에서 전반적인 기독교의 성장세에 대해 논의하면서, 그 원인을 서구의 강요보다는 현지인의 활동, 성경의 모국어 번역, 아프리카 문화 양식에의 적응으로 본다. 사네는 원주민 아프리카 문화가 기독교에도 불구하고가 아니라, 기독교를 통해 새로워졌다고 주장한다.[19]

탈식민주의

제2차 세계대전 이후로 서양 식민주의 열강들은 식민지에 독립을 허용할 수밖에 없었고, 이전의 식민지들에는 새로운 국경이 세워졌다. 하지만 소위 탈식민 시대 내내 무역 협정, 채무 변제, 다국적 기업, 제한적인 지적재산권, 정치 개입, 무기 거래, 부정부패 등을 통해 다수 세계의 경제적 자원, 천연자원, 인적 자원 등은 계속해서 서구 열강으로 흘러갔다. 무역 통계는 그 결과를 보여 주는 지표다. 개발도상국들은 세계 인구의 13퍼센트를 차지하지만, 세계 무역의 1.12퍼센트만 차지할 뿐이다.[20] 서양 국가들은 최빈국들을 희생해 가면서 자국의 이익을 추구할 때가 너무나도 많은데, 그리스도의 이름으로 이런 일을 계속해서 자행하고 있다.[21]

18 Lamin Sanneh, *Whose Religion is Christianity? The Gospel Beyond the West* (Grand Rapids, MI: Eerdmans, 2003), 10.

19 Sanneh, *Whose Religion is Christianity?*, 43. 41-42, 55도 보라.

20 "Least Developed Countries," International Trade Centre (website), https://intracen.org/itc/about/priority-countries/least-developed-countries.

21 예를 들어, 미국의 전 법무부 장관 제프 세션스(Jeff Sessions)가 로마서 13장을 인용하여 트럼프 대통령의 이민 정책을 옹호한 사례를 생각해 보라. 이 정책에는 서

그러나 이는 단순히 경제적인 상황보다 더 심각한 문제다. 학자들은 언어, 글쓰기, 말하기가 신제국주의의 전제와 편견을 어떻게 반영하고 만들어 내는지를 연구했다. 영어가 전 세계 교육, 경제, 정치를 지배하는 중에도, 유럽의 목소리와 유럽 중심의 전제와 가치가 전 세계 담론을 장악하고 있다.[22] 탈식민주의학은 세계의 대화를 지배하는 서양의 습관과 전제를 드러내려는 학문적 접근이다.[23]

교회의 식민주의 청산

탈식민주의학은 이런 습관과 전제들에 대한 방대한 통찰을 보여 주지만, 이제 우리는 신명기와 창세기에 나타난 하나님의 언약이라는 렌즈로 돌아가려 한다. 식민주의 프로젝트는 하나님과 세상의 언약(창 9:13), 하나님과 취약한 민족들과의 친족 관계(신 10:18), 다양한 민족 집단에 대한 하나님의 언약적 헌신(창 9:9-10; 창 10장), 모든 인류의 가족 같은 연결성(창 10:1), 하나님과 그들 가운데 가장 연약한 이들을 공동

류 없이 입국한 부모에게서 자녀를 강제 분리하는 조치가 포함되어 있었다(Tal Kopan, "Sessions Cites Bible to Defend Immigration Policies Resulting in Family Separations," *CNN*, June 15, 2018).

22 Erin G. Glanville, "Creatures in a Small Place: Postcolonial Literature, Globalization, and Stories of Refugees," in *The Gospel and Globalization: Exploring the Religious Roots of a Globalized World*, eds. Michael W. Goheen and Erin G. Glanville (Vancouver: Regent College, 2009), 272를 보라.

23 신학자 퀵 푸이란(Kwok Pui-lan)은 이렇게 쓴다. "많은 탈식민주의 비평가에게 '탈식민'이란 단지 일정한 시기나 정치권력의 이양을 의미하지 않는다. 오히려 식민주의 인식론적 틀을 벗겨 내고, 유럽 중심의 논리를 해체하며, 고정관념적인 문화 재현을 비판적으로 성찰하는 해석 전략이자 담론적 실천을 의미한다." (*Postcolonial Imagination and Feminist Theology* [Louisville: Westminster John Knox, 2005], 2).

체의 중심에 세우는 교회와의 언약(신 16:9-17) 등을 포함한 여러 차원에서 하나님의 언약을 깨뜨린다. 우리를 그리스도에게 묶어 주는 친족 관계는 하나님의 언약을 통해 우리를 서로와도 엮어 주어, 우리를 온유함 가운데 서로 교차시키면서 우리가 서로 싸우고 분열시킨 이야기들을 배우고 분별하도록 요청한다. 우리가 이 이야기들을 배울 때 느헤미야 9장과 다니엘 9장의 회개 기도는 우리가 우리 친족의 죄에 대해 지속적으로 책임을 지는 동시에 하나님의 슬픔에 동참할 때 새로운 삶이 가능하다는 확신과 함께 구원의 희망을 제시한다.

오늘날 교회가 우리 친족의 죄악을 받아들여야 할 중요성은 아무리 강조해도 지나치지 않다. 이는 우리의 **치유**와 **증언**, 우리 자신의 **믿음**을 위해서도 꼭 필요하다. 우리 과거가 여전히 남아서 우리의 실천과 신념을 형성할 가능성은 우리가 역사를 무시할 수 없다는 뜻이다. 많은 원주민 대변인이 식민지 프로젝트를 불러온 양식과 전제가 여전히 오늘날의 교회와 사회를 형성하고 있다고 주장한다. 원주민 학자 랜디 우들리는 서양의 개인주의와 장소의 보편화, 부의 축적이라는 역학이 계속되고 있는 식민주의 이야기의 일부라고 주장한다. 이 전제들이 창조 세계를 망가뜨리고 인간 경험을 파편화하고 있는 "뿌리 없는 도시화"를 낳는다. 이런 것들은 확실히 강력한 세력이지만, 우들리는 "우리 믿음을 통해 하나님은 더 강력한 분이시다"라고 말한다.[24] 우리가 성령의 힘으로 우리의 공모를 인정하고 다른 방식으로 살아갈 때 그리스도의 능력에 대한 우리 믿음과 기독교의 적실성은 더 강해질 것이다.

리더십과 관련된 전제들의 변화는 교회가 취할 수 있는 한 가지 구체적인 조치다. 사도행전은 예루살렘을 넘어서는 교회를 위한 지침으

24 Woodley, *Indigenous Theology and the Western Worldview*, 59.

로서 문화적으로 다양한 안디옥 교회의 리더십에 관심을 집중한다(행 13:1; 참고. 롬 16:7). 그러나 백인 남성이 핵심 리더십의 대부분을 차지하는 오늘날 백인 중심 교회에서 어떻게 교회의 다양성을 실현할 수 있을까? 사도행전 13장은 백인 남성들이 여성과 인종차별을 받는 자매 형제들에게 권력과 목소리를 양도해야 한다고 암시한다. 진정으로 다양한 고위 리더십을 세우는 일은 백인 남성의 목소리가 지배적인 서양 교회에 대응하는 중요한 방법이다. 백인 리더들과 남성 리더들은 모임과 중요한 대화에서 자신의 행동 방식을 고려하여 다른 사람들이 발언할 여지를 주고 문화와 결정과 과정을 형성하는 힘을 양도해야 한다. 우리의 공동체 형성과 의사결정 방식이 지배적 문화의 전제를 어떻게 반영하는지를 분별하는 일은 고도의 문화 간 역량을 요구하는 미묘한 단계다. 어떻게 다양한 문화권의 리더들에게 능력을 부여하여 보석과 같은 그들의 고향 문화가 우리의 행동 방식에 영향을 끼치게 할 수 있을까?

탈식민지화의 필요성은 백인, 그것도 대체로 남성의 목소리가 지배적인 오늘날 기독교 신학에서도 볼 수 있다. 다른 질문을 던지는 다른 목소리들은 '해방 신학', '여성 신학', '아시아 신학', '흑인 신학', '페미니스트 신학' 등으로 분류되어 핵심 대화에서 배제되는 경우가 많다. 그러나 어쩌면 우리도 지금의 지배 담론을 '백인 신학'이라고 불러도 무방할 것이다. 모든 문화는 나름의 독특한 장점과 편견, 지식 습득 방식이 있기 때문이다.[25] 기독교 리더들은 우리가 귀 기울이는 대상, 우리가 읽는 대상, 우리의 가르침과 성경적 상상력을 형성하고 있는 사람, 우

25 우들리는 그가 서양 신학의 독특한 방법론으로 본 것을 요약한다(*Indigenous Theology and the Western Worldview*, 61-65).

리가 설교에서 인용하는 사람이 누구인지 차분히 살펴보아야 한다. 앞서 하나님이 나그네들과 맺으신 언약(신 10:18-19)은 하나님이 모든 민족 집단, 특히 가장 연약한 사람들과 맺으신 가족 같은 유대를 잘 보여 준다. 이는 그리스도인들이 역사에서 소거된 목소리들에서 배워야 할 필요성을 강력하게 말해 준다.

퍼스트 네이션

원주민과 정착민의 관계는 북미 공공 담론에서 쉽게 간과되는 식민주의의 중요한 측면이다. 북미, 오스트레일리아, 뉴질랜드 교회와 사회 이야기에서의 그 중요성 때문에 우리가 이 땅에서 잘 살아가기 위해서는 이것이 우리 비전을 형성해야 한다. 이 책을 쓰는 동안에 캐나다인들(터틀 아일랜드)[26]의 인종차별 역사에 새로운 상처가 드러났다. 브리티시컬럼비아와 사스캐처원(Saskatchewan)에 있는 세 군데 기숙학교 부지에서 퍼스트 네이션 아동의 유해가 묻힌 묘비 없는 무덤이 천 개 넘게 발견되었다.[27] 1850년대 이후로 퍼스트 네이션 아동들을 가족과 격리하여 기숙학교에 보냈는데, 대부분은 다양한 전통과 교단의 교회에서 운영하는 학교들이었다.[28] 교회가 운영하던 마지막 학교가 1996

26 (전부는 아니지만) 일부 퍼스트 네이션 공동체는 북미 대륙을 '터틀 아일랜드'(Turtle Island)로 언급한다.

27 Kisha Supernant and Sean Carleton, "Fighting Denialists for the Truth about Unmarked Graves and Residential Schooling," *CBC*, June 2022, www.cbc.ca/news/opinion/opinion-residential-schools-unmarked-graves-denialism-1.6474429.

28 캐나다의 모든 퍼스트 네이션, 이누이트, 메티스는 1920년부터 기숙학교에 강제 입학해야 했다.

년에 문을 닫았다(내가 고등학교를 졸업한 지 5년밖에 되지 않았을 때다). 이 학교들의 목적은 아이들에게서 원주민성을 지우는 것이었다. 이런 목적을 위해 학교에 입학하자마자 아이들의 머리를 짧게 잘라 버렸다. 그러고는 "이제 너는 더 이상 인디언이 아니야"라고 말해 주었다.[29] 레이 앨드리드 박사는 자기 민족이 여섯 세대에 걸쳐 다섯 살 이후로는 기숙학교에 수용되었다고 언급했다. 그는 "여섯 세대 동안이나 자녀를 키울 권리를 빼앗긴 사람들이 어떻게 부모 노릇을 배울 수 있겠는가?" 라고 물었다. "우리 민족은 치유되고 있지만, 긴 시간이 걸릴 것이다."[30] 오스트레일리아에서도 비슷한 국가 정책을 시행했는데, 원주민 공동체를 망가뜨린 이 원주민 아동 학교를 '미션스쿨'이라고 불렀다. 미국은 원주민 공동체와의 관계에서 자국의 제국주의 역사를 수용하는 면에서 캐나다와 오스트레일리아에 비해 뒤처져 있다고 말하는 편이 타당할 듯하다. 하지만 세 나라 모두 갈 길이 아주 멀다.[31]

퍼스트 네이션 공동체의 복음주의 기독교 역사를 연구한 역사학자 브래들리 멜(Bladley Melle)은 캐나다 교회가 퍼스트 네이션 공동체들에게 귀를 기울이지 않아서 (미국 교회 전반과는 달리) 독특한 캐나다 교회가 될 좋은 기회를 놓쳤다고 내게 말해 주었다. 멜에 따르면, 서양 그리스도인들은 원주민 전통에서 배우고, 그들이 우리에게 교회가 보지 못한

---

29 *They Came for the Children: Canada, Aboriginal Peoples, and Residential Schools* (Winnipeg, MB: Truth and Reconciliation Commission of Canada, 2012), 22.

30 세미나, 윌로비 기독개혁교회(Willoughby Christian Reformed Church), 2013년 5월.

31 예를 들어, 다음을 보라. Tantoo Cardinal, "Voices from Native America," in *First Nations Drum*, December 28, 2002, www.firstnationsdrum.com/2002/12/voices-from-native-america-by-tantoo-cardinal/.

풍성한 기독교 전통을 가르쳐 주게 했어야 했다.[32] 멜의 말을 듣고 나는 그가 옳다는 것을 절실히 깨달았다. 이는 오스트레일리아나 뉴질랜드, 미국의 교회에도 모두 해당할 것이다.

예를 들어, 나는 퍼스트 네이션 공동체가 관계를 매우 중요시한다는 사실을 자주 의식하곤 했다. 내 원주민 친구들은 함께 모여 이야기하거나 식사하는 시간이 많은데, 다른 사람들과 그들이 하는 이야기를 진지하게 받아들인다. 퍼스트 네이션 공동체는 다른 공동체는 물론이고 창조 세계와도 깊은 유대감을 느낄 때가 많다. 원주민 친구들은 종종 모든 것을 다 포용하듯 두 팔을 벌리고는 "내 모든 관계"라고 말한다. "내 모든 관계"란 동물, 대지, 바람, 물, 자신과의 소중한 친족 관계를 가리킨다. 앨드리드의 표현에 따르면, 이들은 "만물 사이에서 가족 같은 관계를 맺고자 하는 욕구"를 공유한다.[33] 성경에 나오는 인류와 창조 세계의 친족 관계라는 주제에 대해서는 이 책 8장에서 살펴본 바 있다.

그렇다면 비원주민 교회들이 나아갈 방향은 무엇인가? 그저 겸손한 배움의 자세가 아닐까 싶다. 우리 교회가 세인트 매리 미션스쿨에서 한 것처럼 워크숍이나 강연, 의식 등에 참여하여 퍼스트 네이션 리더들에게서 배울 기회를 찾아보라. 퍼스트 네이션 공동체들은 흔쾌히 환영할 것이다. 최근에 우리 가족은 동네 연어 축제에 참석했다. 교

---

32 브래들리 멜, 사적인 대화. Richard Twiss, *Rescuing the Gospel from the Cowboys: A Native American Expression of the Jesus Way* (Downers Grove, IL: InterVarsity Press, 2015), 225-29를 보라, 참고. 37-41.

33 Ray Aldred, "Indigenous and New Comers: An Opportunity for Collaboration," in Charles A. Cook, Lorajoy Tira-Dimangondayo, and Lauren Goldbeck, eds. *Beyond Hospitality: Migration, Multiculturalism, and the Church* (Toronto, ON: Tyndale Academic, 2020), 48-56, 특히 52.

회 공동체가 유럽의 원주민 정복의 영향에 대해 배우는 구체적인 방법으로 '담요 체험'(Blanket Exercise)에 참여하는 것도 고려해 보라.[34] 또한 그리스도인과 비그리스도인을 불문하고 퍼스트 네이션 변호사들의 책을 읽고 강연을 들어 보라. 여러 사람이 있지만, 그중에도 리처드 트위스(Richard Twiss), 조이 하조(Joy Harjo), 바인 드롤리아 주니어(Vine Deloria Jr.) 탄야 타가크(Tanya Taguq), 토머스 킹(Thomas King), 리 매러클(Lee Maracle), 로재나 디어차일드(Rosanna Deerchild), 테리 르블랑(Terry LeBlanc), 셰릴 베어(Cheryl Bear) 등이 있다.[35] 특히, 퍼스트 네이션의 가르침이 어떻게 당신의 주의를 성경의 주제들로 집중시키는지에 주목해 보라.

서로 연결된 문제들

아직도 진행 중인 식민주의를 깊이 이해할 수 있는 또 다른 방법은 역사적 식민주의, 인종차별, 이주, 창조 세계 돌봄, 경제, 가부장제 등 민족과 대지의 역사를 둘러싼 문제들이 어떻게 서로 연결되어 있는지를 살펴보는 것이다. 앞에서 언급했듯이, 창조 세계 돌봄과 원주민-이주민 관계는 밀접하게 연결되어 있다. 북미와 오스트레일리아의 원주민 공동체들은 몰지각하고 파괴적인 자원 추출 거부에 앞장서고 있다. 크리족 저자 도우 커트핸드(Dough Cuthand)는 "땅은 우리 영혼이다"라

34 카이로스 캐나다(Kairos Canada)에서 담요 체험을 이렇게 설명한다: www.kairoscanada.org/what-we-do/indigenous-rights/blanket-exercise.

35 다음 책에서부터 시작하면 좋을 것이다. Richard Twiss, *One Church, Many Tribes: Following Jesus the Way God Made You* (Grand Rapids, MI: Chosen, 2000).

고 말한다.[36] 두어 해 전에, 우리 교회 교인들이 10시간 차를 타고 가서 노던브리티시컬럼비아 퍼스트 네이션 공동체들과 함께 테일링 댐 건설에 반대한 적이 있다. 댐이 완공되면 소중한 수자원이 파괴될 것이었다.

혹은 이주 문제와 관련해서는, 퍼스트 네이션 공동체들이 초기 유럽 정착민들에게 보여 준 환대는 오늘날 종종 나타나는 망명 신청자들에 대한 민족주의적·이기적 거부를 부끄럽게 만든다. 앨드리드는 "북미 원주민의 정체성은 땅(창조)과 영성에 대한 이해를 전제로 하며, 이는 '타자'(이주민)의 정체성을 가능한 한 협력의 기회로 간주한다"라고 쓴다.[37] 식민지화 문제들 사이의 교차 지점을 이해한다면, 우리를 얽어매는 우상 숭배와 이념을 더 잘 분별할 수 있다.

가부장제 역시 식민주의 역사와 연결되어 있다. 내가 말하는 가부장제란 남성의 목소리, 상징, 리더십이 공동체와 제도 안에서 문화적 중심을 형성하는 것으로, 이는 가부장제가 가능하게 한 남성들의 학대와 함께 오늘날 사람들이 교회와 신앙을 떠나는 주요한 이유다. 역사적으로, 여성에 대한 성폭력은 식민주의 프로젝트의 특징이었다. 흔히 백인 남성은 여성 원주민이 '더럽고 부정하다'라고 공공연히 가정하면서 그들에게 성적·신체적 학대를 가했다.[38] M. 숀 코플랜드(M. Shawn Copeland)는 미국에서 흑인 노예 여성을 대상으로 한 성폭력이 만연해 있었다고 분석했다. 백인 주인이 노예 여성을 가리켜 '정절을 지킬 능

---

36 Doug Cuthand, *Askiwina: A Cree World* (Regina, SK: Coteau Books, 2007), cited in Ray Aldred, "Indigenous and New Comers," 49.

37 Aldred, "Indigenous and New Comers," 48.

38 Pui-lan, *Postcolonial Imagination and Feminist Theology*, 15.

력이 없다'라고 말하면서 강간하는 일이 다반사였다.[39] 교회는 역사적 제국주의의 가부장제와 오늘날에도 계속되는 가부장제의 연결성을 분별할 필요가 있다. 신학자 퀵 푸이란(Kwok Pui-lan)이 말하듯이, "이 중요한 작업은…아직 시작 단계에 불과하다."[40]

우리는 어떻게 그리스도인으로 계속 살아갈 수 있을까?

이런 역사적 죄의 관점에서, 우리는 어떻게 교회로 계속 존재할 수 있을까? 캐나다 성공회의 원주민 성공회 주교(이자 자신도 원주민인) 마크 맥도널드(Mark MacDonald)는 자신이 강연을 마치고 나면 꼭 누군가가 이런 질문을 던지곤 한다고 말한다. "교회가 저지른 이 모든 일에도 불구하고, 주교님은 어떻게 계속 그리스도인으로 살아가실 수 있습니까?" 맥도널드는 빙그레 웃었다. "좋은 질문입니다. 하지만 제가 강연할 때마다 누군가는 꼭 같은 질문을 하더군요!" 주교는 매번 같은 질문을 받을 때마다 한마디로 대답하곤 한다. "예수님 때문이죠." 원주민이 아닌 이들이 원주민 그리스도인들에게 귀를 기울이면 단순히 도전을 받거나 믿음이 풍성해지는 것만이 아니다. 믿음의 중심을 다시 세우고 우리를 신실함으로 인도할 수 있다.

랜디 우들리는 치카모카 체로키의 전통 이야기인 테라핀 거북이와 늑대들 이야기를 들려준다.[41] 테라핀 거북이는 원래 거대한 동물이자

39 M. Shawn Copeland, *Enfleshing Freedom: Body, Race, and Being* (Minneapolis: Fortress, 2010), 37.

40 Pui-lan, *Postcolonial Imagination and Feminist Theology*, 7.

41 퍼스트 네이션 공동체를 언급할 때 지켜야 할 절차에 대해서는 다음을 보라.

전사였다고 한다. 거북이가 나타나면 다른 동물은 모두 길을 터 주었다. 하루는 용감한 늑대가 테라핀 거북이가 다니는 길을 건너가게 되었다. 늑대는 그 자리에 떡하니 버티고 서서 거북이에게 길을 비켜 주려 하지 않았다. 거북이는 늑대를 죽이느라 시간을 낭비하지 않았다. 늑대의 두 귀를 잘라서 가져가 버렸다. 그날 밤, 테라핀 거북이는 근처 어느 늑대 마을에 묵게 되었다. 스튜를 대접한 늑대 주인장들은 식사하는 거북이가 늑대 귀를 숟가락 삼아 국물을 떠먹고 있는 것을 금세 알아차렸다. 늑대들은 불같이 화가 나서 복수를 결심했다. 늑대들은 잠자고 있는 거북이를 꽁꽁 묶어서 벼랑으로 데려가 밀어 버렸다. 거북이 등은 산산조각이 났다. 한참 후에야 몸을 회복한 테라핀 거북이는 원래 크기에서 (오늘날 우리가 익히 아는) 아주 작은 일부분만 남게 되었다고 한다.[42]

우들리는 이 이야기를 이렇게 해석한다. "이것이 내가 서양 세계관을 이해하는 방식이다. 그것은 테라핀 거북이 같다! 너무나 많은 공간을 차지했고, 우리의 모든 제도 내에서 자기만의 방식을 고집해 왔다."[43] 우들리는 서양 세계에 내재한 개인주의, 장소와의 단절, 자원을 착취하는 소비주의 양식을 지적하고 있다. 테라핀 거북이의 모습은 시사하는 바가 큰데, 우리가 성경 이야기에서 자기 역할을 잘 감당하려 애쓰면서도 동시에 거대한 거북이의 중력에 끌리기 때문이다.

우들리는 식민주의 이야기에 반응하려 애쓰는 지배적 문화 공동체들에게 네 단계를 추천한다. 여기서 우들리는 퍼스트 네이션과 정착민

"Conversation with Jo-Ann Archibald"(video), *Indigenous Storywork* (website), accessed October 2, 2023: https://indigenousstorywork.com.

42 Woodley, *Indigenous Theology and the Western Worldview*, 17-20.

43 Woodley, *Indigenous Theology and the Western Worldview*, 20.

의 관계를 염두에 두고 있지만, 그의 제안은 탈식민주의의 병폐를 좀 더 폭넓게 다룬다. 첫째, 우들리의 표현을 따르자면, "백인 서양인들은 자기 자신, 창조주, 땅, 지역 원주민과의 관계를 치유[해야] 한다." 그들은 원주민들에게서 배워 인식을 키움으로써 그렇게 할 수 있다(억압된 다른 민족 집단들에게서 배우는 것도 마찬가지다). 둘째, 우리는 사회에 책임을 묻는 공적 행동으로서 함께 탄식해야 한다. 예를 들어, 당신 교회는 분수령 지역 강의 미래를 지키려는 지역 퍼스트 네이션 공동체의 활동에 동참할 수 있는가? 셋째, 보상해야 한다. "삭개오의 경우처럼 보상은 정착민이 구원받고/치유받을 기회다(눅 19:8-9)."[44] 당신 교회가 보상한다면 어떻게 하겠는가? 예를 들어, 당신 공동체는 퍼스트 네이션 공동체의 본을 따라 수입의 십일조를 망가지고 깨진 곳을 보수하는 데 드릴 수 있지 않을까? 넷째, 사회를 생각하는 새로운 패러다임과 이 땅에서 살아가는 지혜를 물려받은 퍼스트 네이션 공동체를 존중하는 새로운 의사결정 방식을 찾아야 한다.[45]

처음으로 돌아가서, 식민주의 양식과 관행이 우리 눈에 보이기 시작할 때 우리의 반응은 권력을 강화해 문제를 고치는 것이 아니라, 속도를 늦추고 귀를 기울이고 고백하고 참여하고 리더십을 나누며 함께 살아가는 새롭고 창의적인 방식을 찾아가는 것이다. 우리 친족의 죄라는 열한 번째 음은 공동체에서 그 노래를 부르는 이들의 이야기들에 존엄성과 조화를 회복하기 위한 블루노트다. 우리가 이 음을 부를 때 우리는 진실을 말하고 탄식하며 우리의 인간성을 회복하고 소망을 품기 시작한다.

---

44 Woodley, *Indigenous Theology and the Western Worldview*, 43.

45 Woodley, *Indigenous Theology and the Western Worldview*, 42-43.

이 책에서는 우리와 다른 사람들의 친족 관계, 우리와 창조 세계와의 친족 관계를 이야기했다. 이제 우리는 기도라는 중요한 주제를 살펴보면서 우리의 거룩한 친족이신 하나님과의 관계로 돌아가려 한다. 성육신적 공동체에서 기도는 어떤 역할을 하는가?

12장

기도

내게 음악 연주는 항상 기도와 같다. 때로는 내가 기도하듯이 피아노를 연주하고 있다고 느끼기도 하고, 그것을 덜 의식하는 때도 있다. 음악 연주가 기도라니 이상하게 들릴지도 모르지만, 기도의 본질을 떠올린다면 생각이 달라질 것이다. 기도할 때 우리는 그저 하나님께 이것저것을 요구하지만은 않는다. 성부, 성자, 성령의 공동체 가운데 머물며 그곳을 우리 집으로 삼는다. 기도는 하나님이 우리와 함께하신다는 실재를 지금 인지하는 것이다. 기도하면서 우리는 하나님이 우리 자신보다 더 우리와 가까이 계심을 깨닫는다. 바울은 "우리가 그를 힘입어 살며 기동하며 존재하느니라"라고 말한다(행 17:28).

기도는 우리가 하나님과 함께 있는 것이기도 하지만, 그분께 귀 기울이는 것이기도 하다. 내 경우에 기도는 음악 연주이기도 하다. 나는 리듬을 탈 때 하나님이 주신 은사들을 가장 강력하게 경험하곤 한다.

열두 번째이자 마지막 음을 소개하는 이 장은 성육신적 공동체의 특징인 기도를 다룬다. 증언하는 공동체는 정기적이면서도 비범한 기도 실천으로 유지되는데, 이는 폭넓은 교회 전통에 뿌리를 두고 있다. 교회 리더인 우리는 하나님과 침묵하는 시간을 통해 계속해서 성장할 수 있다. 또한 동네에 '기도 공간'을 만들도록 돕고 다른 사람들을 기도로 인도하는 법을 배우면서 우리 공동체에 기도 실천을 장려할 수 있다. 기도를 전반적으로 다루는 것이 이 장의 목적은 아닌데 그런 책들은 이미 많이 나와 있기 때문이다.[1] 오히려 어떻게 기도를 당신 공동체의 '은사'(charisma)로 길러 내며, 그것이 왜 증언에 꼭 필요한지를 고려할 것이다.

앞에서, 우리 위쪽 집이 차고를 개조하여 이웃을 위한 기도 공간을 만들었다고 이야기했다. 이들은 주중 저녁에 기도 모임을 열고, 낮 동안에는 사람들이 자유로이 예약하여 기도할 수 있도록 했다. 세세한 부분까지 신경 쓴 집주인들 덕분에 아름다운 기도방이 탄생했다. 방을 빙 둘러 벤치가 마련되어 있다. 앉는 자리에는 방석이 여러 개 놓여 있어서 무릎을 꿇거나 바닥에 앉아 기도할 때 사용할 수 있다. 우리 친구들은 매주 기도 자료를 선정하는데, J. 필립 뉴웰(J. Phililp Newell)의 *Celtic Benediction: Morning and Night Prayer*(켈트 축복 기도)를 특히 좋아한다.[2] 물론, 우리가 그 공간에서 드리는 묵상 기도 형식이 모든 사람에게 다 맞는 것은 아니다. 예를 들어, 축구를 좋아하는 여덟 살 난 우리 아들은 예외다. 가족이 함께 기도 모임에 참석할 때면 아들은 가능한 한 높이 방석을 쌓아 매우 안락한 왕좌를 만든 다음, 떡하니 자리를

---

1 E.g., Roberta Bondi, *To Love as God Loves: Conversations with the Early Church* (Philadelphia: Fortress, 1987).

2 J. Philip Newell, *Celtic Benediction: Morning and Night Prayer* (Grand Rapids, MI: Eerdmans, 2000).

잡고 앉는다. 침묵 기도 시간이면 몸을 배배 꼬면서 이따금 끙 소리를 낸다! 주인장들은 아이가 기도 모임에 오는 것을 언제나 환영한다고 말해 준다. 어떻게 이 공간에 들어서든, 방석 더미에 올라앉든 조용히 묵상하든, 우리는 기도를 위해 마련된 공동체의 이 따뜻한 자리에 감사한다. 이 실천은 하나님과의 교제를 삶의 중심에 놓음으로써 그분을 우리 공동체의 근본으로 모신다.

증언하는 공동체는 기도가 그 특징이며 기도로 유지될 수 있다. 헨리 나우웬(Henri Nouwen)은 그 점을 이렇듯 잘 표현했다.

> 기도는 기독교 공동체의 언어다. 기도하면서 공동체의 성격이 눈에 띄게 드러나는데, 그러면서 우리가 공동체를 만드신 분께 향하게 되기 때문이다.…기도는 공동체의 여러 활동 중 하나가 아니다. 기도는 공동체의 존재 그 자체다.[3]

기도는 증언이다

요즘 교회 안팎의 많은 사람이 기도를 간절히 원한다. 당신도 기독교 공동체 내에서 전례의 변화를 알아차렸을지 모르겠다. 밀레니얼세대와 Z세대가 전례 전통과 전통적 기도 관습에 점점 더 관심을 보이고 있다. 나는 X세대다.[4] 내 또래가 청년이었던 1990년대에 기도란 우리

---

3 Henri J. M. Nouwen, *Reaching Out: The Three Movements of the Spiritual Life* (New York: Image Books, 1975), 156. 『영적 발돋움』(두란노).

4 '밀레니얼'(또는 Y)세대는 1980년대 초반부터 1990년대 중반 사이에 태어난 세대를 가리킨다. 'Z세대'는 1990년대 중반부터 2010년대 초반 사이에 태어난 이들을 가리킨다.

가 먹어야 하지만 대체로 회피하는, 나무에 달린 사과 같은 것이었다. 전통 전례는 고루해 보였고, 교회가 줄어드는 이유였다. 하지만 오늘날 사람들은 정반대로 느낀다. 요즘에는 많은 사람이 침묵과 영적 우정, 전례 전통, 역사적 실천 등을 원한다. 많은 밀레니얼세대와 Z세대뿐 아니라 내 또래와 윗세대도 이런 욕구를 느낀다. 침묵과 관상에 대한 이런 공통된 욕구는 소셜미디어의 과도한 사용과 미래에 대한 불확실성 때문이 아닐까 하는 생각이 든다.

관상에 대한 욕구가 서구와 서구화된 문화권에 널리 퍼지다 보니 교회 밖 사람들도 기독교의 기도와 묵상 실천에 끌리고 있다. '언번들드' 신앙("들어가는 글"을 보라)은 관상 실천을 중요시하는 경향이 있다. 이런 이유로 기도는 점점 더 사람들에게 유의미한 방식으로 우리 공동의 삶의 근원을 가리켜 준다. 예수님의 이름으로 행하는 기도 실천이 곧 기독교를 증언하는 행위다.

이와 밀접하게, 기도 실천은 의심의 시기에 믿음으로 향하는 핵심 통로이기도 하다. 그리스도를 따르는 이들은 성경과의 관계에서 약간의 문제가 있더라도 얼마든지 기도할 수 있다. 그런 시기에 기도 실천이 우리와 하나님의 관계를 길러 줄 수 있다. '렉시오 디비나'(Lectio divina, 말씀으로 드리는 기도)는 의심의 시기에도 기도하는 마음으로 성경을 읽는 실천을 통해 우리가 계속해서 성경과 연결되게 해 준다. 열두번째 음, 기도는 단순히 성육신적 공동체를 위한 좋은 아이디어가 아니라, 필수라고 할 수 있다. 우리는 이를 사도행전 1장에서 확인할 수 있다.

'X세대'는 1960년대 중반부터 1970년대 후반 사이에 태어난 이들을 가리킨다.

기도와 성령

예수님의 제자들은 자신들이 증인으로 부르심을 받았다는 사실을 이해하고는 기도한다. 이 책 1장에서 우리는 사도행전 1장에서 부활하신 그리스도가 제자들에게 나타나셔서 세계 역사에서 이 시기의 의미를 알려 주신 것을 살펴본 바 있다. "오직 성령이 너희에게 임하시면 너희가 권능을 받고…내 증인이 되리라"(행 1:8). 이 말씀을 통해 예수님은 증언의 시간을 주기 위해 새 시대의 완전한 도래가 미루어졌다고 말씀하고 계신다.

예수님의 제자들이 보인 반응은 우리에게 매우 중요하다. 그들은 예루살렘으로 돌아가서 다락방으로 올라가 거기 머물면서 기도했다. "더불어 마음을 같이하여 오로지 기도에 힘쓰더라"(행 1:14). 방금 일어난 일 때문에, 내 생각에 그들은 자신들이 받은 사명에 대해 기도하고 있었을 것이다. 아마도 이렇게 기도하지 않았을까. "우리가 어떻게 하기 원하십니까?" "제가 어떻게 하기 원하십니까?" "약속하신 대로 성령을 보내 주십시오. 이 일을 하려면 성령님이 필요합니다." "우리 공동체를 평안으로 지켜 주십시오."

이번에도, 예수님의 제자들은 증언으로 부름받은 사실을 깨닫고는 기도한다. 기도에 '힘쓰다'라는 표현은 헬라어 단어 '프로스카르테레오'(proskartereō)를 번역한 것인데, '꾸준히 하다', '지속하다', '인내하며 계속하다'라는 뜻이 있다(행 2:42; 6:4에서도 초기 그리스도인들에게 이 표현을 사용한다). 다락방에서 기도에 힘쓴 제자들이 이후에 사도행전 2장에서 성령 세례를 받은 점을 주목해서 보라.

사도행전을 보면 위대한 증언 앞에는 항상 기도가 있었다. 사도행전에서 교회의 증언을 넓게 퍼져 가는 큰 나무라고 한다면, 기도는 그

나무가 자라는 터전과 같다. 기도는 우리에게도 근본 토대가 된다. 그리스도가 교회 안팎에서 놀라운 일을 하실 때는 먼저 우리가 간절히 그분을 찾기를 원하신다. 스코틀랜드의 종교개혁가 존 녹스(John Know)는 꾸준히 기도하는 사람이었다. 어느 날 밤, 그의 아내가 한밤중에 깨어 보니 옆에 남편이 보이지 않았다. 아내는 그가 무릎을 꿇고 반복해서 이렇게 기도하고 있는 모습을 발견했다. "주님, 스코틀랜드를 제게 주십시오." 하나님은 녹스를 비롯한 많은 사람의 기도에 응답하셔서 스코틀랜드에 큰 영적 각성을 허락하셨다.[5]

우리도 마찬가지다. 지역에서 증인으로 우리 정체성을 키우는 가장 중요한 단계는 기도다. 웨스턴 시드니에서 목회한 처음 두 해 동안, 나는 매주 목요일 오전 6시에 전 교인을 우리 집에 초대하여 기도 모임을 했다. 목요일마다 여섯 명에서 열 명 정도가 모였고, 나는 잼이나 땅콩버터를 곁들인 잉글리시 머핀을 커피와 함께 내놓았다. 아침 6시에 마실 연한 커피를 내리기 위해서 이때 처음으로 프렌치 프레스를 써 보았다. 머핀을 먹고 나서는 부흥을 위해 함께 기도했다. 우리 교회에 성령님이 임하셔서 그리스도의 얼굴을 보여 주시고 그분의 길로 우리를 인도해 주시기를 기도했다. 또한 우리 이웃에도 성령님이 임해 주시기를 간구했다. (이것이 부흥 기도의 순서다. 먼저 우리, 그다음에 지역사회.) 어쩌면 내 목회 사역 중에서 가장 능력이 넘치는 시간이었다. 그렇게 두어 달 기도한 후에는 머핀 기도 모임 참석자들뿐 아니라 전체 회중 가운데서

---

5 이와 관련하여, 간청하는 과부의 비유는 우리가 하나님께 간절히 간구하고 포기하지 말아야 한다고 가르쳐 준다(눅 18:1-8). 캐서린 라이트(Catherine Wright)는 이 비유를 다음과 같이 명쾌하게 설명한다. "이 비유는 차이를 강조한다. 악한 재판관도 끈질긴 과부의 요구를 들어준다면, 너그러우신 하나님은 얼마나 더 그 자녀들의 간구를 들어 주시겠는가?" Catherine J. Wright, *Spiritual Practices of Jesus* (Downers Grove, IL: IVP Academic, 2020), 137을 보라.

기대감이 생겼다. 하나님이 우리 가운데서, 우리를 통해 역사하실 것이라고 많은 교인이 느끼기 시작했다. 기도 모임에 참석하지 않았던 어느 신실한 어르신은 예배 후에 내게 이렇게 외쳤다. "저도 무슨 일이든 **하고** 싶습니다!" 나는 이 말을 듣고 성령님이 우리 가운데서 역사하고 계심을 알 수 있었다. 그 순간을 영원히 잊지 못할 것이다.

책이 끝나 가면서 짜증을 느끼는 독자들이 있을지도 모르겠다. "고칠 게 너무 많잖아요!" 무기력함을 느끼는 독자들도 있을 것이다. "우리 교회에서는 이 중에 단 한 가지도 고치기 힘들 것 같아요!" 하지만 사도행전 1장은 우리에게 다음 단계를 제시한다. 곧장 시행 계획으로 들어가거나 절망에 빠지지 말고, 우리는 기도하고, 다른 사람들에게도 함께 기도하도록 권한다.

주기도, 만물을 고치는 기도

당신은 궁금할지도 모른다. '도대체 어떤 기도가 교회의 증언에 힘을 실어 주고 능력 있는 성령의 부으심을 불러올 수 있을까?' 물론, 어떤 기도든 우리의 증언을 길러 줄 수 있다. 하지만 그중에서도 주기도는 하나님의 뜻이 이루어지기를 바라는 사람들에게 모범이 되는 기도다. 이 기도에서 우리는 하나님 나라가 임하시기를 기도할 뿐 아니라, 우리가 그 요청에 대한 응답으로 살아갈 수 있기를 서약한다(눅 11:2-4; 마 6:9-13).

주기도에서 우리는 하나님을 아버지로 부르면서 여섯 가지를 간구한다.[6]

---

6 예수님 당시의 유대 문헌은 하나님을 '왕'이나 '주'로 적는 경우가 많았다. 하나님을 '아

주기도 전반부(처음 세 간구)는 세상을 고치시는 하나님의 사역에 초점을 맞추어서 서로 보완하는 세 렌즈로 이 사역을 살핀다. 거룩하신 하나님의 이름("이름이 거룩히 여김을 받으시오며"), 임하시는 하나님 나라, 이루어지는 하나님의 뜻, 이 세 간구를 통해 우리는 아버지가 창조 세계와 그 안에 있는 인류를 새롭게 하시기를 기도한다.

주기도 후반부(마지막 세 간구)에서는 임할 하나님 나라에서 우리가 감당할 역할에 필요한 모든 것을 하나님이 우리에게 허락해 주시기를 간구한다. 다시 말해, 우리가 주기도 전반부의 응답으로 살아갈 수 있기를 기도한다. 살아가기에 넉넉할 만큼의 "일용할 양식"과 죄 사함을 허락하시고, 마귀의 유혹에서 건져 주시기를 하나님께 간구한다.

평상시에 우리가 드리는 기도는 너무 사소한 경향이 있다! 주기도는 하나님의 뜻을 구하고 그분의 이름이 거룩히 여김을 받는 데 관심을 두어 스스로 우리 기도의 응답으로 살아가도록 다짐하라고 가르쳐 준다. 주기도는 원래 표현 그대로 드릴 수도 있고, 자신의 표현으로 바꾸어 기도하면서 우리 마음과 생각을 하나님 나라에 집중할 수도 있다.

예수님은 제자들에게 이 기도를 가르치신 동시에 본을 보여 주셨다(예. 눅 5:16). 제자들은 그분의 가르침뿐 아니라 기도 생활을 관찰하고 경험함으로써 기도하는 법을 배웠다. 신약학자 캐서린 라이트(Catherine J. Wright)는 "기도에 대한 예수님의 가르침은 그분의 기도 생활에 뿌리내리고 있으며, 우리의 본보기와 영감이 된다"라고 말한다.[7]

버지'로 부르는 경우가 구약성경에 이따금 나오기는 하지만, 예수님은 이 친밀한 호칭을 선택하여 하나님을 부르셔서 그분의 사랑의 돌보심과 권위를 환기시키시고 그분의 제자들에게도 똑같이 하라고 가르치신다. (Richard Bauckham, *Jesus: A Very Short Introduction* [Oxford: Oxford University Press, 2011], 64-68을 보라).

7 Wright, *Spiritual Practices of Jesus*, 141.

그리스도처럼 기독교 리더들은 다른 사람들에게 기도를 가르치는 사람으로 준비되는 한편 스스로 기도의 사람이 되어서 이 이중 움직임을 구체적으로 나타내야 한다.

숲 산책에서부터 재즈 공연까지

우리에게 1세기 같은 개념의 다락방은 없지만, 공동체에서 얼마든지 기도 생활을 장려할 수 있다. 그 첫 단계는 다른 사람들을 어떻게 기도로 초대할 수 있는지 생각해 보는 것이다.

사람마다 하나님과 다양한 방식으로 연결되기 때문에 사람마다 기도 형식도 다르기 마련이다. 이를 깨닫고 나서 내 기도 생활과 다른 사람들을 기도에 초대하는 방식에 큰 진전이 있었다. 게리 토마스(Gary Thomas)는 하나님과 연결되는 아홉 가지 "영성의 길"을 다음과 같이 제시한다. 자연주의 영성(야외에서 하나님을 사랑한다), 감각주의 영성(오감으로 하나님을 사랑한다), 전통주의 영성(의식과 상징), 금욕주의 영성(고독과 단순성), 행동주의 영성(불의에 맞선다), 박애주의 영성, 열정주의 영성(신비와 축제), 묵상주의 영성, 지성주의 영성.[8] 나는 오랫동안, 자연 속 하이킹이 내가 하나님과 연결되는 가장 자연스러운 방식이라고 생각했다. 그래서 하나님을 만나기 위해 밖으로 나가곤 했다. 지난 두어 해 동안은 재즈 연주가 더 강력한 연결점이 되었다. 교회 성도들의 다양

8 Gary Thomas, *Sacred Pathways: Discover Your Soul's Path to God* (Grand Rapids, MI: Zondervan, 2010). 『영성에도 색깔이 있다』(도서출판 CUP). Myra Perrine, *What's Your God Language? Connecting with God Through Your Unique Spiritual Temperament* (Carol Stream, IL: Tyndale House, 2007)도 보라.

한 영적 특성을 고려할 때 우리는 숲 산책에서부터 정의 행진, 성상에 이르기까지 하나님과 교제하는 다양한 기도 실천을 격려해야 한다.[9]

교회 밖 사람들도 다양한 방식으로 영성과 기도를 경험한다. 앞에서, 내게는 음악 연주가 기도라고 이야기한 적이 있다. 물론, 그리스도를 따르는 이들만 음악에서 영적 차원을 경험하는 것은 아니다. 진지한 음악가인 내 친구 중에 다수가 영적으로 음악을 경험한다. 음악의 영성은 연결점, 곧 음악가들이 그리스도를 보기 시작하는 창문이 될 수 있다. 내가 음악 연주 경험을 기도로 받아들이기 시작하면, 음악가 친구들의 경험에 대해 질문하고 그들과 대화하면서 연대감을 발견할 수 있다. 그리고 예수님이 우리 대화에 등장할 수 있다. 또 다른 예를 들면, 목공이나 하이킹을 하면서 영적 공통점을 발견하는 사람들도 있을 것이다.

기도할 때 한 가지 비결이 있다면, 내가 아닌 다른 사람(곧 헨리 나우웬 같은 관상가)이 되려고 애쓰지 않는 것이다. 하나님이 내가 예수님과 연결되도록 창조하신 방법을 분별할 때만이 나는 다른 사람들에게 예수님의 빛을 비출 수 있다. 하지만 이건 나에게 해당하는 것이다. 당신은 나무를 다듬거나 정원을 가꾸면서, 조용한 장소에서 고요히 앉아 기도할 수도 있다.

---

9 성상은 적절히 사용하면 기도를 안내하는 창문이 되어, 그것을 통해 우리는 하나님과 우리를 향하신 그분의 움직임을 볼 수 있다. 기도에서 성상을 사용하는 법에 대해서는 다음을 보라. Henri J. M. Nouwen, *Behold the Beauty of the Lord: Praying with Icons*, rev. ed. (Notre Dame, IN: Ave Maria, 2007).

공동 예배의 기도

교회를 기도 공동체로 키우려고 애쓰고 있다면 예배 중에 함께 기도하는 것을 생각해 봐도 좋다. 마음속으로 당신이 목회하는 교회의 전형적인 예배 순서를 떠올려 보자. 너무 많은 말이 공동 예배를 채우고 있어서 기도 중에 하나님을 만나는 시간은 부족할 때가 많다. 뮤지컬 〈해밀턴〉에서 애런 버(Aaron Burr)는 "설교나 찬송가로는 배울 수 없는 게 있지"라고 노래했다.[10] 맞는 말이다.

시편 46편 10절은 우리에게 하나님 앞에서 잠잠하라고 말한다. "너희는 가만히 있어 내가 하나님 됨을 알지어다."[11] 모임 중에 침묵으로 기도하고 하나님께 귀 기울이는 시간을 갖는 것은 우리가 하나님께 의존하는 존재임을 깨닫게 해 준다. 시편 46편 10절 말씀에 응답하여 회중이 침묵하는 능력을 기를 수 있도록 돕는다. 30초에서부터 시작하면 좋다. (자녀들이 주일학교에 있으면 침묵 기도 시간을 보장하는 데 도움이 될 것이다.)

공동 예배 시간의 기도 전략 중에는 평신도 기도 팀을 만들어서 예배 이후나 성만찬 동안에 사람들과 함께 기도하거나, (5장 "폴리리듬의 예배"에서 소개한 것처럼) 성도들이 포스트잇에 기도를 적어 벽에 붙이게 하는 방법도 있다. 전례에 따른 기도도 당연히 있다. 나는 설교 마지막이나 중간에 종종 기도 시간을 마련하기도 한다. 성도들이 침묵으로 기도하거나 기도문을 작성하거나 옆 사람과 기도하거나 전체 회중이 함께 기도하도록 인도한다.

---

10 "Wait for It," in Lin-Manuel Miranda, *Hamilton: An American Musical* (2015).

11 시편 131편과 전도서 6장 11절도 보라.

공동 예배 시간의 기도는 기도가 풍성한 교회의 일부분일 뿐이다. 이 장 나머지 부분은 다른 시간의 기도를 위한 실용적인 전략을 소개하려 한다.

분별하는 기도

듣는 기도는 교회가 분별하는 과정에서 정기적 실천이 될 수 있다. 퀘이커의 분별 모임 혹은 명료화 위원회는 개인이나 가족이 중요한 결정을 내려야 할 때 공동체가 함께 분별해 주는 방식이다.[12] 명료화 위원회에서는 자매 형제들이 모여서 결정을 앞둔 사람의 이야기를 듣고 그와 함께 하나님께 귀를 기울인다. 명료화 위원회의 중심에는 세심하게 조율된 듣는 기도가 있다.[13] 이 모임은 문제 해결이 아니라 당면한 문제를 명료화하는 것이 목표다. 명료화 위원회는 결정을 앞둔 개인이나 가정에만 축복이 아니라, 함께 인생길을 걸어가는 우리 모두를 가족으로 묶어 준다.

분별하는 기도는 전 교인이 어떤 결정이나 어려운 문제에 봉착했을 때도 똑같이 중요하다. 전 교회가 실천하는 듣는 기도의 중요성에 대해서는 10장 "대화"에서 살펴보았다.

12 조이 뱅크스 목사가 우리 공동체에 퀘이커의 명료화 위원회를 소개해 주었다.

13 Bruce Bishop, "Discernment-Corporate and Individual Perspectives," *Quaker Religious Thought* 106 (2006): 18-25를 보라. https://digitalcommons.georgefox.edu/qrt/vol106/iss1/3/를 보라.

오늘의 일과 기도

공동체가 기도에 집중하는 또 다른 방법으로 일과 기도가 있다. 오늘날 사람들이 신실한 기도와 예배 생활이란 주일에는 공동 예배, 주중에는 매일 경건 생활의 리듬을 실천하는 것이라고 생각하는 것은 당연하다. 하지만 역사적으로는 오늘날 개신교에서처럼 주일 예배와 주중 경건 생활 사이에 간극이 없었다. 예를 들어, 초대교회는 주중에도 만나서 예배하고 성만찬을 나누었다.

또한 역사적으로 교회는 '성무일도'로 알려진, 매일 정해진 시간에 드리는 기도를 중요시했다. 초기 가정교회들에서는 전통적인 유대인의 기도 시간을 계속해서 지켰던 것 같다(시 3, 4, 5편을 보라). "쉬지 말고 기도하라"(살전 5:17; 참고. 엡 6:11, 18)라는 바울의 가르침도 정해진 기도 시간과 연관성이 있는 듯하다. 1세기 말 교회 문헌 '디다케'(Didache)는 그리스도인들에게 하루에 세 번 기도하라고 지시하는데, 매일 정해진 시간에 드리는 세 차례 기도를 가리키는 듯하다.[14]

중세 시대 수도원은 정해진 예배 시간을 가장 잘 실천한 곳이었다. 수도원 일정에는 매일 여섯 차례 일과 기도와 한 차례 밤 기도가 포함되었다. 종교적으로 헌신한 수도자들에게는 이런 제도를 기대할 수 있었지만, 평신도들에게는 비현실적이었다. 종교개혁의 성과는 평신도도 정기적인 기도를 실천할 수 있게 만든 것이었다. 크랜머(Cranmer)의 『성공회 기도서』(*Book of Common Prayer*)나 청교도 전통의 가정교회 예배는 그 창의적인 표현의 몇 가지 예다.[15]

---

14 제임스 화이트(James F. White)가 다음 책에서 이렇게 추론한다. *A Brief History of Christian Worship* (Nashville: Abingdon, 1993), 23.

15 James White, *A Brief History of Christian Worship,* 55, 106-19.

교회 역사의 풍부하고 다양한 기도 전통은 우리가 지역사회에서 새로운 곡조를 즉흥 연주하면서 어떻게 기도가 오늘날 우리 정체성의 핵심이 될 수 있는지 고려하도록 이끈다. 성령의 바람이 불어오면서 많은 교회가 기도 실천을 만들거나 또 새롭게 하고 있다. 예를 들어, 밴쿠버의 한 교회는 하나님이 그들을 도심 기도 공동체로 부르고 계신다고 분별했다. 모니카 목사가 교회에 부임했을 때 이 공동체는 이미 매주 수요일 정오에 중보 기도를 실천하고 있었다. 모니카 목사는 수요 정오 기도회에 향심 기도를 추가했다.[16] 그 시간에서부터 모든 일이 자연스럽게 흘러나왔다. 수요일에 드리던 정오 기도회는 인도자가 돌아가면서 매일 모이게 되었다. 오전 기도회와 저녁 기도회도 생겼고, 대면 모임과 온라인 모임이 한데 어우러졌다. 해마다 사순절 기간에는 교회에서 반나절 기도 수련회가 열려서 새로운 기도 실천을 함께 배운다. 대략 25명 정도가 참석한다. 교회에 기도하는 공동체가 생겼고, 이들은 기도하라는 하나님의 초대에 한 번에 한 단계씩 반응했다. 이 교회는 전통적인 일과 기도를 즉흥적으로 신선하게 표현한 공동체의 예시다.

기도하는 공동체가 되기 위한 다른 전략들

당신 공동체에서 기도의 '은사'를 키우려면 문화적·역사적·교파적으로 다양한 기독교의 풍성한 기도 전통을 탐색하는 데서 유익을 얻

16 향심 기도에 대해서는 Adele Calhoun, *Spiritual Disciplines Handbook: Practices that Transform Us,* rev. ed. (Downers Grove, IL: InterVarsity Press, 2015), 235-38을 보라.

을 수 있다. 다양한 기도 실천에 참여하는 것은 각기 다른 기도 성향의 사람들과 연결되고 기도로 나아가는 다리를 놓는 데 도움이 된다. 예를 들어, 관상 기도(기독교 묵상),[17] 향심 기도, 성경으로 기도하기('렉시오 디비나'), 이그나티우스의 성찰 기도(Ignatian Examen, 기도로 하루를 돌아보기),[18] 함께 큰 소리로 기도하기(아프리카 문화권에서 흔하다), 듣는 기도, 방언 기도, 고백의 전례, 시편으로 기도하기[19] 등을 배울 수 있다.

이 장 앞부분에서 소개한 기도 장소는 기도하는 공동체의 특징을 드러낼 수 있는 한 가지 실용적인 예다. 우리는 공동체에 평신도 차원에서 몇몇 기도 공간이 생겨나기를 간절히 바란다. 이는 핵심 리더들이 계획할 수 있는 것이 아니라, 우리가 기도하고 격려해야 할 일이다.

특별한 행사를 위한 전례와 기도 의식을 마련하는 것도 또 다른 전략이다. 집들이를 겸한 기도회, 직장 이동을 위한 전례, 삶의 전환을 위한 전례, 추모 예배 등이 있을 것이다.[20] 우리는 교인들이 다른 사람들과 함께 주님 앞에서 인생의 중요한 사건을 기념하기를 바란다.

치유 기도를 위해 준비된 팀을 훈련할 수도 있다. 야고보서는 병든 자가 교회 장로들에게 기도를 요청하고 장로들은 기름을 바르며 그를

---

17 관상 전통에 대해서는 James Finley, *Christian Meditation: Experience the Presence of God* (London: SPCK, 2004)을 보라.

18 성찰 기도에 대한 입문서로는 Timothy M. Gallagher, *The Examen Prayer: Ignatian Wisdom for Our Lives Today* (New York: Crossroad, 2006)를 보라.

19 시편으로 드리는 기도에 대해서는 Cynthia Bourgeault, *Chanting the Psalms* (Boston, MA: New Seeds Books, 2016)를 보라.

20 특별한 행사를 위한 전례에 대해서는 Shane Claiborne, Jonathan Wilson-Hartgrove, and Enuma Okoro, *Common Prayer: A Liturgy for Ordinary Radicals* (Grand Rapids, MI: Zondervan, 2010)를 보라. *Every Moment Holy*는 우리 삶의 다양한 시기에 드리는 기도를 다루는 또 다른 시리즈다(Douglas McKelvey, *Every Moment Holy, Volume II: Death, Grief, and Hope* [Nashville: Rabbit Room, 2021]). 이 책은 매일 기도 자료도 제공한다. www.everymomentholy.com.

위해 기도하라고 가르친다(예. 약 5:13-18). 치유 기도 모임은 복음 읽기, 듣는 기도, 죄 고백, 기름 바르기 등이 포함될 수 있다.[21]

또한 삶의 규칙(혹은 리듬)을 통해 그리스도 안에서 성장하기 위해 계획된 영적 제자 훈련에 헌신할 수도 있다. 공동체 전체가 이 삶의 규칙에 동의할 수도 있고, 공동체 내에서 개인이 각자 실천할 수도 있다. 영적 건강과 정서적 건강은 밀접하게 연관되어 있기에 전인적인 삶의 규칙은 우리 삶의 영적 차원뿐 아니라 사회적·정서적·신체적 차원까지 돌본다.

결론

목회하면서 가장 즐거웠던 순간을 하나 꼽으라면, 스물다섯 살 자매가 하나님이 자신을 기도의 삶으로 부르셨다는 사실을 발견했다고 말해 준 때였다. 그녀는 우리 교회와 도시와 세상을 위한 기도에 삶을 드리고 싶은 바람을 나누어 주었다. 그리고 이런 기도의 삶을 수도원이 아니라(그녀는 이쪽으로 가려는 유혹을 크게 느꼈다) 우리 공동체 내에서 살아가기로 결심했다. 내 친구가 하나님이 그녀를 기도하는 삶으로 부르셨다는 이야기를 들려주었을 때 나는 너무나도 감사했다. 우리는 기도를 갈망하는 불꽃이 피어올라 불타는 그런 공동체에 속하기를 원하지 않는가? 물론 모든 사람이 이런 강도 높은 기도의 삶으로 부름받지는 않지만, 우리는 모두가 기도하고 그중 일부는 특히 기도의 은사를 받고 기도로 부름받은 공동체를 키우기 위해 애쓴다.

21 듣는 기도에 대해서는 Charles R. Ringma and Mary Dickau, *The Art of Healing Prayer: Bringing Christ's Wholeness to Broken People* (London: SPCK, 2015)을 보라.

레슬리 뉴비긴의 생애에 있었던 한 이야기는 우리가 현실적 기대감을 품고 후기 기독교 사회를 헤쳐 나갈 수 있게 도와준다.[1] 뉴비긴은 인도에서 38년간 선교 사역을 마친 후 일흔 살에 영국으로 돌아왔다. 뜻밖에도 그는 1980년에서 1988년까지 버밍엄의 어느 가난한 동네에서 새로이 목회하게 되었다. 이런 예상치 못한 행보는 뉴비긴이 자기 교단의 교구 협의회 회의를 주재하던 중에 벌어졌다. 교단에서는 가난한 도심 지역의 한 교회를 정리하고 문을 닫으려던 참이었다. 자신이 주재하는 회의에서 그런 결정을 내릴 수 없다고 생각한 뉴비긴은 비상근으로 목회자직을 맡기로 했다. 뉴비긴은 새로운 목회 역할을 맡아 활기차고 사려 깊으며, 그리스도를 증언하는 일에 공동체를 참여시키는 데 적극적이었다. 그의 사역 결과는 수적으로 굉장히 놀라웠는데,

1 이 이야기는 다음 출처에서 가져왔다. Lesslie Newbigin, *Unfinished Agenda: An Updated Autobiography* (London: SPCK, 1993), 234-36; Michael W. Goheen, *"As the Father Has Sent Me, I Am Sending You": J. E. Lesslie Newbigin's Missionary Ecclesiology* (Zoetermeer, Netherlands: Boekencentrum Publishing House, 2000), 103-104도 보라.

사람들의 기대와는 전혀 다른 방향으로 놀라웠다. 뉴비긴이 사역을 시작할 때 교인은 고작 스무 명이었다. 그리고 그가 목회를 마무리했을 때는 스물일곱 명이었다. 나는 이런 결과에 호기심을 느꼈다.

뉴비긴은 당대에 매우 특출한 전달자요 설교자요 리더였다. 하지만 버밍엄에 있는 그의 교회는 거의 성장하지 못했다. 우리는 이런 결과를 어떻게 이해해야 할까? 이는 확실히 서양 문화에 대해 시사하는 바가 있다. 뉴비긴은 버밍엄 목회 경험을 통해 서양은 "현대 세계에서 가장 힘든 선교지…교회가 대체로 의식하지 못한 곳"이라고 생각하게 되었다.[2]

그러나 이 탁월한 리더가 의미 있는 수적 증가를 보지 못했다는 사실에 우리가 크게 놀랄 필요가 없는 영적 이유도 있다. 우리는 뉴비긴의 경험을 보면서 예수님이 버림받으신 경험을 떠올리게 된다. 요한은 "그의 제자 중에서 많은 사람이 떠나가고 다시 그와 함께 다니지 아니하더라"(요 6:66)라고 기록한다. (666이라는 숫자가 예수님의 사역에서 이렇게 어두운 순간에 사용된 것이 웃기면서도 섬뜩하다.) 나는 요한이 예수님의 사역에서 이 고통스러운 순간을 기록한 이유가 리더들을 격려하기 위해서라고 믿는다. 신실한 사역과 탁월한 사역이 항상 큰 수치로 이어지지는 않는다. 따라서 예수님의 사역의 관점에서 **나는 당신의 교회가 대형 교회가 아니라 신실한 교회가 되게 해 달라고 기도한다.** 예수님의 사랑과 진리를 드러내는 온유하고 창의적인 교회가 되게 해 달라고 기도한다. 기독교 문화의 대다수 메시지가 대형 집회, 대형 밴드, 큰 무대, 대규모 예산을 이상적으로 여기지만, 우리는 다른 길을 찾아야 한다. 실제로 이 책에서 소개한 성경의 길, 소외된 자들과의 연대, 느린 대화, 간절한

---

2 Newbigin, *Unfinished Agenda*, 235.

기도, 성경의 회복 이야기에 주의하기, 공동의 삶, 리더풀 공동체 등은 고속 성장과는 거리가 멀지도 모른다. 하지만 이것이 하나님이 열매 맺게 하시는 신실함의 길이라고 나는 믿는다.

교회를 새롭게 연주하는 열두 음

후기 기독교 시대의 도래는 우리가 교회로서 하는 실천들을 다시 검토하기를 요구한다. 우리가 하는 모든 것을 성경의 요구라고 가정할 수는 없는데, 그 대다수가 문화의 영향을 받기 때문이다. 우리는 새로운 눈으로, 증언 공동체를 위해 회복된 상상력으로 성경을 읽어야 한다. 이 책에서 바로 그렇게 했다. 신선한 시각으로 성경을 읽고 후기 기독교 시대 지역사회에서 증언하는 교회의 핵심 특징을 분별하려 노력했다. 그런 교회들을 가리켜 '성육신적 공동체'라고 불렀다. 이들은 지역사회에서 그리스도의 치유를 받고 확장하는 교회들이다.

태생적으로 전통적이고 즉흥적이고 미묘하고 지적이고 대화적인 예술 형태인 재즈는 후기 기독교 시대의 교회를 떠올리게 하는 은유다. 이 책에서는 공동체를 새롭게 연주하기 위한 열두 음을 한 장에 한 음씩 살펴보았다. 이 열두 음은 성육신적 공동체의 핵심 특징을 나타내며, 열두 음이 함께 온유하고 증언하는 공동체를 길러 내는 규범적이지 않은 길이 되어 준다. 우리는 이 열두 특징을 세 부분으로 나누어서 다루었다. 제1부 하모니, 제2부 리듬, 제3부 소울. 지금까지의 내용을 다시 돌아볼 수 있도록 다음과 같이 이 열두 음을 정리해 보았다.

제1부 하모니

1장 본문이 '허락한다'

성경은 하나님이 모든 창조 세계와 인류의 삶을 위한 그분의 목적을 회복하시는 이야기이자 그리스도 안에 있는 그분의 구원하시는 사랑을 증언하는 일로 한 백성을 부르시는 이야기다. 증언하는 공동체를 형성하는 성경 해석을 위해서는 다음 네 가지 질문이 중요하다. 1. 성경 이야기는 무엇인가? 우리는 창조 세계가 성경 이야기를 하나로 통일하는 요소임을 살펴보았다. 세상은 하나님께 중요하기 때문이다. 2. 성경 윤리는 무엇인가? 성경에 면면히 흐르는 성경적 친족 윤리를 살펴보았다. 3. 복음이란 무엇인가? 복음은 예수님이 모든 창조 세계에 대해 구원의 주 되심을 선언하는 것임을 살펴보았다. 그분은 "만물을 고치시는 자"다. 4. 증언이란 무엇인가? (삶과 말과 행동으로 하는) 증언은 여러 과제 중 하나가 아니라 바로 교회의 정체성 자체다.

2장 리더가 가득하다

성육신적 공동체는 공동체와 지역사회에서 자신들의 은사와 창의성을 활용하기 위한 능력을 부여받은 구성원으로 가득하다는 의미에서 리더풀 공동체다. 후기 기독교 시대에 핵심 리더들은 관계와 상호성을 중요시하고 그런 리더풀 공동체를 길러 내야 한다. 교회 리더십과 관련된 대화는 리더 중심 접근법에서 협력적 리더십으로 이동했다. 우리 앞에 놓인 도전은 협력적 접근법을 더 진지하게 받아들이는 동시에 리더풀 공동체를 키워 나가는 것이다.

3장 지역성

장소는 중요하다. 성경 이야기 전체를 정착에서 강제 이주와 재정착으로의 움직임으로 요약할 수 있다. 신약 시대에 에베소와 빌립보, 고린도 등에 있던 '에클레시아'(교회)는 특정 장소에서 그리스도의 은혜와 진리를 나타내는 눈에 보이는 증거였다. 장소의 단절, 관계의 단절, 외로움이 넘쳐나는 사회에서, 성육신적 공동체는 우리가 있는 장소의 리듬과 계절 가운데 안식하는 법을 서로 가르칠 수 있다. 예수님의 이름으로 지역의 사람들과 생태계, 기관들에 시간과 사랑을 투자하여 우리 공동체 내부에서부터 지역 공동체로 향할 수 있다.

4장 아름다움

아름다움과 창의성은 오늘날 교회의 증언과 예배에 필수적이다. 교회는 예술 창조와 예술적인 삶에 탁월하여 예수님에 대한 우리의 믿음이 언어를 뛰어넘는 방식으로 빛을 발할 수 있어야 한다. 또한 교회는 우리의 예술이 이웃의 삶을 표현한다는 의미에서 지역사회에 뿌리내린 방식으로 창조해야 한다. 그렇게 해서 예술가들이 우리 공동의 삶에 영감을 불러오고 통찰력을 키워 줄 공간을 마련해 주어야 한다. 우리도 예술가들을 본받아 주거 문제에서부터 예배 전례에 이르기까지 교회 생활의 모든 측면에서 창의성을 발휘해야 한다.

제2부 리듬

5장 폴리리듬의 예배

우리는 성육신적 공동체를 양육하려는 목적을 가지고 폴리리듬으로 예배할 수 있다. 풍성한 예배를 만들기 위해 다음 네 가지 리듬을 겹쳐서 연주할 수 있다. 1. 성경 이야기의 리듬, 2. 우리 공동체의 리듬, 3. 우리 지역사회의 리듬, 4. 더 넓은(세계적이고 역사적인) 교회의 리듬. 신명기 16장 1-17절의 절기력에 이 폴리리듬이 잘 나타나 있는데, 거기서 기독교 예배의 핵심인 네 부분을 찾을 수 있다. 1. 애도, 2. 선물, 3. 감사, 4. 창의적인 친족 관계.

6장 공동의 삶

증언하는 공동체는 함께 식사하고 거주하고 쉬고 놀고 기도하고 창조 세계를 돌보고 변호하고 축하하고 슬퍼하면서 임시 가족이 되어 주려 애쓴다. 이들은 복음 사역의 동반자가 되어 이웃을 사랑한다. 취약한 사람들과의 친족 관계를 우선순위에 두어서 그들 가운데 가장 연약한 자들을 공동체의 중심에 세운다. 리더들은 다양한 최고 리더십과 함께 그들의 교회를 나타내는 실천과 상징을 존중하는 예배를 통해 다양한 문화 공동체를 기르는 법을 배운다.

7장 치유, 친족 관계, 모성적 돌봄

치유, 친족 관계, 모성적 돌봄은 분분한 이념 논쟁 가운데 정의에 대한 요구가 왜곡된 분위기에서 긍휼에 대한 신선한 관점을 제시해 줄 수 있는 성경의 주제다. 첫째, 치유로서의 증언은 교회가 이웃을 생명으로 이끌며 사랑할 때 취해야 할 자세다. 둘째, 하나님 나라의 창의적인 친족 관계는 우리가 연약한 사람들과 연대할 때 우리를 가족으로 재형성한다. 셋째, 성경에 나오는 모성적 돌봄으로서의 증언은 연약한 사람들과 장소를 향한 맹렬한 보호와 지지를 불러일으킨다.

8장 창조 세계

창조 세계와 상호 연결되어 있고 거기에 책임이 있다는 사실을 점점 더 인식하는 것은 후기 기독교 시대에 번성하는 교회들의 핵심 특징이 될 것이다. 창조 세계와 언약을 맺으신 하나님(9장)의 본보기를 따라서, 우리는 창조 세계와의 친족 관계를 인식하고 인간이 아닌 세상과의 연대감과 충성심을 가지고 살아간다. 우리는 창조 세계와의 관계를 고려하여 살고 정원을 가꾸고 일하고 먹으려 노력하면서 여섯째 날을 공유한 동료 피조물과의 상호 의존성에 대한 인식을 높일 수 있다.

제3부 소울

9장 목소리

(심리 치료에서 가져온) '일관성'의 개념은 마음과 생각과 표정과 말의 일치를 가리키는데, 예수님을 알지 못하는 사람들과의 대화를 다시 상상하는 데 도움이 된다. '진정한 발언' 혹은 '진정한 목소리'는 일관성 있게 예수님에 대해 전하는 것을 가리킨다. 우리는 초대교회에서 영감을 얻을 수 있는데, 이들의 아름다운 삶과 영적인 활력은 외부인들에게 궁금증을 불러일으켰고 그들을 끌어들였

다. 우리는 진정한 대화라는 맥락에서 예수님에 대한 진리를 전함으로써 그분에 대해 말하는 신선하고 진정성 있는 문구를 찾을 수 있다.

10장 대화

성육신적 공동체는 공동체가 직면한 시급한 문제들에 대해 주기적으로 대화하려 노력한다. 이들은 리더십을 존중하면서도, 하나님이 지역사회에서 그들에게 무엇을 요구하고 계신지를 함께 분별하면서 함께 결정을 내리려 애쓴다. 성육신적 공동체는 세월이 흐르면서 대화하는 능력이 자라고 성숙한다. 이 공동체들은 경청 기술, 퍼실리테이션, 회복적 실천, 갈등 해결, 협력적 리더십 과정 같은 실천들을 소중히 여긴다. 공동의 삶과 대화를 통해 교회 내에서 대개 분리되어 있는 것들을 함께 붙들려 한다.

11장 우리 친족의 죄

성육신적 공동체는 아직도 진행 중인 식민주의 이야기를 겸손하게 배우고 민족 집단과 땅의 이야기에 반응하여 우리 삶을 재정비함으로써 그리스도의 치유를 받는다. 우리는 역사적 식민주의, 인종차별, 이주, 창조 세계 돌봄, 경제, 가부장제처럼 서로 연관된 문제들이 어떻게 우리 신앙을 왜곡했는지를 분별해야 한다. 모든 민족과 맺으신 하나님의 언약(창 9-10장)은 모든 민족 집단의 가치와 존엄을 잘 보여 주며, 이를 통해 우리는 우리 문화의 역사를 배우고 이 땅에서 좋은 방식으로 걷는 법을 배워야 한다.

12장 기도

증언하는 공동체는 정기적이면서도 비범한 기도의 실천으로 유지되는데, 이는 폭넓은 교회 전통에 뿌리를 두고 있다. 사도행전 1장은 증언이 교회의 정체성임을 알게 되었을 때 가장 먼저 기도로 반응해야 함을 보여 준다. 우리 기도에 응답하여 성령님이 능력으로 임하시기 때문이다. 오늘날 서양 사회는 교회 안팎에서 관상적 실천에 대한 갈망이 널리 퍼져 있다. 따라서 예수님의 이름으로 드리는 기도 실천 자체가 기독교 증언 행위가 될 수 있다. 이와 밀접하게, 기도 실천은 의심의 시기에 믿음으로 향하는 핵심 통로이기도 하다. 퀘이커의 명료화 위원회에서부터 일과 기도의 신선한 표현에 이르기까지 기도 공동체를 길러 내는 전략은 다양하다.

이 요약을 다시 살펴보면서, 오늘날 서양 교회에 가장 필요한 한 가지 변화가 있다면 성경의 관점에서 우리의 충성, 우리의 친족 관계를 조정하는 것이라는 확신이 든다. 이웃의 소외된 이들과 더 나아가 창조 세계와의 연대라는 그리스도의 부르심을 인식하고 창의적으로 대응해야 한다. 이렇게 예수님의 본보기를 따라가다 보면 그분도 만날 수 있을 것이다.

"이제 어떻게 해야 할까?"

이 책을 덮고 나서 당신은 무슨 일을 할 수 있을까? 아마 당신은 당신 교회에 수많은 꿈과 희망을 품고 있는 리더여서 당장이라도 실행에 옮길 만반의 준비가 되어 있을지 모른다. 하지만 아무 준비도 되지 않은 목회자 사무실로(혹은 당신이 목회자라면, 아무 준비도 되어 있지 않은 당회 모임으로) 곧장 달려가기 전에, 잠시 숨을 고르고 하나님의 때를 구하는 것이 중요하다.

당신은 잠시 멈춰서 하나님의 때를 구할 수 있는가? 당신이 중요하게 여기는 계획들을 십자가 밑에 내려놓고 예수님이 당신이 그중에서 몇 가지를 선택하게 인도하시도록 기다릴 수 있는가? 하나님은 당신의 비전을 기뻐하시지만, 당신의 인내심도 기뻐하실 것이다. 어떻게 하면 속도를 늦추고 귀를 기울일 수 있을까? 당신은 하나님이 이미 당신 공동체 가운데서 시작하고 계신 일을 알아차릴 수 있는가?[3] 그렇다면 개인의 건강을 바탕으로 지혜롭게 시작한다는 것은 어떤 느낌일까?

첫째, 기도하며 하나님의 음성을 듣고 기록하는 시간을 갖는다. 새로운 생각을 실행에 옮기려면 대개 두 사람 이상이 필요하다. 당신은 어떤 사람이나 소그룹을 이 여정의 파트너로 초대할 수 있겠는가? 내가 좋은 상태일 때는, 하나님이 내가 인도하는 사역에서 무언가 새로운 일을 시작하려 하실 때 **공동체의 분별 과정**을 거치려 애쓴다. 공동체가 함께 분별하는 과정은 리더풀 공동체가 되는 더디지만 풍성한 방법이다.

나는 이 책을 쓰면서 주님이 이 책을 사용하셔서 온유하고 창의적이며 예수님을 사랑하는 교회 열 곳이 새로이 **탄생하고**, 열 곳이 **새로워지**(**고** 내가 그 소식을 듣게 되)기를 기도했다. 또한 (**내가 그 소식을 듣지 못하**

3 린다 버그퀴스트(Linda Bergquist)와 앨런 카르(Allan Karr)는 '일치'라는 문구를 사용하여, 과거와 현재와 미래의 교회 모습을 존중하는 교회 갱신 접근법을 가리킨다(*Church Turned Inside Out: A Guide for Designers, Refiners, and Re-aligners* [San Francisco: Jossey-Bass, 2010], 145-46).

더라도) 예배 공동체 열 곳이 새로이 생기고, 열 곳이 새로워지기를 기도했다. 그러니 이 책을 읽고 나서 하나님이 당신이 속한 공동체에 크든 작든 무언가 새로운 일을 시작하시거든, 내게 알려 주기를 바란다!

이제 글쓰기를 마무리해야 할 것 같다. 공연이 코앞으로 다가와 연습이 필요하니 말이다. 공연 전날에 벼락치기 연습을 하는 것은 아무 도움이 되지 않는다는 사실을 나는 힘겹게 배웠다. 최고의 연주 실력을 유지하는 유일한 방법은 매일, 매달, 매년 꾸준히 연습하는 것이다. 자, 매일 밤 10시(이제 거의 10시가 다 되었다)에 아이들이 잠들고 아내도 그녀만의 창의적인 작업에 들어가면 나는 피아노 앞에 앉아 음악의 리듬과 소리에 빠져든다(음악가의 시간을 지킨다).

사려 깊은 성육신적 공동체도 수년에 걸친 규칙적이고 지속적인 연습을 통해 길러진다. 하룻밤 만에, 아니 1년 만에 이루어지지 않을 것이다. 그런 교회를 전혀 이루지 못할 수도 있다.

성육신적 교회는 성령님의 인도하심에 따라 많은 사람의 작은 신실한 행위 위에 세워진다. 성육신적 교회가 되려면 성경을 손에 든 채 느긋한 대화와 친절한 친족 관계, 실수를 통한 배움이 필요하다. 던 험프리스의 말대로 "엄청난 예배와 기도가 필요하다." 당신이 이 길에 들어섰다면 오랜 여정을 각오한 것이다. 그리고 그 길에 들어섰다면 당신은 전통 위에 새로운 선율을 즉흥 연주하시는 성령님과 협력하면서 하나님이 서양의 동네들에서 하고 계신 일의 최전선에 서게 될 것이다.

성육신적 공동체를 길러 내는 설교

아래는 성육신적 공동체를 길러 내는 설교와 가르침을 위한 방법을 간단히 소개한다.

이 책 마지막 부분에서 설교에 대한 비전을 제시하면서, 설교자만이 교회에 대한 비전을 품는다는 인상을 주고 싶지는 않다. 목회 사역을 설교로만 축소하고 싶지도 않다. 이미 이 책에서 교회 리더십은 목회자의 전 자아와 상상력을 요구한다는 것을 보여 주었기 때문이다. 하지만 설교에 대한 신선한 성경적 관점이 없다면 우리의 가르침은 성육신적 공동체를 키우려는 최선의 노력을 무효로 만들 수 있다. 따라서 여기에 간단한 설명, 곧 뼈대를 제시한다. 우리가 이 책에서 살펴본 성경 본문들이 이 뼈대에 살을 붙여 주기를 기대한다.

시작하기 전에, 성경적 가르침이나 설교를 위한 단 하나의 정확한 방법이나 형식은 없다는 점을 언급하는 것이 중요하다. 성경적 설교의 다양한 문화적 표현을 조금이라도 접해 본 사람이라면 이 통찰을 인정할 것이다. 따라서 성경적 설교에 대한 다양한 접근법을 인정하면서, 여기서는 후기 기독교 사회에서 성육신적 공동체를 길러 낼 수 있는 여섯 가지 특징을 소개한다.

1. 그리스도와 그리스도의 길을 가르친다

설교는 그리스도를 중심으로 하고 그리스도의 길에 초점을 맞추어야 한다. 그리스도가 구속 이야기의 중심에 계신다는 것은 이미 살펴보았다. 예수님이 모든 것임을 절대 잊지 말라. 레슬리 뉴비긴은 "설교는 듣는 자들로 하여금 예수 그리스도를 있는 모습 그대로 대면하게 하는 것이다"[1]라고 말한다.

그리스도께 초점을 맞춘 설교는 친족 관계라는 성경 윤리로 표현될 수 있는 그리스도의 길에도 초점을 맞추어야 한다. 성경은 그리스도의 사람들을 온유한 공동체로, 그리스도의 치유를 받고 확장하는 사람들로 양육하고 있다. 우리가 "예수님의 길"이라고 말할 때는 성경 전체에 나타나는 윤리를 생각하는 것인데, 모든 성경이 그분 안에서 성취되기 때문이다(눅 24:25-27; 요 5:37-47). 따라서 우리가 구약성경에서 만나는 친족 관계, 정의, 절기, 장소 만들기, 공동의 삶, 용서 등은 모두 예수님의 삶과 생애 가운데 눈에 띄게 뚜렷이 나타난다.

1 Lesslie Newbigin, *The Good Shepherd: Meditations on Christian Ministry in Today's World* (Grand Rapids, MI: Eerdmans, 1977), 24.

2. 선교적 해석학

성경 해석학은 성경 해석의 기술이다. 그리스도 안에서 다른 사람들을 양육하는 우리는 다음 네 질문을 평생 탐구해야 한다. 성경 이야기는 무엇인가? 그리스도의 길은 무엇인가? 복음이란 무엇인가? 증언이란 무엇인가?

'선교적 해석학'이라는 문구는 성경을 선교적으로 해석하는 것을 가리킨다. 우리는 성경을, 하나님이 창조 세계를 구속하시고 한 민족을 부르셔서 그분의 회복하시는 통치를 드러내는 표지로 살게 하신 이야기로 보게 되었다. 성경이 구속 이야기라는 것만으로도 참으로 놀라운 일이지만, 거기에 그치지 않고 그 구속을 이루는 도구이기도 하다! 마이클 고힌이 이 점을 잘 표현한다. "성경의 성격과 권위를 제대로 이해한다는 것은 성경이 우리를 어떻게 형성하는지, 어떻게 신실한 백성을 형성하고 그들을 통해 세상에 치유를 가져오기 위해 강력하게 역사하는지를 이해하는 것이다."[2]

3. 공동체의 틀

성경의 각 책은 추상적인 신학적 가르침으로 기록되지 않았다. 고대 공동체의 신실한 삶과 증언을 형성하기 위해 기록되었다. 성경의 이런 역학을 반영하여 우리는 예수님의 온유하심과 진리로 형성된 대

---

2 Michael W. Goheen, "A History and Introduction to Missional Reading of the Bible," in *Reading the Bible Missionally* (Grand Rapids, MI: Eerdmans, 2016), 3-28, 특히 25.

조적인 공동체로 회중을 양육하기 위해 가르친다.

공동체의 삶에서부터 설교가 나온다. 우리가 함께하는 여정의 어느 특정한 순간에, 우리는 공동체 내에서부터 가르친다. 설교자에게는 그리스도의 영이 우리 가운데서 하고 계시며 우리를 부르고 계시는 일을 확인해 주는 특정한 역할이 있다. 우리는 증언하는 삶으로 부름받은 백성으로서 함께 신학을 논하고 성경을 새로이 해석한다.[3] 설교를 위한 공동체의 틀은 설교가 중요하기는 하지만 전부는 아니라는 현실을 우리에게 일깨워 주어야 한다. 기독교 공동체와 목회 리더십에는 설교보다 더 중요한 것이 많다.

4. 강해 설교

죽음을 앞둔 이방인들의 대사도 바울은 신뢰하는 동역자 디모데에게 "말씀을 전파하라"라고 권면했다(딤후 4:2). 나는 강해 설교가 성경을 직접적이면서도 명백하게 설명하고 적용하는 것이라고 제안하고 싶다. 직접적이라는 말은 설교가 본문에서부터 교훈하고 권면한다는 뜻이다. 명백하다는 말은 모든 사람이 설교자가 정확히 그 일을 하고 있다는 것을 알 수 있다는 뜻이다. 설교는 대화체가 될 수 있다. 또한 창의적일 수 있고, 창의적이어야 한다(나는 종종 피아노 앞에서 설교하곤 한다). 하지만 우리는 성경에 드러난 하나님 말씀을 항상 직접적이면서도 명백하게 설명하여 우리 공동체가 구속 이야기에서 맡은 역할을 신

3 신학을 논하는 것에 대해서는 Harvey Conn, *Eternal Word, Changing World: Theology, Anthropology, and Mission in Trialogue* (Phillipsburg, NJ: P&R, 1992), 211-60을 보라.

실하게 감당하게 해야 한다. 성경을 직접 펼쳐 강해하지 않는 설교는 단기적으로는 매력적일 수 있지만, 후기 기독교 사회에서 우리가 주일에 성경 본문에서 그리스도를 만나지 않는다면 교인들은 결국 교회보다 맛집을 찾아갈 것이다. 오해하지 마라. 나도 맛집을 **좋아한다.** 우리가 당면한 현실이 그렇다는 것이다.

5. 우리는 의심의 문화에서 믿음을 기르기 위해 그리스도를 설교한다

어떻게 하면 그리스도의 지혜와 성경의 아름다움을 전제하지 않는 환경에서 그것을 보여 줄 수 있을까? (여기서는 계속해서 공동 예배의 설교를 이야기하고 있다.) 설교자들은 교인들이 성경과 맺고 있는 다양한 관계에 대해 직관적인 인식을 키울 수 있다. 또한 이 복잡한 관계에 반응하여 생명의 말씀을 전하는 법을 배울 수 있다. 우리는 성경에서 **비롯되어** 사람들의 삶과 사회에 **영향을 미치는** 설교를 간절히 바란다. 그렇지 않은가? 내가 설교자로 사역을 시작했을 때만 해도 그렇게만 하면 큰 문제가 없었다. 최근까지도 사람들은 말 그대로 손에 성경을 들고 교회에 왔다. 하지만 후기 기독교, 후기 세속 사회에서는 더는 성경을 하나님의 권위 있는 말씀으로 간주하지 않는 성도가 많다. 이들은 문화와 삶을 염두에 두고 교회에 온다. 문화적 질문들을 던지는데, "인종차별은 어떻게 되는 것인가?"처럼 그중에는 꽤 괜찮은 질문도 많다. 이들은 삶에 대해서도 질문하는데, 외로움이나 불안처럼 그중에는 꽤 괜찮은 질문도 많다. 그래서 설교자들은 심미적이고 공감적인 출발점을 찾아야 한다. 우리 삶이나 문화에서 그리스도가 마음 아파하시는 것

혹은 그리스도가 기뻐하시는 것을 떠올린다. 그리고 (무엇이 됐든) 이 긴급한 주제의 맥락에서, 성경이 말하는 그리스도의 아름다움과 그분의 길을 보여 준다. 우리는 손에 성경을 들고, 성경과 성경에 계시된 그리스도가 우리가 내놓은 최고의 해결책과 원대한 상상보다 월등히 뛰어나심을 보여 줄 수 있다! 어떤 의미에서 우리는 그만큼 말로 표현하지 않으면서도 성경의 권위를 주장하고 있다. 혹은 성경이 스스로 입증할 여지를 만들고 있다는 표현이 더 적절할 것이다. 핵심은 우리가 그리스도의 지혜와 성경의 아름다움을 절대로 전제하지 않는 환경에서 그것을 보여 주고 있다는 것이다.

성경의 아름다움을 보여 주는 설교의 예시

내가 설교 중에 회중이 성경과 맺고 있는 다양한 관계에 어떻게 직관적으로 반응하는지 한 가지 예를 소개하려 한다. 이 책 5장과 6장에서는 고대 절기력이 담긴 신명기 16장 1-17절을 분석했다. 이 본문의 토양에서 하나님의 선물과 감사라는 주제가 자라난다. 도심의 정원사들과 식도락가들은 신명기 16장 1-17절의 파종과 추수, 절기의 연례 리듬을 똑같이 누릴 수 있다. 이 본문을 설교할 때는 신명기 16장 1-17절의 추수 시기를 굉장히 자세히 살펴본다. 감사라는 주제를 언급하기 위해 가톨릭 신자 메리 조 레디(Mary Jo Leddy)의 이야기를 나눈다. 그녀는 난민 소녀와의 만남을 통해 감사하는 자세를 갖게 되었다. 또한 우리가 감사하는 시간을 가질 때는 하루 동안 품고 있던 스트레스가 녹아서 사라지는 것을 경험하곤 한다. 나는 설교를 통해 성도들이 1) 우리를 "야생의 평화"[a]로 이끌어 주는 자연의 책, 성경과 연결되기를, 2) 모든 것을 주시는 자 하나님과 연결되기를, 3) 감사를 영적 실천으로 경험하기를, 4) 함께 앉아 있는 사람들의 다양성(혹은 다양성의 부족)에 대해 궁금해하기를 기대한다.

a 웬델 베리의 시 제목.

좀 더 기본적인 차원에서, 단순히 설교에서 하나님의 정의와 온유하심(복음주의 설교에서 소홀히 할 때가 많은 성경의 단호한 주제)을 보여 주고 경제적 평등, 성경적 친족 관계, 창조 세계와의 연대에 대한 우리의 성경적 책임을 교회에 요청하는 것은 많은 사람이 성경에 대한 확신을 회복하는 데 크게 기여할 것이다.

6. 미학과 자세

다음 설교자 세대는 성경적 설교에 대한 신선하고 창의적이고 심미적이고 대화적인 접근법을 찾아야 할 기회와 책임이 모두 있다. 우리는 사람들의 동기가 무엇이고 어떻게 하면 사람들이 가장 효과적으로 배우는지를 고려해야 한다. 사람들은 하나님이 그들을 창조하신 온전한 전인으로 참여할 때 변화를 더 자주 경험한다. 여기에는 인식적·정서적·심동적 차원, 곧 머리와 가슴과 손이 포함된다. 다음과 같은 전략 중에 일부를 창의적으로 활용해 볼 수 있을 것이다.

- 공통성의 자세로 설교한다. 상호적인 자세는 역동적이고 활력 있는 공동체를 길러 낼 가능성이 크다.
- 권위적인 명령보다는 정중하게 초대한다. "혹시 여기에 당신을 초대하는 내용이 있지 않을까요?"
- 우리 삶과 사회에서 그리스도께서 슬퍼하시는 것을 슬퍼한다.
- 미술, 음악, 소설, 철학, 심리학을 활용한다. 악기를 연주할 수 있는가? 말씀과 음악을 하나로 엮어 본다. 시를 쓰는가? 춤을 추는가? 그림을 그리는가? 이런 은사들을 사용하여 성경을 전하고 마

음에 적용한다.

- 기도, 침묵, 일기 쓰기, 대화, 성찰하는 듣기, 더 깊은 탐색을 위한 여지를 남겨 둔다.[4]
- 본문을 이해하도록 도와주는 역사적 배경을 탐색한다. 대다수 사람은 배우는 것을 좋아하므로 내용을 너무 단순화할 필요는 없다.
- 폭력, 여성 혐오 등이 등장하는 성경의 난해한 본문을 직접적으로 다룬다.
- 인터뷰나 이야기를 통해 다른 사람들에게 귀 기울이고, 다양한 설교자를 초대한다.

설교의 틀을 다시 짜면서 꼭 필요한 한 가지는 탁월하고 유명한 설교자를 발굴하려 애쓰는 것이 아니라, 그리스도의 아름다움을 보여 주는 그리스도 중심의 아름다운 공동체를 길러 내기 위해 수고하는 것일지도 모른다.

---

4 벨링햄 스프링 교회의 매트 매코이 목사가 언젠가 내게 이렇게 말한 적이 있다. "나는 내가 정답을 모르는 질문을 던지기 전에 10분 이상 말하지 않습니다."